최고의
프로덕트는
무엇이
다른가

더 나은
소프트웨어를
만드는 방법

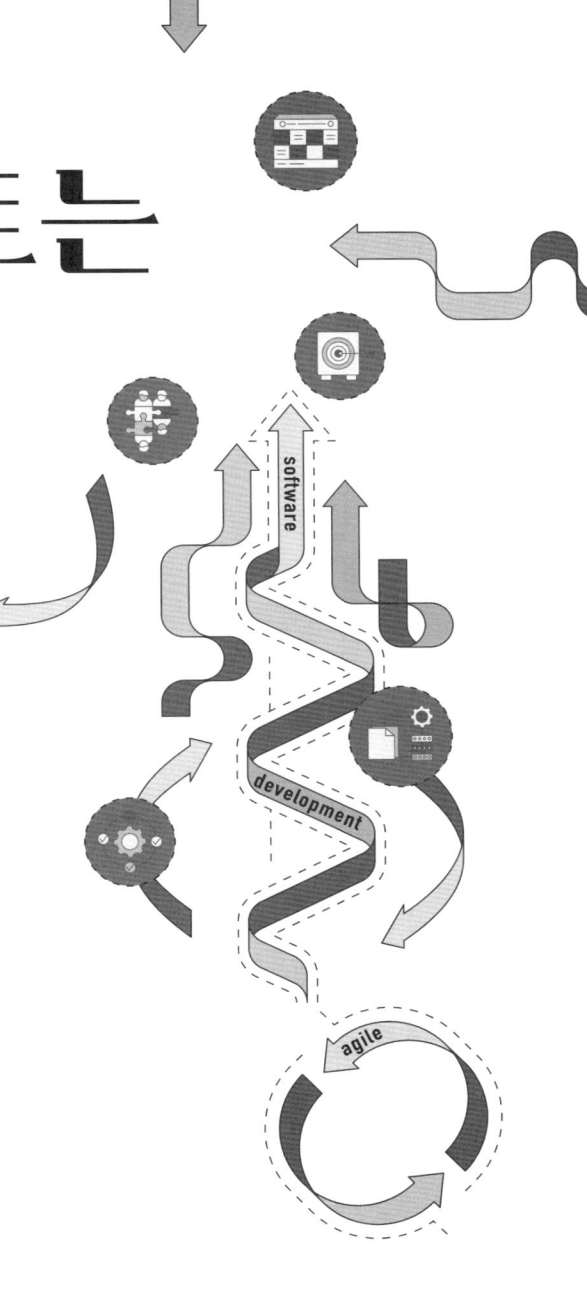

최고의 프로덕트는 무엇이 다른가

더 나은 소프트웨어를 만드는 방법

서문

그래서 우리 서비스나 소프트웨어는 언제 나옵니까?

소프트웨어 엔지니어로 경력을 시작한 지 거의 20년 가까이 되면서, 고객에게 늘 그리고 가장 많이 듣는 질문이 있습니다. "그래서 우리 서비스나 소프트웨어는 언제 나옵니까?" 이 질문에 저는 바로 답하기가 힘듭니다. 왜일까요? '이런 걸 만들어야 해'라는 단순한 지시만 받기 때문입니다. 이런 아주 간단한 수준의 '요구사항'들만 주어지면 다음에는 어떻게 해야 할까요? 이것이 어떤 제품이 되어야 하는지를 고객과 대화를 하면서 파헤쳐야 합니다.

그렇게 파헤쳐 나가다 보면, 서로 생각하고 있는 것이 아주 다름을 알게 되는 경우가 많았습니다. 그래서 이 차이를 줄이고자 사용자 스토리, 페이퍼 목업, 애자일 방법론 등을 적용해서 '어떤 제품이 나와야 할지'를 합의하고 맞춰가야 했습니다. 그래서 곧바로 '한 달이 걸린다, 두 달이 걸린다'라고 말을 할 수 없었던 것입니다. 이러니 많은 고객이 답답해했습니다. '왜 내가 이렇게까지 말했는데 아직도 일정을 추정할 수 없냐?'며 독촉하기도 했습니다.

그러나 이미 우리는 소프트웨어를 만들고 있었습니다. 요구사항을 정리하고, 제한적인 것들이 무엇인지를 보고, 사업적인 목표를 달성하기 위해서 어느 정도의 수준이어야 하는지를 합의하고 정리하는 과정이 모두 소프트웨어 제작에 반드시 필요한 과정들이었기 때문입니다. 이 앞선 과정이 제대로 되지 않으면 결국 실제 코딩하는 데에도 문제가 발생합니다. 물론 앞선 과정을 다 거쳤어도 실제 소프트웨어나 서비스를 코딩하면서 달라지게 되고, 테스트하는 과정에서 무언가 달라지기도 합니다. 그래서 소프트웨어 엔지니어링이란 '불확정성과 싸우는 것'이라고 말해도 과언이 아닙니다.

그런데 이런 이야기들을 하면 많은 사람들이 '쌀로 밥 짓는 소리'한다는 이야기를 합니다. 밥은 당연히 쌀로 짓는데, 그 당연한 소리를 하고 있다고 비아냥거릴 때 하는 소리입니다. 그렇게 순서를 지키고 과정을 밟아 가서 언제 뭐가 나오냐며 '당장, 한방에' 답을 하라고 채근하는 사람들이 많습니다. 그런데 아무리 채근해도 안 되는 것이 있습니다. 모내기를 했을 때 일반 품종이면 3개월~4개월은 걸립니다. 이 시간이 아깝다고 조급하게 모를 손으로 당긴다고 일찍 크지 않습니다. 우리는 불완전한 '언어'라는 도구를 이용해서 서로 생각을 동기화합니다. 그러다 보니 서로 생각하는 바가 절대 같을 수가 없기 때문에, 많은 시간을 들여서 의사소통을 해야 합니다. 이러한 과정 없이 무언가 '결론'을 내리는 것은 잘못된 결론일 수밖에 없습니다.

전설적인 컨설턴트 제럴드 와인버그는 『프로그래밍 심리학(The Psychology of Computer Programming)』이란 저서에서 개발팀 리더가 반드시 명심해야 하는 것들 두 가지를 이야기했습니다. 그것은 '경영자가 약속 이행을 아무리 강하게 요구한다 해도 진정으로 원하는 것은 결과물 자체다', '팀 전체가 참여하여 설정한 목표를 추구한다면 결과물을 훨씬 더 쉽게 얻을 수 있다' 입니다.

저는 고객들에게 이렇게 이야기를 합니다. "결국 당신이 원하는 것은 동작하는 제품이라고 생각한다. 원하는 제품이 어떤 것인지 계속 물어볼 수 있게 옆에 있어달라. 개발 여정에 계속해서 함께해 달라. 그래야 실제 제작에 얼마나 걸릴지 추정할 수 있다. 이 추정이 완벽하지 않을 수 있는 점을 감안해달라." 이 과정에 고객들이 참여를 많이 하고 적극적으로 자신이 생각하는 바를 많이 이야기할수록 더 빠르고 좋은 결과를 내었고, 그렇지 못할수록 이상한 제품을 만들었습니다.

이 책에서는 소프트웨어를 제품으로 만드는 데 가장 중요한 요소는 '고객'이라는 이야기를 하려 합니다. 지난 20년 가까이 엔지니어로서 참여했던 모든 일들을 되돌아보면 결국 소프트웨어나 서비스가 제품이 되기 위해 제

서문

일 중요한 모든 요소들은 고객의 참여와 올바른 피드백의 해석, 그리고 문제의 질에 달려있었습니다. 이는 고객에게 가장 많이 의존할 수밖에 없기 때문입니다.

소프트웨어나 서비스가 뭔가 잘못되면 어떻게 될까요? 1970년대에 일어난 테락25(Therac-25) 사건은 방사선 치료기에 사용되는 임베디드 시스템의 오류로 치명적인 양의 방사선을 투여해서 환자들을 죽게 만든 사건입니다. 2007년 우리나라 재정경제부는 그 해 2007년 통합재정수지를 잠정 집계했는데 재정 적자가 6조 1,000억이라고 했습니다. 이것은 1999년 IMF사태 이후 최대의 적자 폭이었습니다. 그런데 2주 후 이 적자는 11조 3,000억 원의 흑자로 둔갑합니다. 바로 새로 구축한 디지털 예산 회계시스템의 문제 때문이었습니다. 그리고 지금도 사용자들을 식별할 수 있는 개인정보 노출에 의한 사고는 여러 회사에서 심심치 않게 일어납니다. 문제는 이처럼 전문성이 필요한 작업이 어떤 고객 앞에 가면 '대충 하면 다 되는 거야!'라는 호통으로 갑자기 무당 굿하는 일처럼 바뀌게 된다는 것입니다.

이런 가운데, 고객이 어떻게 행동을 해야 제대로 된 소프트웨어나 서비스를 만들 수 있는지, 어떻게 개발 조직과 의사소통해야 하고 불확실성을 제거해야 할 수 있는지를 알려주는 책은 많이 보지 못했습니다. 그래서 개발자이자 애자일 코치로서, '소프트웨어를 만드는 일의 독특한 특성을 우리 고객들이 이해하면 더 탁월해질 텐데'라며 평소에 적어둔 메모들을 책으로 정리했습니다. 그리고 우리 모두가 무언가 '이상하게' 행동하게 만드는 '조직구조'를 개선할 수 있는 있는 여러 이론들에 대한 연구자료들을 모아봤습니다. 부디 이 글로 많은 고객들이 소프트웨어나 서비스를 개발하는 과정을 잘 이해하고, 탁월한 시스템과 조직구성으로 더 뛰어난 소프트웨어나 서비스를 개발하는 데 조금이나마 도움이 될 수 있기를 진심으로 바랍니다.

저자소개

저자 유진호

서강대학교 영상대학원 미디어공학과에서 공학석사를 취득한 후, 컴퓨터 비전 분야에서 시작하여 의료 장비, 임베디드 시스템, 웹서비스, 클라우드 등 다양한 분야에서 소프트웨어 개발을 수행해 왔습니다. 동시에, 애자일 코치로서 소프트웨어 팀이 높은 생산성과 열정을 가지고 일할 수 있도록 개발 조직을 운영해 왔으며, 고객에게 우수한 제품을 제공하기 위해 많은 동료와 아울러 고객들과도 소통하며 노력해 왔습니다. 현재는 인공지능 기반의 스마트 병원 종합 정보 시스템을 성공적으로 구축하고 운영하는 데 핵심적인 역할을 수행하고 있습니다.

현) (주)위루비 CPO
전) 티켓플레이스(CTO)
　　파라메타(리드 엔지니어)
　　카카오 엔터테인먼트(시니어 엔지니어)

링크드인: https://www.linkedin.com/in/jinho-yoo-9465359/
브런치: https://brunch.co.kr/@jinhoyooephf
GitHub: https://github.com/jinhoyoo

감사의 글

  이 책이 나오기까지 많은 분들의 생각과 가르침들이 도움이 되었습니다. 특히 김창준 애자일 컨설팅 대표님에게 감사의 말씀을 전합니다. 2001년 무렵부터 마이크로소프트웨어에 연재해 주신 글들을 통해 애자일에 대해 알게 되었고, 이후 AC2 교육을 통해 개인과 집단이 어떻게 향상된 길을 갈 수 있는지를 알게 되었습니다. 그렇게 배운 지식과 경험들이 이 책의 시작이었습니다. 그리고 최동석인사조직연구소의 최동석 소장님에게도 감사함을 전합니다. 처음에는 인터넷 검색으로, 나중에는 미디어협동조합 국민TV의 일원으로 뵙게 되었고, 소장님의 글과 가르침 속에서 인간이 살 수 있는 조직을 만들려면 어떻게 해야 하는지를 배울 수 있었습니다. 그렇게 알게 된 지혜들을 이 책에 조금이라도 녹여보려고 했습니다. 그리고 부족한 브런치의 메모들을 보고 출판으로 이어주신 (주)비제이퍼블릭 출판사의 정은지 편집자님, 조부건 편집자님에게 진심으로 감사드립니다.

  마지막으로 사랑하는 아내 배미정과 꾸준히 성장하는 딸 유하경에게 이 책을 바칩니다.

추천사

　소프트웨어 제품의 성공 여정은 요구사항의 명확한 정의와 계획에서 출발합니다. 개발 단계에서는 사용자 경험과 안정성에 중점을 두고 품질 보증과 다양한 테스트로 완성도를 높입니다. 그리고 테스트로 초기 사용자의 피드백을 수집하고, 이를 토대로 제품을 개선합니다. 출시 후에는 효과적인 마케팅 전략으로 시장에 알리고, 사용자 교육과 기술 지원을 제공하여 원활한 사용을 도모합니다.

　지속적인 개선과 업데이트로 제품을 최신 기술과 추세에 맞추고, 커뮤니티를 형성하여 사용자와 소통하고 피드백을 수용합니다. 경쟁 분석으로 시장에서의 경쟁 우위를 차지하고, 혁신을 통해 새로운 기회를 창출합니다. 이 과정에서 고객에게 지속적인 가치를 제공하고, 제품을 성공적으로 유지하고 향상하는 것이 목표입니다.

　이 책을 다양한 사례를 통해 더 나은 제품을 만들어 세상을 조금이라도 더 나은 곳으로 만드시기를 원하는 모든 분께 강력하게 추천합니다.

- 박상길, 소프트웨어 엔지니어

　"이 책 안 보면 망합니다."라고 자신 있게 말씀드립니다. 소프트웨어는 더욱 중요하고 복잡해졌지만, 소프트웨어 프로젝트의 결과는 계획보다 늦어지고 오류가 많아졌습니다. 성공적인 프로젝트를 만들고 싶다면 이 책을 보셔야 합니다.

　많은 경험과 지식을 가진 저자가 다양한 접근 방법으로 소프트웨어 프로젝트를 올바른 방향으로 나아갈 수 있도록 이야기해 줍니다. 자기 능력과 경험만 믿으면 소프트웨어 프로젝트는 망할 가능성이 큽니다. 따라서 소프트웨어 프로젝트와 관계된 분이라면 이 책을 안 보면 후회할 겁니다.

- 이동한, 소프트웨어 품질 전문가

추천사

자동차 산업을 분석하는 사람인 저는 이 책을 아주 흥미롭게 읽었습니다. 과거에는 자동차 산업이 메커니즘 중심이었습니다. 사람이 운전하고 차량이 수동으로 제어되는 대상이었다면, 이후 제어장치가 전자 부품이란 형태로 장착되면서 제어의 대상이 되었습니다. 하지만 지금은 프로그램된 소프트웨어가 차량을 조정하는 세상이 되었습니다. 그런 측면에서 과연 소프트웨어가 어떤 과정을 거쳐 만들어지는지에 대한 궁금증을 이 책이 해소해 주었습니다.

이 책은 소프트웨어 개발과 서비스를 다년간 경험한 저자의 눈으로 본 소프트웨어 제작 과정과 그 중요성에 대한 깊은 이해를 전하고 있습니다. 특히 소프트웨어 일정 측정의 어려움, 고객과의 강력한 소통의 중요성에 대한 논의는 개발자와 비개발자 모두에게 유익할 것입니다.

소프트웨어 개발 실패 사례와 조직구조에 대한 저자 나름의 성찰도 무척 흥미로웠습니다. 소프트웨어 개발에 참여하는 종사자뿐만 아니라, 앞으로 개발자가 되고자 하는 학생이나 일반 제조업의 종사자들도 소프트웨어 개발자의 업무 특성을 파악하는 데 무척 도움이 될 것입니다.

- 박정규, 글렌데일 홀딩스 부대표 & KAIST 기술경영전문대학원 겸직교수

소프트웨어 개발 현장의 생생한 사례 및 경험담이 마치 바로 옆에서 일어나는 것처럼 현실감이 있게 다가옵니다. 이러한 경험을 바탕으로 어떻게 소프트웨어를 잘 개발해서 릴리즈 하는지 좋은 방향 및 기준을 세울 수 있게 됩니다. 저자가 평소 느끼고 공감했던 여러 좋은 글귀들이 모여 있는 것만 보더라도 이 책은 충분히 공감하게 됩니다. 특히, 김창준 애자일 컨설턴트의 이야기가 중간중간 소개되어 많은 부분 공감했습니다.

책을 살펴보면서 가장 최신의 좋은 해결책과 활용할 수 있는 다양한 기법들을 알 수 있어 현실적인 도움을 많이 받았습니다. 예를 들어 GA

는 알았지만 Clarity에 대한 정보는 처음 알았고 바로 시도하는 데 무리가 없습니다. 더구나 공공기관에서 어떻게 하면 좋은 프로젝트가 될 수 있는지 가이드를 제시하는 부분은 이 책의 가치를 더해주었다고 생각합니다. 책을 통해서 잘되고 있는 것과 그렇지 않아 보완해야 할 것을 구별하고 해결할 수 있어서 도움이 많이 되었습니다.

- 박찬웅, 소프트웨어 개발자

이 책은 '소프트웨어 개발에 있어 형식에 얽매이는 행위야말로 삽질이다.'라는 선배의 조언을 잘 따라온 저자 자신의 풍부한 경험을 기반으로 만들어진 살아 있는 내용입니다. 무엇을 만들고 누구를 만족시키느냐에 대한 진지한 고민과 생각을 담고 있습니다.

단지 코딩하는 것을 넘어서서 제품과 고객, 개발팀, 그리고 생각과 정리에 대한 내용을 기반으로 하고 있어서 개발 조직에 대해서 고민을 시작한 개발 리더들에게 도움이 될 만한 경험과 생각들이 잘 구성되어 있습니다. 한 번 이상 생각의 되새김질을 할 수 있게 하는 이 책을 추천합니다.

- 신현묵, 우리들녹지국제병원 디지털의료센터장

눈에 보이지 않는 추상적인 개념을 상대로 하다 보니 소프트웨어 개발 결과물은 고객 또는 발주자의 기대 또는 예상과 전혀 다른 경우가 상당히 많습니다. 게다가 물리적으로 완성된 형태를 중간중간 점검하기도 어렵기에 진행 상황을 파악하기는 더더욱 어렵습니다.

소프트웨어 개발은 물리적인 다른 제품 제작과 무엇이 다르기에 이처럼 사람을 당혹하게 만드는 결과를 만들어낼까요? 이런 어려운 질문을 상당히 현실적으로 파고든다는 점에서 이 책의 가치가 돋보인다는 생각입니다.

추천사

형을 형이라 부르지 못하는 홍길동과 마찬가지로 소프트웨어 개발의 진실을 속 시원하게 고객이나 임원들에게 말하지 못하는 개발자들은 자기 신세를 한탄하기에 앞서 이 책을 슬쩍 설득이 필요한 이해 관계자들의 책상에 올려두면 어떨까요? 문제 해결에 앞서 현실 인식이 먼저라는 사실을 공감할 수만 있다면 우리가 모두 성공할 수 있을 것입니다.

박재호, 『프로젝트가 서쪽으로 간 까닭은』 역자

10년 전 저자와 가까이서 함께 일해온 이후로 지금까지도 한결같은 "철학이 담긴 개발"에 대한 그의 집념을 보게 됩니다. 그 철학은 단순히 대박 상품만을 위한 것이 아닙니다. 근거 있고 안일하지 않고 조직 사이의 이기주의를 뛰어넘는 고객의 손에 성공적으로 쥐어질, 모든 개발 프로젝트에 기본이 되어야 할 기반을 말합니다.

왜 수많은 개발 프로젝트들은 빛을 보지 못하는지 생각할 때마다 그저 감정적인 인간관계로 특정인에게 책임을 돌리는 현업의 상황들을 목격합니다. 규모를 갖춘 기업의 프로젝트에 참여해서 보았을 때도 그랬고, 여러 중앙 부처 및 지방 정부 그리고 공기업의 여러 프로젝트에 자문하고 참여했을 때도 그랬습니다.

저자도 그러한 체험 속에 개인의 문제가 아닌 시스템의 문제로, 감정의 문제에서 철학의 문제로 대안 제시할 수 있는 원인분석을 이 책에서 말합니다. 개발은 그저 개발자의 몫일 뿐이라는 생각을 넘어서, 고객사 최고경영진에 이르기까지 모든 이해당사자가 공유해야 할 개발 성공의 철학을 이 책에서 만나보시기를 바랍니다.

김윤이, (주)뉴로어소시에이츠 CEO

목차

서문	4
저자소개	7
감사의 글	8
추천사	9

제1장
남들이 안 알려주는 소프트웨어 개발의 본질들   17

1-1	들어가며	18
1-2	이상한 나라의 소프트웨어 개발	18
1-3	사람들이 잘 모르는 소프트웨어 개발의 본질들	24
1-4	해봐서 안 되는 이론은 버리고 되는 거 하자	53
1-5	요약	73

제2장
소프트웨어 개발 자체를 어떻게 해야 할까?   75

2-1	들어가며	76
2-2	불확실성을 다루는 방법	76
2-3	소프트웨어 개발은 시작하면 계속해야 한다	80
2-4	우리가 만들 것 합의하기	85
2-5	가장 초기 서비스를 만드는 프로덕트 로드맵 생각해 보기	91
2-6	했을 때 반드시 효과가 있는 방법-고객 참여	107
2-7	요약	111

목차

제3장
소프트웨어로 만들 때, 운영할 때, 그리고 사업할 때 주의 사항   115

- 3-1   들어가며   116
- 3-2   없는 것을 만들었다고 하지 마세요   117
- 3-3   그럼에도 불구하고 만들지 않은 것을 팔아야 할 때   132
- 3-4   고객에게 피드백을 어떻게 받아야 하나요?   140
- 3-5   테크스펙 – 새로운 기능을 만들 때 같이 쓰고 일하자   146
- 3-6   관리할 수 없는 모든 것을 다 해준다고 하면 무슨 일이 벌어질까?   149
- 3-7   왜 개발자는 맨날 모자라지?   151
- 3-8   외주 개발사를 쓰려면, 반드시 이를 최고 관리자 수준에서 관리해야 한다   155
- 3-9   핵심 개발자를 '반드시' 제거하라   157
- 3-10   파괴적인 아이디어나 기술이 시장을 와해시키는 조건   159
- 3-11   공공기관은 어떻게 디지털 서비스를 만들어야 하나?   161
- 3-12   요약   169

제4장
피드백 루프를 타고 기민하게   173

    4-1   들어가며   174
    4-2   피드백 루프를 그려보자   174
    4-3   피드백 루프 복원과 회복을 위한 원칙들   190
    4-4   피드백 루프는 어떻게 살려낼 수 있을까?   204
    4-5   위임형 전술(Auftragstaktik) – 피드백 루프가 살아나면 어떻게 되는가?   210
    4-6   피드백 루프를 멈추면 무슨 일이 벌어지는가   215
    4-7   요약   224

제5장
소프트웨어가 제대로 된 제품이 되기까지   227

    5-1   명품은 비싸다   228
    5-2   인간의 존엄함을 지켜야 한다   229
    5-3   EoA(Essence of Agility)를 생각하라   230
    5-4   고객별로 소프트웨어나 서비스를 만들 때 기억해야 할 일   231
    5-5   우리는 결국 끝까지 가야만 실체를 알 수 있다   235

1-1 들어가며
1-2 이상한 나라의 소프트웨어 개발
1-3 사람들이 잘 모르는 소프트웨어 개발의 본질들
1-4 해봐서 안 되는 이론은 버리고 되는 거 하자
1-5 요약

제1장

남들이 안 알려주는 소프트웨어 개발의 본질들

Chapter 1 > 남들이 안 알려주는 소프트웨어 개발의 본질들

1-1 » 들어가며

　20년 가까이 개발자로 일하면서, 많은 경영자나 고객이 소프트웨어 개발의 본질이 무엇인지 잘 모른다는 것을 깨달았습니다. 회사를 경영하는 것 자체도 매우 복잡하고 어렵습니다. 그리고 소프트웨어나 서비스를 만들고 유지보수하는 일도 쉽지 않습니다. 이러니 이 두 가지를 다 잘하는 건 얼마나 힘들겠습니까? 한 명이 운영하는 작은 식당조차 몇 차례에 걸쳐서 임시 오픈을 거치고, 운영하면서도 휴일 날 다른 식당을 다니면서 배우고, 손님들의 불만을 개선하는 노력을 해야 성공한 식당을 운영할 수 있습니다. 그런데 소프트웨어나 서비스를 만들 때, 아무런 준비도 없이 무작정 기한을 정하고, 싼 임금의 저숙련된 사람들을 많이 투입해서 만들어도 된다고 생각하는 경영자나 고객들을 많이 만나볼 수 있었습니다. 이것은 매우 위험한 생각이라고 저는 생각했습니다. 작은 식당이나 카페를 개업해도 이렇게 막무가내로 시작하고 운영하지 않습니다. 그래서 저는 경영자나 고객들에게 소프트웨어나 서비스 개발만의 독특한 본질을 설명하고, 소프트웨어로 사업을 할 때 위험을 피할 수 있는 방법을 알려줄 필요가 있다고 생각하게 되었습니다.

1-2 » 이상한 나라의 소프트웨어 개발

1) 왜 우리 회사/부서가 만들기로 한 소프트웨어는 제때 안 나오나?

　여러분이 소프트웨어 개발 담당자에게 제일 많이 하는 이야기는 무엇인가요? "언제쯤 완료가 되나요?", "언제 출시가 됩니까?" 이런 이야기를 제일 많이 하실 것입니다. 이는 개발 담당자가 제일 답변하기 어려운 질문이고, 물어보는 사람의 입장에서도 어려운 질문입니다.

그러나 이렇게 물어보는 이유가 있습니다. 경영이나 사업을 추진하는 데 있어서 '시기'가 제일 중요하기 때문입니다. 예컨대 가을 프로모션에 맞춰서 나와야 하는 홍보용 홈페이지나 서비스가 제때 나오지 못하면 이건 물 건너가는 일입니다. 선거철에 맞춰서 입후보자의 홍보용 홈페이지가 나와야 하는데 늦어진다면 해당 홈페이지의 쓸모가 없어지게 될 것입니다.

재미있는 건 늘 사전에 이야기했던 시간과 돈을 초과한다는 것입니다. 한두 달 안에 나온다는 소프트웨어는 석 달이나 넉 달 만에 나오는 경우가 많고 예산을 미리 이야기하긴 한다고 해도 1.5~2배는 우습게 들어가곤 합니다. 더 답답한 것은 다른 일들보다 소프트웨어 개발 일정이 훨씬 예상이 힘들고, 게다가 이를 잘하는 전문가를 찾기 매우 어렵다는 것입니다.

이렇게 시간과 돈을 초과해서 투입해야 하는 경우, 그 피해는 누구에게 오게 되는 것일까요? 바로 의사결정권자인 당신입니다. 소프트웨어 개발이 적절한 시간에 맞춰 완료되지 못한다면 대부분 사람은 의사결정권자인 당신에게 가장 큰 책임을 물을 것이고, 그것으로 당신은 상처받게 될 것입니다.

2) 내부 하청이 되어버린 소프트웨어 개발: 인간 소외의 현장

과연 우리는 소프트웨어나 서비스를 어떻게 만들고 있나요? 아래에 나오는 일은 여러 회사들에서 일어났던 실화들을 모아서 각색한 내용입니다.

회사에서 경쟁사가 X라는 프로젝트를 한다는 정보를 입수했습니다. X라는 제품은 매우 획기적인 제품이었고 시장에 나오면 우리 제품이 더 이상 설 자리가 없을 수 있게 되는 상황입니다. 대표는 임원에게 3개월 안에 같은 제품을 만들어 올 것을 지시했습니다. 이 임무를 받은 임원은 여러 기획 담당 부장 중 한 명에게 X를 똑같이 베낀 제품을 만들어 오게 하였습니다. 그런데 아직 X는 나오지 않은 상태입니다.

부장은 이 일을 들고 부서에 와서 과장에게 사업 계획서를 만들어 올 것을 지시하였습니다. 과장과 그 밑에 대리, 사원 모두 며칠 밤을 새우다시피 하여 사업계획 문서를 가져옵니다. (X를 본 사람은 아무도 없습니다.) 이제 한 달이 조금 더 지났습니다. 과장은 이 기획을 UX/UI 설계를 하는 디자인 부서에 넘깁니다.

디자인 팀에서 물어봅니다. "이거 언제까지 해야 돼요?" "3달 뒤인데... 아, 이제 한 달 지났으니 2달 남았습니다."라고 과장은 답을 줍니다. 디자인을 하다 보니 말이 안 되는 것이 나옵니다. 과장을 호출하고 일부는 부장한테까지 가서 결정을 해 오라고 합니다. 그런데 아무도 결정을 안 합니다. 결국 어찌어찌해서 구멍 난 채로 UI/UX 설계가 나옵니다. 그 새 한 달이 더 지나갑니다.

이제 개발팀에 이 디자인을 전달했습니다. 아무리 봐도 개발할 수 없는 제품입니다. UI/UX도 말이 안 되고 누가 어떻게 쓰라는 건지 서비스의 흐름도 이상합니다. 건의해 보았지만 해야 한다는 답변뿐입니다.

개발팀에서는 더 이상 아무 말도 못 하고 야근과 카페인으로 밤을 지새웁니다. 결정이 꼬인 부분에 대해 질문하였으나 디자이너도 기획 부서도 아무도 이야기해 주지 않아 결국 개발자가 임의로 결정해서 만들어 버렸습니다. 한 달로는 부족하여 시간이 넘고 넘어서 제품이 나왔습니다.

3개월 안에 나오라 했던 제품이 한 달을 더 넘겨서 나왔습니다. 부장은 제품을 써봅니다. 뭔가 이상한 것을 느낍니다. 이를 수정하기 위해 전 부서가 야근에 돌입하고 겨우 고쳐진 제품이 대표 앞에 등장합니다. 대표가 몇 번 보고 "괜찮아 보이네요. 그런데 X는 아직 안 나왔습니다. 잘됐네요, 우리가 먼저 시장을 점령합시다"라고 합니다.

이제 고객 손에 들어간 제품은 어떤 결과를 가져왔을까요? 고객은 이 제품을 보고 이렇게 말합니다 "이 개떡 같은 건 누가 만든 거야?"

며칠 뒤 개발팀에는 결국 퇴사자가 속출하고 핵심 인재들까지 나갑니다. 디자인팀도 만만치 않습니다. 이 기획을 받은 이사는 부실한 제품을 만들었다고 징계를 먹었습니다. 그리고 개발팀, 디자인팀은 '신규 인력 채용 공고'를 냅니다.

[그림1-1] 노예들이 갑작스러운 주인의 요청에 놀라고 두려워 떨고 있다.

"아, 전형적인 워터폴 방식이네"라고 생각하실 수도 있습니다. 그런데 이게 워터폴도 아닙니다. 제대로 된 워터폴 개발 방식이라고 하면 요구사항 공학, 디자인과 구현, 테스팅, 릴리즈, 유지보수의 단계[1]를 거칩니다. 그리고 각 단계별로 품질관리를 하는 부분이 있습니다.

그런데... 위의 문제는 그냥 '짐 던지기'라고밖에는 할 수 없는 상황입니다. 회장님은 '남들 한다니까 우리도 해'라고 하고 있습니다. 이사님이나 부장님들 모두 '하라니까 해' 하고 있습니다. 그렇게 기획에서 받은 짐은 디자인팀을 통해서 개발팀으로 던져질 뿐입니다.

---

1. Petersen, Kai; Wohlin, Claes; Baca, Dejan (2009). Bomarius, Frank; Oivo, Markku; Jaring, Päivi; Abrahamsson, Pekka (eds.). The Waterfall Model in Large-Scale Development. Product-Focused Software Process Improvement. Lecture Notes in Business Information Processing. Vol. 32. Berlin, Heidelberg: Springer. pp. 386–400. Bibcode:2009pfsp.book..386P. doi:10.1007/978-3-642-02152-7_29. ISBN 978-3-642-02152-7.

[그림1-2] 짐이 내려온다, 짐이 내려온다~!!

즉 이것은 근본적으로 '일을 하는 방식'이 잘못되어 있기에 일어나는 문제입니다. 무언가 만들어 내고 이것으로 사업하는 모든 사람들이 그냥 'X를 던지듯' 나눠서 일하려고 합니다. 이 일을 누가 받는지, 뭐 하는지 관심이 없고요.

이런 상황에서 아무리 워터폴, 애자일 이야기를 해봤자 아무것도 해결되지 않습니다. 프로세스 자체가 없고 잘못될 수밖에 없는 의사결정 구조를 그대로 두고 있는 상황에서 뭐가 되겠습니까? 진단이 잘못된 상황에서는 어떤 해결책도 없다고 봅니다.

그럼 몇몇은 이렇게 이야기하실 수도 있습니다. "대표가 무슨 제품 개발 관리하는 사람인가요?", "내가 공무원 호봉이 얼마인데 그런 하찮은 걸 다루냐?", "뭐 IT 프로젝트 그거 다 나랏돈 한번 받아 보려고 하는 거지 뭐 어때? 서류만 잘 주면 알아서 해주던데?" 여러분은 어떻게 생각하시나요?

제 주장은 이렇습니다. **"결국 대부분의 소프트웨어 프로젝트 문제점은 그**

일을 하는 사람들의 의사결정 구조의 문제점을 닮아간다. 프로세스만 문제가 아니다."(콘웨이의 법칙[2]과 비슷한 말이긴 합니다.) 이는 시스템을 설계하는 의사결정 과정이 꼬이면 제품이 망하는 것을 말하고자 하는 것입니다.

보통 그 사회와 조직의 창의성과 생산성은 구조-시스템-절차-사람(structure-system-process-people, SSPP)에 따라 달라진다고 합니다. 구조 안에는 의사결정 구조 같은 것이 들어갑니다. 시스템은 이 제도가 잘 운영되게 만들어 주는 체계들을 말합니다. 절차란 구조와 시스템이 어떤 순서로 움직여야 하는지를 합의해 놓은 것을 말합니다. 그리고 사람은 사회와 조직을 구성하고 있는 집단의 수준을 말합니다.

그런데 지금 대한민국의 생산성은 어떨까요? 이미 한국의 국가 총생산량(GDP)은 2023년 기준 OECD 국가에서 10위[3]라고 합니다. 그런데 이를 위해서 얼마나 시간을 쓰는지 노동시간을 한번 봅시다.

2022년 12월 발표된 한국행정연구원의 '한국과 주요 선진국 노동시간 규제 현황 비교[4] 보고서 에 따르면 2021년 기준으로 한국 전체 취업자의 연간 실노동 시간은 1,915시간으로 OECD 평균보다 199시간 길었습니다. 그리고 이것은 독일에 비해 한국은 연간 566시간 더 길게 일하는 것으로 나타난 것입니다. 프랑스와 영국도 연간 노동시간이 1,500시간을 밑돌았고, 일본은 1,607시간으로 한국보다 300시간 이상 적었습니다. 그런데 독일의 2023년 GDP는 OECD 국가에서 4위입니다.

OECD 평균보다 노동시간이 상당히 긴 나라는 한국과 멕시코(2,128시간)가 대표적인 것으로 파악됐습니다. 한국은 지난 2008년 연간 2,228시간에 비하면 노동시간이 대폭 감축돼서 1,915시간입니다. 하지만 아직 대부분의 OECD 회원국보다 깁니다. 우리는 왜 이렇게 길게 일하면서 생산성이 떨어지게 일을 하는 걸까요?

---

2. 시스템을 설계하는 모든 조직은 광범위하게 정의된 조직의 커뮤니케이션 구조를 복사한 디자인을 만들게 됩니다. (Any organization that designs a system (defined broadly) will produce a design whose structure is a copy of the organization's communication structure). - 멜빈 콘웨이 (Melvin E. Conway)
3. https://www.fki.or.kr/main/news/statement_detail.do?bbs_id=00035000&category=ST
4. 조민주, 배정윤, 임현철; 한국행정연구원(2022), 한국과 주요 선진국 노동시간 규제 현황 비교

1-3 » 사람들이 잘 모르는 소프트웨어 개발의 본질들

1) 소프트웨어 개발의 본질: 인간이 지금까지 해온 일들 중에 제일 어려운 불확정적인 일

1-1 | 요즘 무얼 만들어도 다 소프트웨어 개발이다

요새 뭘 만들더라도 다 소프트웨어로 만듭니다. 심지어는 전투기를 개발[5]하는 데조차 소프트웨어가 핵심이라고 합니다. 60년대에 개발된 F-4 전투기는 수행하는 기능의 약 8%가 SW에 의해 이루어지는데 최신예 전투기 F-35는 90%까지 그 비중이 올라갔습니다.

여러분이 쓰고 있는 스마트폰에서 소프트웨어가 차지하는 비중은 얼마나 될까요? 중국산 핸드폰이 그렇게 많이 나와도 그 위에서 돌아가는 운영체제는 대부분이 구글의 안드로이드 운영체제를 쓰고 있습니다. 여러 나라에서 자체 스마트폰 운영체제를 만들겠다는 시도는 많았습니다. 그러나 시장을 선점하면서 응용프로그램을 만들 수 있는 환경까지 포함한 생태계를 만들어 낼 수 있는 역량을 가진 회사는 전 세계에서 사실상 세 회사(Apple, Google, Microsoft)뿐입니다.

심지어 의료 장비들조차 하드웨어를 단순하게 하고 모든 처리를 소프트웨어로 옮기는 추세로 넘어간 지 거의 20년이 넘었습니다. 하드웨어는 그야말로 '딱딱'하기 때문입니다. 뭐 하나 바꾸려고 해도 직접 떼었다 붙였다 해야 하죠. 이것의 반대 개념으로 소프트웨어는 바꾸려고 하면 그냥 메모리나 디스크에 써버리면 됩니다.

1-2 | 소프트웨어 프로젝트의 성공 확률은?

여러분의 소프트웨어 개발 프로젝트가 성공할 확률은 얼마일까요? 이에 대해 집계한 Standish group의 보고서가 있습니다. 바로 Standish group CHAOS report[6]입니다. 최신 정보도 나오고 있지만 2015년까지와 최근 2020

---

5. 이성남 전문위원, "무기체계 SW는 무엇이며 왜 중요한가?"(2014. 10. 28.), 소프트웨어 공학센터
6. Standish group(https://www.standishgroup.com/)은 소프트웨어 투자에 대한 예측을 컨설팅 주는 회사입니다.
   2015년판 보고서 인용: http://www.infoq.com/articles/standish-chaos-2015
   2020년판 보고서 인용: https://hennyportman.wordpress.com/2021/01/06/review-standish-group-chaos-2020-beyond-infinity/

년 집계에 따르면 아래와 같이 나옵니다.

결론적으로 2020년에는 약 31%만 성공했습니다. 그 전의 자료들을 대충 봐도 평균 30% 안쪽의 성공 확률입니다. (여기서 성공했다는 뜻은 일정과 예산에 맞고 만족할 만한 결과를 보여줬다는 뜻입니다.) 그리고 거의 70%는 실패하거나 도전적인 상황에 가까웠다는 것입니다.

	2011	2012	2013	2014	2015	2020
성공적	29%	27%	31%	28%	29%	31%
도전적	49%	56%	50%	55%	52%	50%
실패	22%	17%	19%	17%	19%	19%

많은 사람들이 **'성공'에만 눈을 돌리지 '지금 벌이는 일이 얼마나 쉽게 실패' 할 수 있는 일인지는 고민하지 않습니다.** 따라서 이것이 제일 먼저 우리가 시각을 바꿔야 하는 부분입니다.

다른 프로젝트들의 성공 확률은 어떨까요? Consultancy.uk에서 나온 『대부분의 건축과 공학 프로젝트들은 성공적이지 않다』(Most construction and engineering projects are unsuccessful)[7]란 보고서에 의하면 각 산업별 프로젝트 성공률에 대한 통계가 이러합니다.

- ▶ 광물 개발: 48%
- ▶ 국가/공공 부문: 42%
- ▶ 석유 가스 개발: 40%
- ▶ 국방: 32%
- ▶ 상업 공간/주거 공간 건설: 32%
- ▶ 핵발전소: 30%
- ▶ 항공/공항: 23%

이 자료대로라면, 그냥 간단한 서비스 하나 만드는 일의 성공 확률이 거의 핵발전소의 성공 확률과 비슷하다는 말이 됩니다. 여러분이 해보았거나 경험해본 소프트웨어 프로젝트의 성공 확률은 얼마였습니까?

---

7. https://www.consultancy.uk/news/24677/most-construction-and-engineering-projects-are-unsuccessful

1-3 | 지금 당신은 세상에서 가장 어려운 일을 하려 하고 있다

현재 거의 50년 이상 소프트웨어 엔지니어링을 연구해 온 수많은 연구자 누구도 이런 문제를 해결할 방법을 제시하지 못합니다. 오히려 '은탄환이 없다[8]'라는 말을 계속할 뿐입니다.

지금 이 글을 읽으시는 독자분들은 여러분이 인류가 해온 일들 중에 '가장 실패 확률이 높은 일을 하고 있다'라는 사실을 먼저 마음에 품고 있어야 합니다. 그렇기 때문에 가능한 한 최고 의사결정권자가 직접 챙겨야 합니다.

게다가 한국/일본의 품의의사결정[9] 방식은 일 자체가 되기 힘들게 만듭니다. 실제적인 의사결정권이 실무를 하는 사람 손에 없으니, 실제 일에 대한 많은 정보를 가지고 있어도 뭘 할 수가 없습니다. 모든 일에 대해서 '윗분의 뜻이 무엇입니까?' 하고 위로 물어물어 가야 겨우 답이 오니 비효율적입니다. (때로는 일 내용보다 공손하게 품의를 안 썼다고, 글꼴이 이게 무엇이냐며 그리고 배경 이미지가 눈에 거슬린다고 잔소리 듣는 경우도 많습니다.)

그래서 이 프로젝트의 최고 의사결정권자는 무엇을 만들어야 하는지, 고객의 피드백이 어떠한지, 시장은 어떻게 변하는지에 대한 정보를 모든 구성원이 알게 하고, 구성원들의 일을 힘들게 하는 방해물을 없애주어야 합니다. 이것이 최고 의사결정권자의 책임입니다.

1-4 | 최고의 고객이 되어야 한다: '무엇을 만들지'를 알고, 요구하고, 때로는 방향을 수정할 수 있어야 한다

지금 이 책을 읽는 분이 소프트웨어를 오래 개발해 오신 전문가일 가능성보다는 아닌 분일 가능성이 더 클 것입니다. 그럼 소프트웨어 비전문가들은 소프트웨어 프로젝트의 최고 결정권을 가지면 안 되나요? 그것은 아닙니다.

여러분들은 '고객을 만족'시키고 '매출'을 만들기 위해서 '어떠한 기능'이 만들어져야 하는지를 잘 알고 있습니다. 이것에 집중하면 됩니다. 이것들을 개

---

8. 은탄환이란 흡혈귀를 단번에 해치울 수 있는 무기로서 모든 문제를 한꺼번에 해결해주는 만능 해결책이란 뜻입니다. 그런데 소프트웨어 엔지니어링에는 이런 만능 방법론이란 없다는 뜻으로 '은탄환은 없다'라고 합니다. Frederick P. Brooks Jr, "No silver bullet: Essence and Accidents of Software Engineering" https://www.cgl.ucsf.edu/Outreach/pc204/NoSilverBullet.html
9. 최동석 저, 『똑똑한 사람의 명청한 짓』| 21세기북스

발팀을 비롯해 실제 제작과 차후 홍보를 담당할 조직에 잘 전달하고 고객의 반응을 살피고 어떻게 개선해야 할지 결정을 해서 소프트웨어를 지속적으로 발전시키면 됩니다. 그러므로 당신은 훨씬 능동적으로 움직여야 하며 정확하고 빠른 의사결정을 내려주어야 합니다. 그것이 당신의 역할입니다.

2) 소프트웨어 개발은 반복/반복/반복이다: 한 번에 끝나지 않는다

2-1 | 소프트웨어 개발을 생각한다면 죽을 때까지 지속적으로 개발한다고 생각하세요

소프트웨어 개발 일정에 대해 논의를 할 때 꼭 이 질문을 합니다. "이 소프트웨어의 개발 일정 계획을 어떤 식으로 하면 잘될 것이라고 생각하세요?" 보통 돌아오는 답은 "요구사항-구현-테스트-출시로 한 번 하면 되는 거 아니냐"는 답이 대부분입니다. 의외로 프로젝트 관리자(project manager, PM) 대부분이 이런 생각을 가지고 있습니다. 그러나 이런 생각은 아래의 이유들 때문에 틀렸습니다.

- ▶ 출시한 이후 업그레이드/유지보수 없는 프로덕트는 없습니다. 프로젝트로 시작해서 프로덕트로 나갈 것이고 그 이후에는 서비스 종료나 단종 전까지 이 제품은 계속 개발하고 출시할 수밖에 없습니다.
- ▶ 소프트웨어 개발은 일종의 '탐험'입니다. 이미 기존에 사용하던 언어와 프레임워크를 가지고 작업을 한다고 해도 진행하다 보면 엔지니어링 측면에서도 새로운 문제들이 튀어나옵니다. 게다가 요구사항도 진행하면 할수록 처음과 끝의 생각이 달라지게 됩니다.
- ▶ 같은 이유로 개발이 진행되는 동안 '아, 우리가 만들던 게 이게 아니야'라면서 기획 자체가 바뀌기도 합니다. 즉, 최종 형태가 없습니다. 카카오톡에 게임 플랫폼이 올라갈 줄은 처음에 아무도 몰랐습니다.
- ▶ 개발을 시작한 이후 한참 있다가 이미 제작이 끝난 소프트웨어에 대해 고객이 '이게 아닌데'라고 해버리면 난감하기 때문에 고객도 일반적으로 중간에 몇 차례의 데모를 요청합니다. 그렇게 되면 당연히 반복적으로 일을 하게 됩니다.

그러므로 '**소프트웨어 개발 일정을 잡을 때는, 반복적으로 나눠서 출시한다고 생각하는 게 답이다**'가 정답입니다. 더 심하게 말하면 '안 끝날 수도 있다'입니다.

이쯤 되면 이렇게 말하는 사람들이 있습니다. "처음부터 고객조사 다 하고, 사업모델 다 잡고, 아키텍처 다 준비하고 하면 된다, 사전 조사를 제대로 안 하고 시작하니 엉망이 되는 거 아니냐? 우리는 고객조사도 다 했고 어떻게 하면 되는지 이미 다 끝난 상황이다. 그냥 내 생각대로 만들어 줘!"라고 말이지요. 그런 분들에게 보여주고 싶은 그림이 있습니다. 이 그림은 기오라 모레인(Giora Morein)[10]이라는 스크럼 트레이너가 자신의 트위터에 올린 그림입니다.

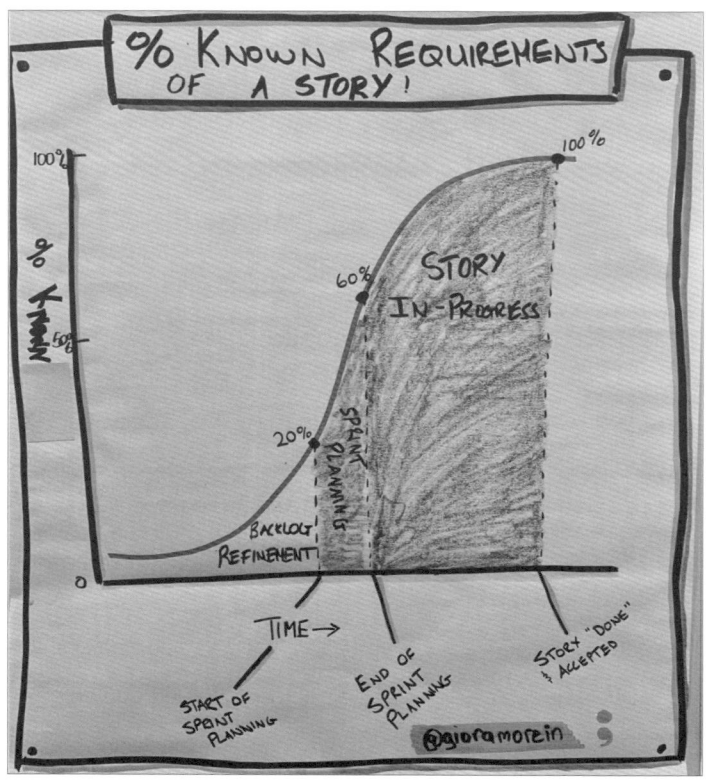

[그림1-3] 사용자 스토리의 요구사항을 이해하게 되는 비율. 결국 끝까지 가봐야 어떤 일인지 이해하게 된다는 것을 표현(출처: https://twitter.com/gioramorein/status/1096052042433478656)

---

10. https://twitter.com/gioramorein

특정 사용자 스토리 안에는 많은 요구사항들이 녹아 있으며, 이 그림은 그 많은 요구사항을 우리가 언제 이해하게 되는지 시간 축으로 놓고 이야기를 하고 있는 것입니다. (물론 과학적으로 증명이 된 것은 아니고 이분의 통찰을 그린 것입니다.)

그런데 이 그림을 보면 재미있는 게 있습니다. 한창 기획 중이거나 심지어 스프린트 계획이 끝났을 때에도 우리는 전체 요구사항의 60%만 이해한다는 것입니다. 나머지를 알지 못한다는 거지요. 결국 이 하나의 사용자 스토리에 대해서, 고객이 구현된 것을 보고 '받아들일 때'에만 우리는 이 스토리 안에 있는 요구사항들을 다 이해하게 된다는 것입니다.

왜 이런 일이 벌어질까요? 소프트웨어 개발이라는 것은 불확정성을 다루는 일이라는 본질이 있기 때문입니다. 거기에 사업이라는 변수까지 더해지면 이 변수는 더 복잡해집니다. 지금 정리한 요구사항이 프로젝트 끝나는 그 순간까지 변할 수밖에 없다는 것을 받아들여야 합니다.

그러므로 소프트웨어 개발 일정을 생각한다면 여러 번 배포하면서 피드백을 받고 방향을 다시 잡고 갈 수밖에 없다가 정답입니다.

2-2 | 소프트웨어 개발을 시작했다면, 이것이 끝없이 가야 한다고 생각해야 한다

위에서 언급했듯 소프트웨어 개발을 하겠다 하면, 여러 차례 반복해서 개발한다 생각하고 일정을 잡아야 합니다. 이것을 그림으로 그려보면 아래와 같습니다.

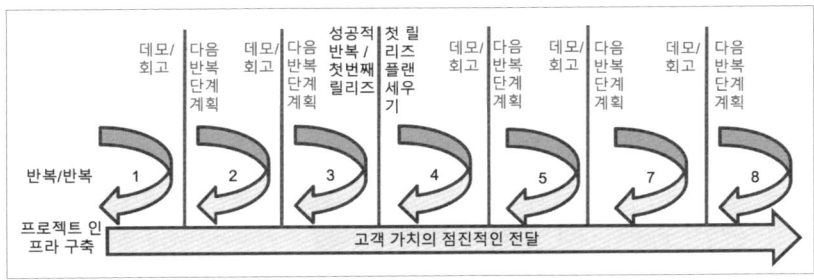

[그림1-4] 반복 개발 일정을 잡는 예

그럼 각 반복 주기마다 뭘 해야 할까요? 바로 하나의 완결된 제품이 나와야 합니다. 단 1개나 2개의 기능만 가지고 있어도 됩니다. 하지만 그 자체로 완결된 제품이어야 합니다. 이러한 제품을 바로 최소 기능 제품(minimum viable product, MVP)이라고 합니다. 이것에 대해서는 아래 그림을 보시면 바로 이해가 되실 것입니다.

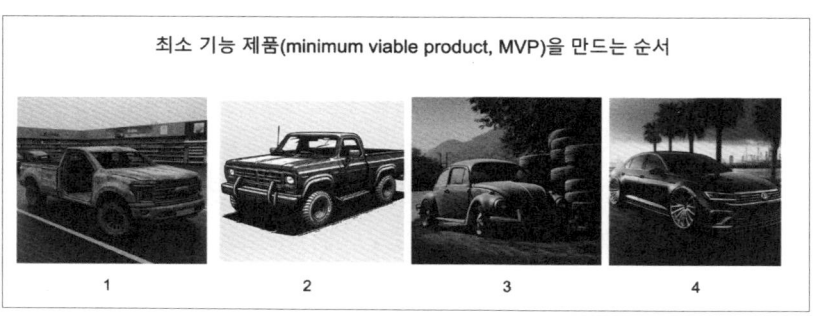

[그림1-5] MVP(Minimum Viable Product)가 단계별로 어떻게 나와야 하는지를 보여주는 예.

그림에서 표현하는 '자동차'의 핵심 기능은 '네 바퀴와 엔진으로 탈 것'이라는 것입니다. 처음에는 정말 '이 최소한의 기능만' 달성할 제품을 만들고, 각 단계별로 서서히 개선해 나가는 것을 말하고 있습니다.

예를 들어 무언가 탈 것을 만들어야 한다면, 간단하게 네 바퀴와 엔진 그리고 사람이 탈 의자 등등 아주 기본적인 것들만 만들어서 내놔 봐야 합니다. 여기서 핵심은 '간단한 버전'이라는 것입니다. 위의 그림을 예로 들면, '온전한 탈 것'이라는 하나의 완결된, 그러나 간단한 기능은 구현된 것이어야 한다는 것입니다. 사람들은 이래야 '이 제품이 필요했어/아니야, 필요 없어'라는 이야기를 할 수 있습니다.

이때 가장 중요한 것은 **매 반복마다 피드백을 받아야 한다는 것입니다.** 당신에게서, 당신의 고객에게서, 그리고 개발진에게서 말입니다. 그리고 그 피드백은 반드시 다음 개발의 방향을 바꿀 수 있어야 하고요. 사실 이 반복 개발을 하면 이른바 몇 군데는 대충 만들게 되는 기술적인 빚(technical dept)을 지고 있을 것입니다. 이렇게 대출해 온 자산은 대출이자보다 더 큰 이윤을 내야 합니다. 그 이유이란 바로 '고객에게서 온 피드백'입니다. 그리고 이렇게 몇 차례에 걸쳐 만들어 가다 보면 자연스럽게 개발 조직의 일하는 속도를 가늠하게 됩니다. 이것은 개발팀의 실력, 프로젝트의 성격마다 다릅니다.

각각의 반복 주기는 얼마나 될까요? 프로젝트의 성격마다 다르지만 보통 다음과 같습니다.

- ▶ 한 번의 주기는 보통 2~3주를 예상한다.
- ▶ 실험적인 프로젝트일수록 최소 1주일로도 반복 주기를 잡아볼 수 있다. 실험적일수록 빨리 확인하고 실패를 해야 하기 때문이다.
- ▶ 그 이후 큰 그림이 그려지면 2~3주의 정상적인 반복 주기로 잡을 수도 있다.

요새 대기업들조차 작은 상품기획이나 매장기획에서도 한꺼번에 큰돈을 들이지 않습니다. 많은 경우 꼭 파일럿 제품이나 팝업 매장을 만들어보고 그 반응을 보고 그다음을 기획합니다. 왜 그보다 불확실성이 높은 소프트웨어 개발은 고객들의 반응도 보지 않고 그냥 한번 출시만 하려고 하는지 모르겠습니다.

언제까지 반복을 계속해야 하는 걸까요? 계속해야 합니다. 고객이 만족할 때까지. 계속 개발할 것을 염두에 두어야 유지보수하기 좋게 구조를 잡고 문서화를 신경 쓰는 등, 장기적인 관점으로 탄탄하게 만들 수 있습니다. 그래야 더 나은 제품을 만들 수 있습니다.

언제나 모든 일을 진행하다 보면 '의외의 상황'이 일어날 수 있습니다. 그래서 소프트웨어 개발은 일종의 '탐험'이라고 이야기합니다. 즉 탐험을 하다 보면 의외의 경우를 발견할 수 있으니 이런 것들에 놀라지 않고 열린 마음으로 받아들일 준비를 하라는 의미입니다.

의외의 상황은 이런 것을 말합니다. 첫 번째 '고객이 요구한 것이 자신이 원하는 것과 다른 것이었다', 두 번째 '생각했던 아키텍처의 구조가 실제 돌아가기 어렵다는 것을 알았다', 세 번째 '예산이나 일정을 초과하려는 조짐이 보인다', 네 번째 최악의 상황으로 '결국 소프트웨어를 다시 개발해야 한다는 것을 깨달았다' 입니다.

만약 이런 상황을 만나면 아래의 사항들을 서로 같이 조사하고 확인하는 시간이 필요합니다. 그리고 해법을 찾아야 합니다.

- ▶ 전체 개발 진행 이력을 점검해 본다. 그 이력 중에 언제 이 의외의 상황이 일어난 다는 것을 알게 되었을까?
- ▶ 그 순간의 상황을 더 나눠보자. 어떤 일이 일어났을까?
- ▶ 이 상황이 일어나게 될 수 있다는 것을 처음 누가 제기했는가?
- ▶ 그 사람은 그 상황을 어떻게 알게 되었을까? 그 사람은 어떤 교육을 받거나 훈련을 받았기에 그러한 상황을 알 수 있었을까?(이 사람이 주는 신호를 잘 들으면 위험을 많이 피할 수 있다는 뜻입니다.)

개발을 하다 보면 모든 상황을 다시 봐야 하는 상황이 꼭 벌어집니다. 언제나 상황이 처음과는 달라지기 때문입니다. 이러한 변화에 대해 받아들일 준비를 하고 개발하는 것과 그렇지 못하고 개발을 진행하는 것은 큰 차이가 납니다.

실제 시간을 이미 낭비해 버린 경우일 수도 있지만, 잘못된 설계를 계속 이끌고 가다가 더 힘든 경우를 당할 수 있다면 과감히 문제를 열어 놓고 이야기하는 게 맞습니다. 그렇게 할 수 없다면 제대로 된 제품이 나오기는 어려울 것입니다.

Microsoft조차 핵심 기술을 몇 차례에 걸쳐서 '갈아엎기'를 했습니다. 대신 매 단계마다 '완결된 제품'을 출시했습니다. 그리고 갈아엎기를 했더라도 훌륭한 문서들과 예제들을 충분히 공급했습니다. 자금의 출혈은 있었습니다. 하지만 그 출혈을 감수하고라도 제대로 된 제품을 꾸준히 내어놓은 덕에 1975년 이래 지금까지도 살아남았습니다.

3) 소프트웨어의 가격은 모두 유지보수 때문이다

3-1 | 유지보수성이란 무엇인가?

위키피디아에서는 소프트웨어의 유지보수성(maintainability)[11]을 이렇게 정의하고 있습니다.

---

11. 유지보수에 대한 자세한 정의는 위키피디아를 참조하기 바랍니다. https://en.wikipedia.org/wiki/Maintainability

> 소프트웨어 엔지니어링에서는 이러한 활동을 소프트웨어 유지관리라고 합니다(ISO/IEC 9126 참조). 소프트웨어 엔지니어링 영역에서 밀접하게 관련된 개념으로는 진화 가능성, 수정 가능성, 기술 부채 및 코드 냄새가 있습니다.
>
> 유지관리 가능성을 측정하고 추적하는 것은 시스템의 '코드 엔트로피' 또는 무결성 저하 경향을 줄이거나 되돌리고, 코드를 변경하는 것보다 코드를 다시 작성하는 것이 더 저렴하거나 덜 위험해지는 시기를 표시하기 위한 것입니다.
>
> (In software engineering, these activities are known as software maintenance (cf. ISO/IEC 9126). Closely related concepts in the software engineering domain are evolvability, modifiability, technical debt, and code smells.
>
> The measurement and tracking of maintainability are intended to help reduce or reverse a system's tendency toward "code entropy" or degraded integrity, and to indicate when it becomes cheaper and/or less risky to rewrite the code than it is to change it.)

이 유지보수성이 왜 중요하냐? "이 물건을 얼마나 오래쓸 수 있느냐"를 좌우하기 때문입니다. 잠깐 쓰고 버릴 물건에 큰돈을 들이는 바보는 없습니다. 그 물건을 오래 쓰려고 한다면 어딘가 고장이 날 거고 때로는 확장을 해야 할 수도 있을 것입니다. 그때 이를 해결하고 갈 수 있는 물건이라면 가격이 비싸도 사는 게 맞지요. 시간이 가면 갈수록 구매한 비용은 점점 저렴해지는 셈일 테니까요.

자동차를 예로 들면, 부품이 5년 안에 모두 없어진다면 그 차의 가격은 짧은 기간 내에 중고 가격으로 폭락할 것입니다. 실제 이 차를 쓸 수 있는 기간이 줄어들기 때문입니다. 고객은 오랫동안 쓸 수 있는 차를 사고 싶어 합니다. 그래서 대부분의 자동차 회사는 차가 단종된 다음에도 부품을 계속 생산하고, 새로운 차가 나와도 과거 부품을 쓸 수 있게 합니다. 이렇게 자동차의 유지보수성을 확보하려다 보면 그 차의 가격은 상대적으로 비싸질 수밖에 없습니다. 오래 쓸 수 있게 부품도 계속 생산하고, 새로운 것이 나와도 옛 부품도 사용할 수 있어야 하니 더 수고가 많이 들어갈 수밖에 없습니다. 하지만 고객은 오랫동안 안정적으로 차를 쓸 수 있으므로 중고 가격은 유지될 것이고, 소비자들의 만족도도 높을 것입니다.

소프트웨어나 서비스도 그렇습니다. 소프트웨어의 유지보수성과 자동차의 유지보수성을 비유로 설명하면 이렇습니다.

1. **오일 교환(oil change)**: 자동차의 엔진은 정기적인 오일 교환을 필요로 합니다. 오일은 엔진 내부의 부품들이 마찰 없이 움직이도록 윤활제 역할을 하기 때문입니다. **소프트웨어도 주기적인 업데이트와 유지보수가 필요합니다.** 새로운 기능 추가, 버그 수정 등의 작업을 통해 소프트웨어가 원활하게 동작할 수 있도록 유지해야 합니다.

2. **타이어 교체(tire replacement)**: 자동차의 타이어는 마모되면 교체해야 합니다. 낡고 헌 타이어로는 안전하게 운전할 수 없기 때문입니다. **소프트웨어도 기술적인 변화나 새로운 환경에 맞춰 업데이트해야 합니다.** 만약 구식 기술로 개발된 소프트웨어를 사용하면 보안상의 문제나 성능 저하 등이 발생할 수 있습니다.

3. **배터리 교체(battery replacement)**: 자동차의 배터리는 오래 사용하다 보면 방전이 빨라지고 성능이 떨어집니다. 마찬가지로 소프트웨어에서도 기술적인 디자인이나 코드의 품질이 떨어지면 시간이 지남에 따라 성능이 저하되거나 오류가 발생할 가능성이 높아집니다. 이런 경우 배터리를 교체하듯이 **소프트웨어의 일부를 리팩토링하거나 개선해야 합니다.**

4. **자동차 정비(car maintenance)**: 자동차는 정기적으로 점검을 받는 것이 좋습니다. 미리 문제를 감지하고 조치함으로써 큰 고장을 방지할 수 있습니다. 마찬가지로 **소프트웨어도 코드 리뷰, 테스트, 디버깅 등의 과정을 통해 안정성과 신뢰성을 유지할 수 있습니다.**

이렇게 유지보수를 염두에 두고, 소프트웨어를 만드는 일은 어려운 일입니다. 이런 것이 너무 복잡하고 힘들다면 단 한 번에 만들고 그만두면 됩니다. 많은 소프트웨어 외주회사들이 이런 식으로 일하기 때문에 소프트웨어 프로젝트가 망가지게 됩니다. 어차피 자기들은 스스로 다시 만들 계획이 없으니 마구잡이로 만드는 것입니다. 그렇게 받은 제품은 얼마 지나지 않아 동작을 멈춥니다. 유지보수가 안 되기 때문입니다.

이 유지보수성을 높이기 위해 개발자들은 아래의 일을 해야 합니다.

1. **명확하고 간결한 코드 작성하기**: 코드를 이해하기 쉽고 간결하게 작성하는 것이 유지보수성의 핵심입니다. 의미 있는 변수명과 함수명을 사용하고, 주석을 달아서 코드를 이해하기 쉽게 만들어야 합니다. 복잡하고 어려운 코드는 이해하기 어렵고 버그가 숨어있을 수 있으므로, 일반인도 쉽게 파악할 수 있도록 노력해야 합니다.

2. **모듈화와 재사용성 고려하기**: 코드를 모듈화하여 작은 기능 단위로 분리하고, 필요한 기능을 재사용할 수 있도록 설계하는 것이 좋습니다. 모듈화된 코드는 새로운 요구사항이나 버그 수정 시에도 해당 모듈만 수정하면 되므로 유지보수가 용이해집니다.

3. **테스트와 자동화**: 소프트웨어를 수정할 때마다 기능이 올바르게 작동하는지 확인하는 테스트를 작성하는 것이 중요합니다. 특히 자동화된 테스트를 구축하면 변경 사항이 코드 전체에 미치는 영향을 빠르게 확인할 수 있습니다. 이를 통해 버그를 조기에 발견하고 수정하는 데 도움이 됩니다.

4. **문서화**: 코드에 대한 문서화를 꼼꼼히 작성하는 것이 유지보수성을 높이는 데 도움이 됩니다. 기능 설명, 사용 방법, 주요 변경 내역 등을 문서로 남겨두면 새로운 개발자나 유지보수를 맡을 사람들이 쉽게 이해하고 작업할 수 있습니다.

5. **보안 고려**: 보안 취약점을 방지하고 데이터를 안전하게 다루는 것은 매우 중요합니다. 보안에 취약한 코드는 공격에 쉽게 노출될 수 있으며, 이는 소프트웨어 유지보수성에 큰 영향을 미칠 수 있습니다. 보안을 고려한 개발과 주기적인 보안 강화가 필요합니다.

6. **정기적인 업데이트와 버전 관리**: 소프트웨어를 지속적으로 업데이트하여 최신 기술과 보안 패치를 적용해야 합니다. 또한 버전 관리 시스템을 사용하여 코드 변경 사항을 추적하고 이전 버전으로 돌아갈 수 있는 환경을 구축해야 합니다.

7. **사용자 피드백 수렴과 반영**: 사용자들의 피드백을 주시하고, 문제점과 요구사항을 반영하는 것이 중요합니다. 사용자들이 원하는 기능이나 개선 사항을 수용하여 소프트웨어가 더욱 유용하고 만족스러운 제품이 되도록 노력해야 합니다.

한마디로 다음에도 쓰기 좋게 만드는 것입니다. 이를 위해 소프트웨어 개발을 전담할 조직이 내부에 있어야 합니다. 외주를 통해 개발을 하더라도 이를 인수받고 유지보수할 조직이 필요합니다. 이러다 보니 유지보수를 생각하고 만들어야 좋은 소프트웨어의 품질이 유지되고, 이를 할 인력들을 채용해야 합니다. 그래서 비싸집니다.

이 이야기를 뒤집어서 하면 '한 번 쓰고 버릴 것은 아주 싸게 만들 수 있는 것이 소프트웨어'라는 것입니다. 외주를 맡기더라도 '가격'만 보고 일을 주면 엉터리 제품을 받을 확률이 이래서 높습니다. 유지보수성을 생각하지 않고 만들다 보니 싼 것입니다. 소프트웨어는 끊임없이 개발하는 것인데 외주로 만든 소프트웨어는 유지보수성이 전혀 고려되지 않고 개발되는 경우가 많습니다. 이러다 보니 외주로 만든 소프트웨어를 가지고 다음 버전을 위해서 개발(유지보수)해야 할 때 새로 개발해야 할 정도의 엉터리 코드를 받았다는 것을 발견하고 저에게 하소연하는 대표님들이 생각보다 많습니다.

소프트웨어의 세계에서는 대부분 '싼 게 비지떡'이 많습니다. 그리고 '적정 품질'을 갖춰서 사업적으로 적절한 타이밍에 내어놓는 것 역시 아무나 할 수 없는 '전문적인 영역'입니다. 그러니 싸게만 무엇을 만들려고 하지 마시길 바랍니다. 명품은 비쌉니다.

3-2 | 일회용 선거 사이트의 세계

만약에 '유지보수 같은 건 생각하지 않으면서 많은 기능의 소프트웨어나 서비스를 만들어 달라'고 하면 무슨 일이 벌어질까요? 대부분은 이상하다고 생각할 것입니다. 그런데 정기적으로 그런 일이 일어나는 시장이 있습니다.

2015년, 이준행이란 개발자가 한겨레에 기고한 『일회용 선거사이트의 세계』[12]라는 글이 있는데, 한마디로 이야기해서 선거철이 되면 선거 출마자를 위해서 뭔가 '보여주는' 사이트가 하나씩 만들어지고 사라진다는 것입니다.

> 선거철만 되면 몇백만 원에 웹사이트와 모바일사이트는 물론 앱까지 뚝딱 만들어주고 홍보 글도 퍼 날라주겠다는 전화가 선거캠프로 마구 걸려 온다. 후보자 또는 그 주변인들이 디지털 세계를 다루는 감각을 갖추고 꼼꼼히 판단한다

---

12. [2030 잠금해제] 일회용 선거사이트의 세계 / 이준행
    https://www.hani.co.kr/arti/opinion/column/706587.html

> 면 이런 후려치기에 당하지 않을 것이다. 하지만 인터넷을 잘 모르는 대부분의 캠프들은 '우리도 홈페이지 하나쯤 있어야지'라며 기꺼이 비용을 집행한다. 그렇게 약력 소개 정도만 담은 초라한 사이트가 수없이 탄생하고 유권자를 제대로 만나보지도 못한 채 선거 직후 사라진다. 어느 국회의원은 이전 선거 때 사둔 도메인 주소를 까먹고 선거 때마다 또 다른 도메인 주소를 구입하기도 한다. 한국 정치인들이 바라보는 디지털 세계란 전단지 뿌리고 스팸문자 뿌리듯 온라인 전단지를 뿌릴 공간으로만 존재할 뿐이다. 그곳에서 유권자를 만나거나 집단지성을 모아보자는 상상 같은 건 없다.
>
> 어느 유력 대선주자 이야기이다. 선거를 10일 남짓 앞두고 급하게 후보자 웹사이트를 만들어야 한다며 캠프 관계자가 나를 찾아왔다. 이전 개발업체와 일이 틀어졌고, 선거운동기간도 얼마 남지 않았다며 어떻게든 웹사이트 제작을 도와 달라는 것이었다. 사이트 기획서에는 게시판이나 사진첩뿐만 아니라 티브이 방송, 유세 일정 달력, 지지여론 중계, 지도에 이동 궤적 표시하기 등 무척 많은 기능들이 들어 있었다. 물리적으로 선거가 끝날 때쯤에야 완성될 것이 뻔했다. 고작 1주가량 유권자들에게 보여주겠다고 요란한 웹사이트를 만들어봤자 선거 판도를 바꿀 수 없을 테니 무리한 계획은 포기하라고 권했다. 그리고 인터넷에서 화제가 될 만한 간단한 사이트를 만들거나 콘텐츠 홍보에 집중하는 게 낫지 않겠느냐고 제안했다. 하지만 캠프 관계자는 번듯한 사이트를 당장 만들어야 한다고 고집을 부렸다. 후보자 웹사이트 제작은 유권자들에게 후보를 알리기 위해서가 아니라는 것이다. 지역별 당협위원회나 홍보조직들이 후보자 당선을 위해 얼마나 열심히 활동하는지 전시할 곳이 당장 필요하다는 것이 그의 설명이었다. 인터넷을 잘 활용하는 것으로 정평이 나 있는 그의 공식 웹사이트는 그렇게 선거 때마다 새로 만들어지고 선거 직후 버려져왔다.

이 글에서 보듯, 이런 사이트는 그냥 만들어지고 난 다음에 더 이상 유지보수가 안 됩니다. 모든 정보가 '있어 보이기'만 할 뿐 모두 오래된 정보들일 것입니다. 제가 더 화가 나는 건 이 임시로 써먹을 웹사이트에다가 온갖 기능들을 넣어 달라고 하는 것입니다. 저 기능 하나하나가 나름 시간 많이 걸리는 기능들일 텐데 이런 걸 임시로 쓸 그런 사이트에 밀어 넣어 달라⋯ 되겠습니까? 게다가 저자가 써 놨듯 말도 안 듣습니다.

이런 홈페이지를 만들면 가격이 얼마나 할까요? 인썸니아[13]라는 스타트업 비즈니스를 위한 개발외주회사가 있습니다. 이 회사가 자체 플랫폼인 핑거라는 제품을 개발했는데 여기에 보면 이른바 개발비용견적[14]을 낼 수 있는 견적표가 있습니다. 이를 기반으로 이준행 님이 이야기한, '어느 대선주자'가 요청한 사이트의 견적을 내보겠습니다.

항목	가격
모바일 웹	0
20페이지 이하	800만원
고객 디자인 세밀하게 반영	1,000만원
커뮤니티	300만원
게시물 피드	200만원
편집 업로드 기능(여러 기능들 합한 가격)	900만원
관리 메뉴	500만원
캘린더 UI 기능	150만원
지도 표시 + 지도와 목록의 연동	500만원
가입 로그인 기능 전체	800만원
목록/상세 관련(목록, 상세, 관리, 댓글, 리뷰 등등…)	2,000만원
도합	7,150만원

일억이 안 되는 비용으로 나옵니다. 문제는… 이게 그냥 한 번 만드는 작업이라는 거죠. 이제 이걸 가지고 죽지 않게 계속 모니터링하고 콘텐츠상의 문제도 확인하고, 소셜 기능 등을 더 붙여야 한다면… 정말 개발팀이나 운영팀이 있어야 합니다. (요새 이 정도 할 수 있는 개발자 연봉이 얼마일까요?) 거기에 서버비도 고민하면 월 비용이 훌쩍 올라갑니다. 아, 아직 개발 기간 산정도 안 끝났습니다.

사이트를 그냥 '온라인상에 붙어있는 전단지'로만 생각하면 이 이상 생각하지 않아도 될지 모릅니다. 그러나 만약 이 정치인이 '내 정치 인생에서 계속 국민들과 소통하는 플랫폼으로 만들겠다'라고 한다면 다른 선택을 해야 합니다. 어떻게 해야 할까요? 물론 가장 안 좋은 건 '전단지'급 돈만 내고 '플랫폼'을 원하는 거겠지요.

---

13. https://insomenia.com/
14. https://fingr.io/estimates

4) 문제 그 자체에 대해 알아보자

4-1 | 지금 만들어야 하는 소프트웨어가 해결해야 하는 '문제'를 얼마나 알고 있나요?

문제 파악 자체가 얼마나 중요한지를 안 것은 제가 처음 직장생활을 할 때였습니다. 제 첫 직장인 GE는 이른바 Six sigma[15]로 유명했습니다. 이는 경영의 문제를 해결하는 데 '통계적' 분석을 통해서 어떻게 높은 성과를 낼지를 고민하는 방법론이었습니다. GE는 신입사원 모두에게 이 방법론 훈련을 받게 하고 인증도 다 받게 했습니다. 저 역시 이 수업을 피할 수 없이 며칠간 들었습니다. 그때 저는 이 방법론이 너무 이상하게 느껴졌습니다. '문제가 무언지 파악'하는 데 대부분의 시간을 쓰는 것입니다.

Six sigma는 목적에 따라 프로세스의 단계가 조금씩 다른데, 아래처럼 두 가지로 나뉘게 됩니다.

- **DMAIC - 기존 제품/프로세스 개선용**
  - 정의(Define): 기업 전략과 소비자 요구사항이 일치하는 디자인 활동의 목표를 정한다.
  - 측정(Measure): 현재의 프로세스 능력, 제품의 수준, 위험 수준을 측정하고 품질에 결정적 영향을 끼치는 요소(Critical to qualities, CTQs)를 밝혀낸다.
  - 분석(Analyze): 디자인 대안을 고려하며 상위 수준의 디자인을 만들고 최고의 디자인을 선택하기 위한 디자인 가능성을 평가하는 것을 개발한다.
  - 개선(Improve): 바람직한 프로세스가 구축될 수 있도록 시스템 구성 요소들을 개선한다.
  - 관리(Control): 개선된 프로세스가 의도된 성과를 얻도록 투입 요소와 변동성을 관리한다.

- **DMADV - 개선된 새로운 제품 개발용**
  - 정의(Define): 기업 전략과 소비자 요구사항이 일치하는 디자인 활동의 목표를 정한다.

---

15. https://ko.wikipedia.org/wiki/6_시그마

- **측정(Measure)**: 현재의 프로세스 능력, 제품의 수준, 위험 수준을 측정하고 품질에 결정적 영향을 끼치는 요소(critical to qualities, CTQs)를 밝혀낸다.
- **분석(Analyze)**: 디자인 대안을 고려하며, 상위 수준의 디자인을 만들고 최고의 디자인을 선택하기 위한 디자인 가능성을 평가하는 것을 개발한다.
- **디자인(Design)**: 세부 사항, 디자인의 최적화, 디자인 검증을 위한 계획을 한다. 여기서 시뮬레이션 과정이 필요하다.
- **검증(Verify)**: 디자인, 시험 작동, 제품 개발 프로세스의 적용과 프로세스 담당자로의 이관 등에 관련된 단계이다.

이 두 가지 단계를 비교해 보면, 정의(define), 측정(measure), 분석(analyze) 단계가 공통으로 들어가는 것을 볼 수 있습니다. 이 세 단계는 어떤 일의 함수 Y=F(X)에서 실제 결과 Y에 영향을 미치는 요소 X를 먼저 찾고 정의하는 것입니다. 즉, 원인이 되는 것이 무엇인지 분석하는 것에 60% 정도의 시간을 사용한다는 말이 됩니다. (그럼에도 불구하고 저는 Six Sigma적으로 모든 것을 수치화해서 접근하려는 방식이 맞는다고 생각하지 않습니다. 실제 GE 내부에서도 나중에는 Lean 방법론으로 갈아탔습니다. 현재 적용하는 이론이 틀렸다면 바꾸면 됩니다.)

소프트웨어 개발을 하면 할수록 느끼는 것은 "우리는 정말 모르는 것을 모른다"라는 것입니다. 위에서 인용한 [그림 1-3]의 통찰처럼 우리는 그 문제에 대해서 결국 다 끝나서야 알게 됩니다. "어떤 문제를 해결해야 하는가?"를 묻는 것은 '문제의 가치'를 따지는 것입니다. 정말 중요한 X가 무엇인지를 정의하고 이를 탐구하는 과정은 절대 시간 낭비가 아닙니다.

4-2 | 커네핀 프레임워크(cynefin framework): 우리가 해결해야 하는 문제의 속성은 뭔가?

Cynefin[16]이란 단어가 있습니다. 웨일즈 언어로 '집' 혹은 '서식지'입니다. 씨네핀이라고 읽어야 할 것 같지만 웨일즈어로 구네핀 혹은 쿠네핀이라고 읽습니다. 이 책에서는 커네핀이라고 하겠습니다.

---

16. Snowden, David J.; Boone, Mary E. (2007). "A Leader's Framework for Decision Making". Harvard Business Review. 85 (11): 68-76.

커네핀은 의사결정을 지원하는 데 사용되는 개념적 프레임워크로서 1999년 데이브 스노든(David Snowden)이 IBM 글로벌 서비스에서 근무할 때 만든 것입니다. 이것은 관리자가 어떤 상황이 벌어졌을 때, 아래 그림처럼 5가지 영역으로 나누는 것을 의미합니다.

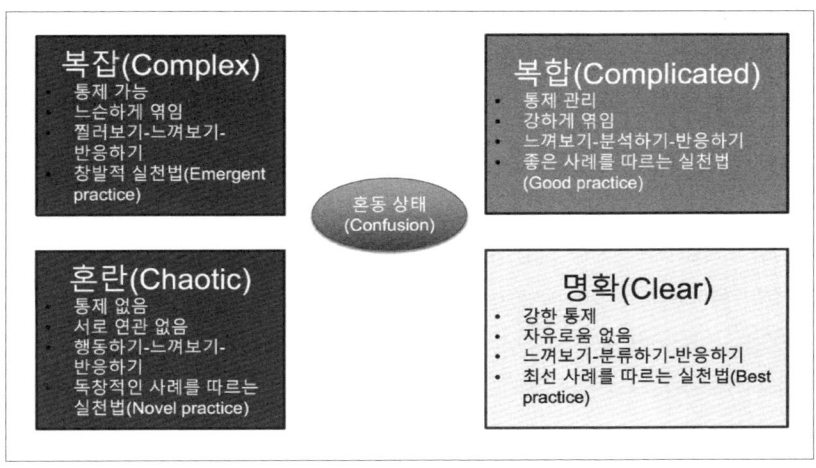

[그림1-6] 커네핀 프레임워크[17]

[그림2-6]은 조직이 문제를 학습하면 할수록 혼란(chaotic) → 복잡(complex) → 복합(complicated) → 명확(clear) 혹은 단순(simple)의 단계를 거쳐서 이 문제의 본질을 알게 된다는 프레임워크입니다.

혼란(chaotic): 원인과 결과가 명확한 게 하나도 없어 보이는 경우입니다. 즉, 문제 파악이 안 되는 상태입니다. 이럴 때 해야 할 일은 '행동하기-느끼기-반응하기(act-sense-respond)'입니다. 우선 질서를 잡기 위해 행동하고, 안정성이 어디에 있는지 감지하고, 혼돈을 복잡성으로 전환하기 위해 대응한다는 뜻입니다. 이 개념을 처음 만든 스노든과 분(Mary Boone)은 이렇게 이야기합니다.

---

17. https://en.wikipedia.org/wiki/Cynefin_framework#/media/File:Cynefin_framework_2022.jpg

> 혼란의 영역에서 리더의 즉각적인 임무는 패턴을 발견하는 것이 아니라 출혈을 막는 것입니다. 리더는 먼저 질서를 확립하기 위해 행동하고, 안정이 있는 곳과 없는 곳을 감지한 다음, 상황을 혼란에서 복잡성으로 전환하기 위해 노력하여 대응해야 합니다. 새로운 패턴을 식별하면 미래의 위기를 예방하고 새로운 기회를 식별하는 데 도움이 될 수 있습니다. 의견을 구할 시간이 없기 때문에 가장 직접적인 하향식 또는 전체에 알림(broadcasting) 방식의 의사소통이 필수적입니다.[18]

예를 들어 화재나 테러 사건이 일어났다고 합시다. 이 상황에서 '사건의 원인이 뭐야'를 먼저 따지는 게 낫겠습니까, 전체적으로 소방서장이 나서서 이리 가라 저리 가라하며 전체 통제를 통해서 우왕좌왕하지 않게 하는 게 먼저겠습니까? '혼란'의 영역은 그러한 것입니다.

복잡(complex): 복잡은 이른바 '미지의 영역'입니다. 원인과 결과는 회고를 통해서만 추론할 수 있으며 정답은 존재하지 않습니다. 스노든과 분은 "리더가 실패해도 안전한 실험을 수행한다면 … 유익한 패턴이 나타날 수 있다"라고 말합니다.

이때 해봐야 하는 일이 "찔러보기-느껴보기-반응하기(probe-sense-respond)"입니다. 찔러보기(probe)는 쉽게 말해서 '조금이라도 작게 실체가 무엇인지 파악하기 위해 조사하거나 시제품을 내보내 보기'라고 할 수 있습니다.

이 찔러보기(probe)라는 단어의 원래 뜻이 긴 막대기 같은 것으로 땅속이나 지푸라기 같은 것 속에 뭐가 있는지 모를 때 찔러보는 것을 말합니다. 이것의 목적은 그다음의 느껴보기(sense)를 위한 것입니다. 즉 '피드백이 뭔가가 나올 수 있게' 하는 것입니다. 그다음 느껴보기(sense)에서는 앞서 찔러본 것이 단단한지, 무른지, 혹은 아무것도 안 느껴지는지를 확인하는 것입니다. 그다음에 이에 맞게 반응(respond)을 하는 것이지요.

아직 이 단계는 '복잡'한 상황이며 예측할 수 없는 상황입니다. 이때 우리가

---

18. Snowden, David J.; Boone, Mary E. (2007). "A Leader's Framework for Decision Making". Harvard Business Review. 85 (11): 68–76.

해볼 수 있는 것은 "찔러보기-느껴보기-반응하기(probe-sense-respond)"뿐입니다. 더듬거리며 앞으로 나아가는 것과 같기에 무언가 섣불리 결론을 내리면 안 됩니다.

이럴 때 창발적 실천법(emergent practice)으로 접근해야 합니다. 창발적 실천법이란 현재 단계가 고정적인 것이 아니라 계속 변화하는 것이기 때문에 이 변화에 맞춰서 대응하면서 문제를 해결해 가는 것을 의미합니다. 이 방식은 개인과 그룹의 창의성과 실험을 허용하기 때문에 변화에 보다 유연하고 적응력 있는 접근 방식으로 여겨지기도 합니다.

이는 처음에는 계획되지 않았거나 의도하지 않았던 것들이 조직이나 개인의 경험, 상황, 환경 등과 상호작용을 하면서 점진적으로 발전해 나가는 현상입니다.

창발적 실천법(emergent practice)은 주로 복잡한 시스템이나 문제를 다룰 때 나타납니다. 이러한 상황에서는 이전에 존재하지 않았던 새로운 요소들이 등장하며, 기존의 계획과 예측을 벗어나는 상황이 발생할 수 있습니다. 이럴 때는 새로운 상황에 대응하거나 문제를 해결하기 위해 새로운 관행과 방법을 개발해야 합니다. 이러한 접근 방식은 예측 불가능한 상황에 대응하는 데 유용하며, 문제를 해결하고 지속적인 혁신을 이루는 데 기여합니다.

참고로 이 단계에서 '원인'을 찾는 것은 보통 도움이 안 됩니다. 원인을 알아도 어떻게 할 방법이 없는 경우가 많기 때문입니다. 예를 들어, 코브라 효과[19]와 같이 원인과 결과가 꼬여버리는 경우는 신중하게 접근해야 합니다.

복합(complicated): 보통 이 부분은 '알려진 미지의 영역(known unknown)'이라고 하며 아직 쉽게 결론이 나지 않은 단계입니다. 고려해야 할 요소도 많고, 이것들끼리 엉켜 붙어 있습니다. 예를 들어 생태계의 문제는 복잡(complex)한 것이며 자동차를 수리하는 일은 복합(complicated)한 것입니다.

이런 경우는 원인과 결과 사이의 관계에 분석 또는 전문 지식이 필요하며

---

19. https://the10group.com/the-cobra-effect-what-could-possibly-go-wrong/ 영국 통치하의 인도에서 일어난 일화입니다. 영국 정부는 델리에 독 코브라가 너무 많아지자 죽은 코브라 한 마리당 현상금을 걸었습니다. 처음에는 성공적인 전략이었고 많은 수의 뱀이 포상금을 위해 죽었습니다. 그러나 부도덕한 기업가들이 코브라를 사육하기 시작했습니다. 정부가 이 돈벌이를 알게 되자 이 프로그램은 폐기되었고, 코브라 사육업자들은 수천 마리의 쓸모없는 뱀을 풀어주어 야생 코브라의 개체수를 증가시켰습니다.

다양한 정답이 존재합니다. 그래서 "느껴보기-분석하기-반응하기(sense-analyze-respond)" 방식으로 접근해야 합니다. 이 뜻은 이른바 '좋은 사례(good practice)'들을 적용해 가는 것을 말합니다. 위의 예처럼 자동차의 어떤 문제는 복합적입니다. 자동차란 결국 인간이 설계한 것이고 그래서 이 시스템의 설계를 우리는 압니다. 그래서 두들겨 보면서 접근할 수 있습니다.

명확(clear): 어느 글에서는 단순(simple)이라고도 소개합니다. 이 단계는 문제의 불확실성이 거의 없습니다. 불확실성이 있어도 그 내용도 이미 아는 상황입니다. 이런 경우는 그냥 모범사례(best practice)를 따라가면 됩니다.

그럼 이렇게 하면 문제가 없느냐? 그건 아닙니다. 자칫 모든 문제를 명확한 것으로 보는 갇힌 사고를 해서 이 문제가 명확하다고 생각할 수 있습니다. 그러니 자기 객관화를 늘 잊지 말아야 합니다.

혼돈(confusion 또는 disorder): 그야말로 무질서한 상태입니다. 현재 상황이 혼란(chaotic), 복잡(complex), 복합(complicated), 명확(clear) 중 어떤 것인지 파악해서 접근해야 합니다.

현실에서 대부분의 문제는 '복잡(complex)'에 있습니다. 비즈니스도, 대민 서비스의 설계도 보통 이렇습니다. 그런데 이럴 때 창발적 실천법(emergent practice)이 아니라, 명확(clear)하다고 생각해서 이른바 모범사례 적용(best practice)으로 가버린다면 어떻게 될까요? 제대로 대응할 수 없을 것입니다.

4-3 | 복잡한 일을 한 번에 처리하려다 망한 사례: NEIS 4세대로 보는 공공 IT서비스 개발의 문제점

2023년 3월 나이스(National Education Information System, NEIS) 사태는 지나치게 복잡한 일을 반복 없이 하려다가 망한 대표적인 사례입니다. 나이스[20]는 교육부에서 만든 교육행정정보시스템입니다. 2023년 3월, 이른바 4세대가 배포되었습니다. 그런데 나오자마자 먹통이 되었습니다. 무려 2,824억 원의 예산을 투입했는데, 일부 교원들은 접속조차 할 수 없었고 학생 성적과 관련된 기록도

---

20. 인천광역시교육청, 4세대 「지능형 나이스」, 이렇게 달라집니다(2023년 3월 개통) https://blog.naver.com/icehongbo/222909799263

기존 나이스에서 제대로 이관되지 않은 상태였습니다. 기말고사 기간인데 출결이나 수행평가 점수 입력이 제대로 되지 않는 사고도 벌어졌고요.[21]

문제는 신문 기사도 그렇고 많은 사람들도 "대기업이 아니라 중소기업이 개발해서 그렇다"라는 식으로 이야기하는 언론이 많았다는 것입니다. 안타깝게도 진단이 틀렸습니다. 대기업이 수주했어도 망가진 공공 프로젝트가 많았기 때문입니다.

진짜 문제는 10년마다 시스템을 갈아엎고 한 번에 모든 문제를 해결하려는 빅뱅 방식의 프로젝트 개발 방식으로 접근했기 때문이었습니다. 커네핀 프레임워크의 관점으로 보면 NEIS의 시스템은 매우 명확(clear)한 것처럼 보입니다. 행정절차가 다 거기서 거기라고 생각하면 그렇습니다.

문제는 소프트웨어 개발 자체는 커네핀 프레임워크의 관점에서 보면 복잡(complex)한 단계라는 것입니다. 요구사항은 명확할지 모릅니다. 하지만 이를 실제 구현해 보면 생각했던 설계대로 구현할 수 없는 경우가 많은 게 일반적입니다. 무엇보다 이 서비스를 사용하는 교사들의 상황 역시 다 조금씩 다르고, 실제 학교 행정 내에서 '문서화되지 못한' 프로세스들까지 품어내야 합니다. 게다가 입시 시스템은 3년마다 바뀌므로 이에 따른 유지보수가 안 되는 상황이라면 이건 정말 어떻게 해야 할지 모르겠다 싶습니다. 즉 "사업 구조가 현재 수요층(국민, 공무원)의 지속적인 요구를 반영하지 못하는 것"입니다.

안타까운 것은 현재 조달 방식은 반복개발방식으로 소프트웨어나 서비스를 만들 수 없는 구조라는 것입니다. 조달청 홈페이지[22]에 있는 조달 절차대로라고 하면 적격심사 통과에서 무조건 최저 입찰 업체가 뽑히는 구조입니다. 그런데 복잡(complex)한 문제를 해결하기 위해서는 위에서 언급한 대로 '창발적 실천법(emergence practice)'으로 접근해야 합니다. 그러면 자연스레 비용은 올라갈 수밖에 없습니다. 한마디로 비쌀 수밖에 없습니다. 그런데 최저가격을 제시한 업체를 뽑으니 뭔가 이상하게 될 수밖에 없습니다.

---

21. 개통하자마자…4세대 나이스 장애에 IT 업계 "예견된 일", 머니투데이 (2023. 6. 23.) https://n.news.naver.com/article/008/0004903323
22. 사업수행능력평가(PQ)+적격심사 | 조달청 https://www.pps.go.kr/kor/content.do?key=00729

인력 부분과 대기업 참여 제한 여부는 지금 같은 차세대 개발 방식과 (조달) 사업 구조 문제의 핵심이 아닙니다. 한국에서 공공 시스템 구축은 크게 세 축으로 돌아갑니다. 사업 예비단계, 사업 개발단계, 개발검증 및 출시 단계입니다. 각 단계는 이렇게 돌아갑니다.

1. **사업 예비단계**: 기재부에서 전년도에 예산을 만들고, 정보화 전략계획(information strategy planning, ISP)이나 기타 방식으로 제안요청서(request for proposal, RFP)를 만들고 조달청에 등록해서 사업자를 선정하고 계약하는 단계입니다.
2. **사업 개발단계**: NIPA[23]가 운영하는 전자정부표준프레임워크(https://www.egovframe.go.kr)를 기반으로 시스템을 구축하고, 통합(단위) 테스트 하는 단계입니다.
3. **개발검증 및 출시 단계**: NIA[24]가 관리하는 정보시스템을 통해 개발된 시스템을 검증하고, 시운전을 통해 수요자가 문제를 해결했는지 확인하는 단계입니다.

안타까운 건, 각 단계를 밟아가다가 무언가 잘못된 게 발견되면 다시 돌아가는 절차가 없다는 것입니다. 예를 들어 사업 개발단계까지 갔는데 뭔가 아닌 부분이 발견되어서 업체를 바꾸기로 하거나 설계를 모두 바꿔야 한다고 하면 다시 '사업 예비단계'로 가야 하는데 절대 그렇게 갈 수 없습니다.

이러한 조달 단계에 복잡(complex)한 문제를 풀기 위한 체계가 되어 있지 않는 한, 이른바 국가 IT 서비스의 질은 형편없을 수밖에 없습니다. 게다가 지금 이른바 국가의 최고 정보 관리자(chief information officer, CIO) 역할을 하는 장관도 없습니다. 이런 상황이다 보니 당분간 이 문제가 제대로 풀릴지 모르겠습니다.

4-4 | 무슨 문제를 먼저 풀지?

이제 문제를 해결해 나가는 '순서'를 정할 시점입니다. 이를 위해 소개할 인물이 있습니다.

크리스토퍼 알렉산더(Christopher Alexander)[25]는 오스트리아 빈 출신의 건축가

---

23. 정보통신산업진흥원 National IT Industry Promotion Agency, NIPA
24. 한국지능정보사회진흥원 National Information society Agency, NIA
25. https://ko.wikipedia.org/wiki/크리스토퍼_알렉산더

로, 건축 설계 이론을 세우고 다양한 지역인 미국 캘리포니아, 일본, 멕시코 등에서 200개 이상의 설계 프로젝트를 한 것으로 유명합니다. 그는 건물 사용자들이 건축가들보다 자신들이 원하는 건물에 대해 더 잘 알고 있다고 추론하여 "패턴 언어"라는 개념을 만들어 냈습니다.

이분의 일화에 대해서 김창준 님이 페이스북에 쓰신 글이 있습니다.

> **<의사결정의 순서>**[26]
>
> 전문가와 비전문가의 차이가 크게 도드라지는 부분 중 하나는 일의 순서이다. 특히 인지적 과업일 경우 의사결정의 순서가 전문가와 비전문가를 가른다. 어떤 순서로 의사결정을 하면 일을 하기가 훨씬 수월한데, 그렇지 않으면 일하면서 헤매게 되고 어려움을 겪게 된다.
>
> 해야 할 의사결정들이 많을 때 자신에게 물어야 할 질문은 이렇다. "어느 의사결정을 먼저 하면 다른 의사결정들을 내리기가 훨씬 수월해질까?"
>
> 이것이 바로 건축학자 크리스토퍼 알렉산더가 말하는 시퀀스(sequence)라는 개념이다.
>
> 건축학자인 크리스토퍼 알렉산더에 따르면 작은 집 하나를 짓는 데에만 해야 할 의사결정이 수백 개에 달한다고 한다. 그러면 가능한 의사결정의 순서는 천문학적으로 늘어나게 된다. 하지만 가장 핵심적인(center) 의사결정부터 하나씩 진행하게 되면 점점 일이 정돈되고 수월하게 풀리게 된다. 했던 걸 다시 되돌려야 할 확률도 확 줄어든다.
>
> 예를 들어, 그는 부엌을 만들 때에 가장 우선적으로 할 의사결정 중 하나로 식탁의 위치 정하기를 꼽는다. 왜냐하면 결국 (서양식) 부엌의 가장 핵심이 되는 활동은 가족이 함께 식사를 하는 것이기 때문이다. 이게 정해지면 다른 모든 것들은 부차적인 의사결정이 되어 굉장히 쉽게 풀려버린다. 근데, 이걸 정하지 않은 상태에서 냉장고를 어디에 둘지 정하는 것은 기준이 명확하지 않아 어려움이 많을 것이다.
>
> 건축분만이 아니다. 인지적 작업을 하는 경우 모두가 해당한다. 내가 의사결정

---

26. 김창준 님의 2023년 6월 26일 페이스북 글입니다. https://www.facebook.com/cjunekim/posts/pfbid036hpUdyZivFc55BFfmZkYvWiDUoJevksT6zvKWkaK6p1TBijtC9ZM7ohE7XUSpu5yl

> 을 내려야 하는데 감도 잘 안 오고 모호하다면 순서가 잘못된 거 아닌가 생각해 보는 것이 도움이 될 것이다.

소프트웨어 설계에도, 자동차 설계에도 이러한 핵심적인(Center) 의사결정들이 있습니다. 이것이 무엇인지 계속 물어보는 것이 중요한 설계를 만드는 비법입니다. 그럼 소프트웨어 설계에서 그런 핵심적인(Center) 의사결정들은 무엇일까요? 저에게는 두 가지가 있습니다. **첫째, "누가 이 소프트웨어를 사용하는가?"** 이를 조금 있어 보이는 말로 '액터(actor)가 누구인가?'라고 합니다. 비즈니스의 관점에서는 "고객이 누구인가?"입니다.

둘째, "이 액터들이 해결하고 싶은 문제 3가지만 고르라고 하면 무엇인가?" 입니다. 결국 어떤 일을 한다는 것은 이를 통해서 '문제해결'을 하고 싶은 것입니다. 그리고 이 문제해결의 방법은 아주 다양합니다. 여기서 제가 3가지로 줄인 것은, 지나치게 많은 선택들 중에 반드시 골라야만 하는 것이 무엇인지 '제한'을 둬서 생각을 단순하게 만드는 장치입니다.

이 두 가지 질문에 대해서 일이 정해지면, 그다음의 의사결정은 쉬웠습니다. 예를 들어서 액터가 정해지면, 액터별로 모든 사용자 스토리들을 뽑을 수 있습니다. 이때, 각 액터들이 해결하고자 하는 핵심 문제들에 따라서 사용자 스토리들의 우선순위를 정할 수 있습니다. 우선순위를 정하고 나면 자연스럽게 아래의 질문들에 답을 할 수 있습니다.

- **그들이 속한 상황이 정해집니다.**
  - 예를 들어 그냥 인터넷을 쓸 수 있는지 폐쇄망을 써야 하는지가 정해집니다
  - 그들과 또 이어져 있는 다른 그들의 고객들이 누구인가 정해집니다.
- **어떤 매체(웹일지, 모바일이나 데스크톱 앱이어야 할지, 아니면 그냥 터미널에서 돌아가야 할지)를 써야 하는지가 나옵니다.**
- **사용자의 기술적 숙련도에 따라 어느 정도로 쉽게 UI/UX를 만들어야 할지를 결정할 수 있습니다.**
  - 아주 쉽게 UI/UX를 결정할지, 아니면 조금 어렵게 해도 될지를 정할 수 있습니다.

■ …

이렇게 고객들이 해결하고자 하는 문제를 명확하게 하면 이런 것들을 정할 수 있습니다.

- ▶ 문제에 관여된 숨은 액터들
- ▶ 각 액터들 간의 상호작용
- ▶ SLA[27]는 어느 정도 확보해야 하나?

그리고 이를 결정하는 데 혼자 단독으로 하지 않고 관련된 사람들(stakeholders)이 모두 의견을 내는 과정이 필요합니다. 물론 그 의견을 받아서 의사결정을 하는 것은 '한 사람'이어야 합니다. 사실 이런 것들을 하는 것이 이른바 워크숍(workshop)입니다. 여럿이 모여서 산출물을 만들어 내는 거죠.

[그림1-7] 워크숍(Workshop)이란 어떤 문제를 들고 가서 여럿이 토론하면서 해결책을 찾는 것입니다. 야유회가 아닙니다.

---

27. 서비스 수준 협약(service level agreement, SLA): 서비스 제공자가 다른 상대방, 즉 서비스 가입자에게 합의를 통하여 사전에 정의된 수준에 해당하는 품질의 서비스를 제공하기로 협약을 맺는 것 https://ettrends.etri.re.kr/ettrends/90/0905000544/19-6_055_065.pdf

소프트웨어를 개발해야 하는데 이러한 핵심 질문들의 답을 함께 찾아내고 정리하는 과정을 거치지 않고 단순히 '원하는 게 무엇인지'만 적은 요구사항만 잔뜩 던져주고 '알아서 해와'라는 식으로 일을 진행한다면 '나는 이 일을 반드시 망치고 말겠어'라는 생각으로 일을 하는 것과 같습니다.

사실 이러한 소프트웨어 디자인에 대한 실천 방법들은 매우 많이 있습니다. 디자인 씽킹 같은 방법론 등등…… 워크숍을 꾸리거나 그 안에서 아이디어를 시각화해서 문제를 찾아내고 해결하는 방법을 만들어 가는 프로세스도 수십 가지입니다. 문제는 은탄환(silver bullet)같이 마법 같은 건 없다는 것입니다.

SAP의 PM으로 일하시는 김영욱 님은 자신의 저서 『프로덕트 매니지먼트』[28]에서 이렇게 말하고 있습니다.

> "훌륭한 프로세스와 방법론이라고 모든 기업의 구조에 딱 맞을 수는 없다. 방법론과 프로세스의 권위에 기죽을 필요는 없지만 기본 철학과 원칙을 지키지 않는 것은 더욱 곤란하다. 원칙을 지켜 방법론의 교과서적인 해석을 이해하고 소규모로 도입해 적용하고 학습하며 바꿔가면서 최적화 경험을 찾아야 한다. 방법론 그 자체가 제품과 서비스를 성공으로 이끌어주지 않는다는 사실을 꼭 기억하자."

4-5 | 와인버그의 지혜 - 좋은 고객이 최고의 자산이다

제럴드 와인버그라는 분이 계십니다. 이분은 컴퓨터 소프트웨어 개발에 심리학을 적용한 심리학자이자 인류학 선생님(?)이라고 할 수 있습니다. 『프로그래밍 심리학(The Psychology of Computer Programming)』은 제가 제일 좋아하는 이 분의 책입니다.

지금은 돌아가셨지만 살아 계실 때, 페이스북에 여러 가지 이야기를 올리셨습니다. 그때 제가 본 페이스북의 글 중에 다음과 같은 이야기가 있었습니다.

---

28. 김영욱 저, 『프로덕트 매니지먼트』 | 한빛미디어

> 어느 국가, 어느 문화를 막론하고 개발자나 테스터에게 가장 귀한 자산은 현명한 고객이다. 그다음은 무식하고, 그 무식을 숨기려 하지 않는 고객이다. 가장 나쁜 자산은 어리석고 무식하면서도 모든 걸 아는 체하는 고객이다. 그런 사람은 무슨 수를 써서라도 피해라. 규칙은 그에게서 당신을 보호하지 못한다.
>
> (The best asset a developer or tester can have, in any country or culture, is a wise customer. Second best is an ignorant one who knows s/he is ignorant and doesn't try to cover it up. Worst asset is a stupid, ignorant, know-it-all customer. Avoid these at all cost. Rules won't save you from them.)

여기서 고객은 바로 '이러한 소프트웨어를 만들어 주세요'라고 의뢰하거나 기획하는 일을 하는 사람들을 말합니다. 윗글에서 알 수 있듯 고객은 이렇게 중요합니다. 처음 일을 생각해 내고 기획하는 사람이 이렇게 무서운 것입니다. 지금 시작하려는 프로젝트에서 여러분이 제일 소중한 자산이고 여러분이 잘못되면 모든 것이 잘못됩니다. 고객은 우리에게 제일 귀한 자산입니다.

소프트웨어 개발의 본질은 커네핀 프레임워크에서 이야기하는 복잡(complex) 영역이라고 이야기했습니다. 이것은 "찔러보기-느껴보기-반응하기(probe-sense-respond)"로 접근해야 합니다. 이러려면 어떻게 해야 할까요?

모험가의 마음을 가져야 합니다. 계획되지 않았거나 의도하지 않았던 것들이 조직이나 개인의 경험, 상황, 환경 등과 상호작용하면서 점진적으로 발전해 나갈 수 있어야 합니다. 모든 것에 '열린 결말'을 받아들여야 합니다. 그리고 작게 실험하고 점진적으로 이를 키워 나가게 일을 꾸려야 합니다. 그리고 이 모든 과정을 뛰어넘지 않고 끈기를 가지고 달려가야 합니다.

제가 제일 안타까운 건, 한국의 교육체계와 기업의 문화가 이러한 실험에 열린 사람보다는 모든 것이 명확(clear)하다는 틀로 모범사례(best practice)를 따라만 온 사람들이 기회를 더 갖는 구조라는 것입니다. 즉 이 글을 읽는 여러분 대부분이 모범사례가 없으면 일을 못 하는 사람일 확률이 높습니다. 어떻게 해야 할까요?

4-6 | 사례 - 반복적인 찔러보기-느껴보기-반응하기는 어떤 효과를 보여주나요?

"시간 제약이 있는 상황에서 프로토타이핑의 효율성(The Efficacy of Prototyping Under Time Constraints)"[29]이라는 연구논문이 있습니다. 이 논문은 "반복적으로 무언가 작게라도 만든 뒤 돌아가는지 아닌지 보는 프로토타이핑이 뭔가 문제에 접근하기에 좋은 건 사람들이 다 잘 안다. 그런데 시간이 촉박해서 그렇게 할 수 없다면 어떻게 할 것인가"를 연구한 논문입니다.

이 연구에서는 "달걀을 떨어뜨려도 달걀이 깨지지 않는 안전한 그릇을 일상에서 볼 수 있는 물체들로 만들기"라는 주제를 사람들에게 주었습니다. 그리고 두 개의 그룹으로 나눴습니다. 한 그룹은 반복적으로 실험을 할 수 있었고, 다른 그룹은 무조건 '한 번에' 결과를 내야 했습니다. 제한 시간은 한 시간입니다. 어떻게 되었을까요?

처음 25분은 모든 그룹에 설계할 시간과 사용할 재료(파이프 클리너, 아이스바 막대, 고무밴드, 휴지, 포스터 보드, 플랫폼)를 주었습니다. 설계가 끝나고는 재료를 다 치우고 새로 주었습니다. 그리고 15분간 만들고 10분간의 인터뷰 후, 만든 그릇을 가지고 낙하 실험을 했습니다.

이때 반복적 실험을 할 수 있는 그룹에는 4개의 달걀을 제공했고, 한 번에 성공해야 하는 그룹에는 1개의 달걀을 제공했습니다.

결론은 어떻게 되었나요? 요약하면 이렇습니다.

■ 평균적으로 성공한 달걀 낙하 높이
- 반복 그룹: 6 피트
- 비반복 그룹: 3 피트

■ 스스로 예상해 본 달걀 낙하 높이
- 반복 그룹: 4.1피트 ~ 5.9 피트
- 비반복 그룹: 3.1피트 ~3.1 피트

---

29. Steven P. Dow, Kate Heddleston, Scott R. Klemmer, The Efficacy of Prototyping Under Time Constraints, In ACM SIGCHI Conf on Creativity and Cognition, Berkeley, CA, USA, 2009. (https://www.cs.cmu.edu/~spdow/files/Prototyping-Iteration-CC09.pdf)

■ 이전에 이런 실험을 해본 경험이 있는 사람들이 성공한 달걀 낙하 높이 평균
- 이전에 해본 사람들
  - 반복 그룹: 8.7 피트
  - 비반복 그룹: 3.8 피트
- 처음 해본 사람들
  - 반복 그룹: 4.3 피트
  - 비반복 그룹: 2.8 피트

결국 짧은 시간이라도 반복적으로 '찔러보기-느껴보기-반응하기'를 할 수 있던 그룹이 모든 것에서 더 나은 성과를 보여주고, 예상 대비 더 나은 성과를 냈습니다. 이러한 기구물 설계 문제 역시 커네핀 이론에서 이야기하는 복잡(complex) 문제입니다. 그러므로 이렇게 '찔러보기-느껴보기-반응하기'를 반복적으로 사용하여 접근하는 방식을 택해야 모든 성과를 높일 수 있습니다.

이런 상황이라면 소프트웨어나 서비스 개발 시 '반복적으로', '찔러보기-느껴보기-반응하기'를 해가면서 만들 수 있는 방법론을 찾아서 적용하고, 제도를 도입해야 더 성공할 것입니다.

1-4 » 해봐서 안 되는 이론은 버리고 되는 거 하자

1) 대뇌가 하는 말, 소뇌가 하는 말

> 어리석음이란, 다른 결과를 바라면서 같은 것을 반복하는 것이다.
>
> (Insanity: doing the same thing over and over again and expecting different results.)
>
> — 알베르트 아인슈타인(Albert Einstein)

천재의 말씀이니까 그냥 옳다, 따르라 하는 건 아닙니다. 한 가지 확실한 것은 우리 인간들은 어떤 문제가 있을 때 지속적으로 쓰던 이론을 그냥 가져다 쓰려고 한다는 것입니다. 인간의 두뇌 중 대뇌와 소뇌가 있습니다. 대뇌는 인간의 이성을 주로 관장합니다. 소뇌는 주로 반사신경을 관장합니다. 무언가

날아와서 팔로 확 쳐냈다고 하면, 소뇌는 무언가 쳐내는 행동을 관장하고 대뇌는 '어디서 무엇이 날아온 것인가'를 처리합니다.

특별히 한국은 세상에서 제일 빠른 속도로 발전한 나라입니다. 현재 저희 아버지 세대인 1940년대에 태어나신 분들은 어릴 때는 짚신을 신었고, 중간에 고무신을 신다가 중년 초반에는 나이키 운동화를 신으신 세대입니다. 그만큼 물질적인 면의 변화는 크지만, 가지고 있는 멘탈 모델이 이를 따라갔느냐 한다면 다들 아니라 하실 것입니다.

제가 그래서 농담 삼아 하는 말이 있습니다. "그 말, 당신의 대뇌가 하는 말입니까 소뇌가 하는 말입니까?" 소뇌는 언어중추가 아닙니다. 행동 중추입니다. 그런데 소뇌가 말을 한다는 것은 이성적으로 이 말을 하는 게 맞는지 아닌지 따져보지 않고 그냥 하는 말이냐는 질문입니다. 예를 들어 20대 친구들이 직장에서 오래 못 버티고 많이 퇴사한다고 하면 "젊은 애들이 고생을 안 해봐서 그렇다", "약해 빠진 젊은 애들 삼청교육대로 끌고 가야 한다"라는 식으로 말하시는 분들이 있습니다. 저는 그런 걸 '소뇌의 말'이라고 합니다.

소프트웨어를 만들거나 디자인을 하는 복잡(complex)성을 가진 일들에 생각하지 않고 습관적인 반응만 보이면서 접근하면 망한다는 것입니다. 이성을 가지고 대뇌가 해야 하는 탐험을 소뇌가 못 하게 하면, 망하지 않고 배겨낼 것이 없기 때문입니다. 사실 이렇게 되는 가장 큰 이유는 현재 자신의 모습을 그대로 받아들이는 '자기 인식'이 제대로 갖춰지지 않았기 때문입니다. 이 자기 인식이 제대로 갖춰지지 않으면 학습 능력(learning capability, LC)이 떨어지게 됩니다. 그래서 현재의 문제를 제대로 해결할 방법을 제시하지 못하게 됩니다. 변화를 일으키고 싶다면, 생각의 습관을 바꿔야 합니다.

2) 습관적으로 우리가 가져다 쓰려고 하는 것들

2-1 | 피라미드 위계 조직구조

이집트, 바빌론, 중국, 한국, 일본 등등… 조금 조직이 커지거나 나라가 커지게 되면 자연스럽게 조직을 만드는 구조들이 있습니다. 바로 '피라미드형 계급구조'입니다. 최상위에 있는 그 사람이 한마디 하면, 그 밑의 모든 사람들이 '예~' 하고 따라가는 구조입니다.

복잡한 일을, 책임과 역할을 나눠서 하는 게 잘못은 아닙니다. 혼란한 일을 정리하는 거니까요. 문제는 일을 나누는 게 아니고 '위계(hierarchy)'가 생기는 것입니다. 위와 아래가 생기는 거죠. 왜 문제일까요? 최동석 박사님의 『인간의 이름으로 다시 쓰는 경영학』[30]에서는 이렇게 설명하고 있습니다.

> 가장 심각한 문제는 위계구조와 위계질서가 있는 경우에는 정신적 폭력이 발생한다는 것이고, 나아가 위계구조가 지향하는 계량화에는 심각한 정신적 폭력에 따른 물리적 폭력까지 발생할 수 있다는 점이다.
>
> (중략)
>
> 첫째, 자신의 능력을 과신하게 된다. 인간은 누구나 완벽할 수 없으며 전지전능하지도 않다.
>
> (중략)
>
> 둘째, 정상적인 대화가 불가능해진다. 경영자는 누구에게든지 도움을 받아야 하며, 가까운 동료의 조언과 비판을 통해 의사결정을 수정해 가야 한다. 그러나 최정상에 앉으면 동료는 사라진다. 오직 아랫사람만 있을 뿐이다.
>
> (중략)
>
> 셋째, 올바른 판단력을 잃게 만든다. 조직에서 최정상의 일인자가 되고 나면 판단력이 흐려진다. 조직 내에서 절대 권력을 갖기 때문이다.
>
> (중략)
>
> 넷째, 잘못된 정보 속에 파묻히게 된다. 사태의 진실을 가장 나중에서야 인식하게 된다. 최정상의 일인자에게 전달되는 정보는 항상 몇 번씩 걸러지고 윤색되어 보고된다.
>
> (중략)
>
> 다섯째, 최정상 일인자의 임기가 만료되는 경우, 조직의 리더십 승계에 문제가

---

30. 최동석 저, 『인간의 이름으로 다시 쓰는 경영학』 | 21세기북스

> 발생할 수 있다. 임기 만료가 가까워지면 소위 레임덕에 빠지기 쉽고, 새로운 일인자가 취임하여 업무에 익숙해질 때까지는 시간이 걸린다.
>
> (중략)
>
> 여섯째, 모든 사안의 최종 결정을 혼자서 감당해야 한다. 사태 파악을 위해 수많은 정보와 문서 속에 파묻혀야 한다. 과도한 업무량은 창의성을 발휘할 수 있는 여유를 앗아간다. 권한이 한 사람에게 집중되는 것은 그 사람의 성장과 발전을 가로막는 바이러스와 같다.
>
> (중략)
>
> 일곱째, 바쁘고 여유가 없는 최정상의 일인자는 올바른 리더십을 발휘하기보다는 지배력에 의지하게 된다. 리더십은 어렵고 지배력은 손쉽기 때문이다. 이런 모습은 사회 전체적으로 지배력과 권력욕구를 자극하는 풍조를 낳게 된다. 젊은이들에게는 정상의 꼭대기에 올라서야 성공한 것이라는 비정상적인 가치관을 심어주게 된다.
>
> (중략)
>
> 여덟째, 위계구조의 가장 큰 문제점은 지배와 복종, 억압과 착취의 이데올로기로 발전한다는 것이다.

왜 피라미드 계급구조를 이야기하냐면, 대부분 사람이 무언가 하겠다고 하면, 그 안에 자연스럽게 '갑이니 을이니' 하면서 위계질서를 만들고 '내가 높으니까 너희는 내 말 들어야 해'라며 신분을 만들려고 하기 때문입니다. 역할과 책임을 나누는 건 괜찮습니다. 높은 사람/낮은 사람이 생기는 게 문제입니다.

커네핀 프레임워크에서 말하는 문제의 기준으로 보면 소프트웨어 개발은 복잡(complex)이라고 이야기했습니다. 그러므로 이것은 "찔러보기-느껴보기-반응하기(probe-sense-respond)"로 접근해야 합니다.

그런데 저 피라미드 구조에서 이른바 점진적인 '실험'이 가능할까요? 실험의 결과가 위에서 결정한 것과 완전히 다른 것이 나와도 전달이 될 수 있을까요? 오히려 진실을 보고하는 사람이 손해를 보게 되지는 않을까요? 여기서 역할-책임을 나누지 말라는 건 아닙니다. 단지 여기서 위/아래를 나누는 위계질서를 갖추고 명령에 따르라고 강요하는 건 문제입니다. 그리고 피라미드 맨 아래쪽, 이른바 실무자의 목소리는 최종 의사결정권자에게 오지 않고 대부분 사라지게 됩니다. 즉, 피드백을 받을 수 없게 되는 것입니다.

이 안에서 착취와 억압까지 끼어들면 그 구성원들의 생산성은 끝도 없이 떨어지게 됩니다. 우리의 업무 현장은 어떠합니까? 지배와 통제, 지시와 명령, 그 속에서 억압과 착취가 생기는 위계질서하의 피라미드 구조를 가지고는 소프트웨어 개발과 같은 복잡(complex)한 문제를 해결하기가 어렵습니다. 조직 자체가 실험을 하기에 적합한 구조가 아니기 때문입니다.

'역할-책임' 이른바 일의 계통은 나눠야 합니다. 해야 하는 직무가 정해지고, 이 직무는 위계질서를 가져도 됩니다. 하지만 사람은 위계질서를 가져서는 안 됩니다.

2002년 월드컵 때 대한민국 대표팀을 이끈 히딩크를 기억하시지요? 히딩크는 대한민국 축구팀 감독입니까? '네'라고 말씀하신다면 인사 조직론 관점에서는 틀린 것입니다. 히딩크가 태어나면서부터 '대한민국 국가대표팀 축구 감독'은 아닙니다. 히딩크 개인이 따로 있고, '대한민국 국가대표팀 축구 감독'이란 직무가 따로 있는 것이지요. 즉 '대한민국 국가대표팀 축구 감독'이란 것은 '신분'이 아니고 '직무'이기에 누구든 적합하다고 판단되면 그 일을 맡을 뿐이라는 겁니다. 히딩크는 업무 담당자일 뿐입니다. 즉 '직무'가 그 '직무를 담당하는 사람' 자체는 아니라는 것입니다. 그런데 우리가 무언가 조직을 만든다고 하면 그 조직의 직무를 '신분'으로 착각하고 '갑질'이라고 할 만한 일을 하려고 합니다. 그리고 그런 걸 할 수 있게 시스템을 설계합니다. (인사 평가, 성과급 지급 등을 동원하죠.) 이런 거 하지 말라는 것입니다.

문제는 대부분의 사람들은 직무계통을 만들면 그것으로 '신분'을 매기고 따라야 한다고 생각한다는 것입니다. 우리가 아는 게 조직을 만들 때 '계급구조'로 조직을 만들고 지배하는 것뿐이기 때문입니다. 다른 것을 배운 적이 없습니다. 이래서 이른바 '소뇌가 하는 말'을 듣지 말라고 주장하는 것입니다. 모든 사람을 힘들고 어리석게 만드는 이 피라미드 계급구조를 왜 또 만들어서 힘들어져야 할까요?

[그림1-8] 피라미드 위계질서 구조에서는 결국 맨 위의 한 사람 빼고는 모두 억압과 착취의 대상이 될 뿐입니다.

2-2 | 워터폴로 몰아치기

보통 반복 개발 일정을 잡겠다고 하면, 어디선가 이런 말을 하는 사람이 꼭 있었습니다. "이미 뭘 할지도 확실한데, 뭘 반복해서 개발하나? 한 달 이내에 빨리 만들고 말지?" 이게 왜 틀린 말인지 이미 "시간 제약이 있는 상황에서 프로토타이핑의 효율성(The Efficacy of Prototyping Under Time Constraints)" 연구에서 설명했습니다.

이른바 워터폴로 그냥 밀어붙이면 무슨 일이 벌어질까요? 워터폴 개발 방식이 비판[31]받는 건 이런 것입니다.

1. 피드백이 없는 조직의 업무 방식으로 인해 고객은 이상한 제품을 받게 됩니다. 이로 인해 고객의 불만족이 생겨 프로젝트가 실패할 수 있습니다. 따라서 효율적인 개발과 고객 만족을 위해서는 단계별로 일을 진행하며 피드백을 받아야 합니다.

---

31. 여길 보면 더 무서운(?) 이야기를 보실 수 있습니다.
 https://en.wikipedia.org/wiki/Waterfall_model#Criticism

2. '설계-개발-테스트-출시'를 한 번에 하려 하지만 이렇게 일이 되지 않습니다. 소프트웨어는 끝없이 반복해서 개발하고 출시해야 하기 때문입니다.

어리석은 문제 접근 방식은 결국 문제를 일으킵니다. 톱을 가지고 아이폰을 수리하려고 하면 되겠습니까? 게다가 한국 사람들 머릿속에는 '과거시험' 멘탈 모델이 자리잡고 있습니다. 젊을 때 딱 한 번 고생해서 기득권에 들어가는 것입니다. 그러나 소프트웨어 개발 일은 명확(clean)하지 않습니다. 복잡(complex)합니다.

2-3 | 한국형 프로젝트들 그리고 백만대군 양성

기술 혁명의 시대, 매년 새로운 기술 이야기가 뜹니다. 빅데이터, 블록체인, 머신러닝, 생성형 AI 등…. 그러면 언제나 어김없이 돌아오시는 분이 있습니다. 바로 '한국형(K-)'이라는 형님(?)이십니다.

- ▶ "2021. 9. 7. - 한국형 '초거대 AI' 개발에 산학연 머리 맞댄다 - 동아사이언스"[32]
- ▶ "2020. 6. 7. - 또 다른 '한국형 유튜브' 방안의 모순 - 한겨레"[33]

이른바 한국형으로 시작한 IT 프로젝트들의 현실은 어떠합니까? 미국에서 무언가 국가 프로젝트를 할 때 '미국형'이라고 이름 짓는 것을 본 적이 저는 없습니다. 왜 미국은 안 하는데 우리는 '한국형' 프로젝트라고 이름 짓는 것일까요?

그리고 이런 사업에서 일을 할 사람들을 양성해야 한다며 백만대군을 양성하자고 합니다. 그러면 아래 뉴스들처럼 백만대군 발대식을 개최하지만 시장에서 그 사람들이 무언가 제대로 했다는 이야기를 들어 보질 못했습니다.

- ▶ "2005. 9. 5. - 벤처기업협회, 백만대군 발대식 개최 - 프라임 경제"[34]
- ▶ "2021. 5. 14. - 20년간 양성된 백만 IT 인재는 어디로 갔나 - ZDNet Korea"[35]

---

32. 한국형 '초거대 AI' 개발에 산학연 머리 맞댄다(2021. 9. 7.), 동아사이언스
https://m.dongascience.com/news.php?idx=49185
33. 최선영의 미디어전망대, "또 다른 '한국형 유튜브' 방안의 모순"(2020. 6. 30.), 한겨레 https://www.hani.co.kr/arti/opinion/column/951658.html
34. http://www.newsprime.co.kr/news/article/?no=38
35. https://zdnet.co.kr/view/?no=20210514142224

제가 이 '한국형'을 이야기하는 데는 이유가 있습니다. 보통 이런 일들을 하는 판에 가보면 위에서 이야기한 피라미드 구조와 워터폴 관리 같은 체계로 돌아가는 시스템 통합(system integration, SI) 업체들이 잔뜩 붙어 다니기 때문입니다. 제대로 된 체계 없이 뭔가 만들려고 하다 보니, 워터폴 방식으로, 갑과 을의 피라미드 구조로 뭔가를 만듭니다. 그런데 실제 쓸 만한 제품을 만드는 것을 거의 못 봤습니다. 왜 이러는 것일까요?

한국형 프로젝트들이 돌아가는 상황을 보면 커네핀 모델에서 이야기하는 명확(clear)한 일이라고 생각하고 접근하는 일이 많기 때문입니다. 외국에서 잘되는 소프트웨어/서비스가 있으니 우리는 그냥 이를 그대로 베끼면 된다고 생각하는 것이지요.

그래서 한국형 IT 관련 프로젝트들은 대부분 죽을 쒔습니다. K-DOS, 하모니카 리눅스 패키지 등등 모두 그렇게 되었습니다. 글로벌하게 쓰여야 하는 제품을 만드는 것이 아니라 당장 안방에서만 굴릴 물건을 기획하고 있으니 뭐가 되겠습니까? 최소한 이런 산출물이 그냥 깃허브(github) 등에 오픈소스로 풀린다면 좀 인류 문명에 이바지하겠지만 그런 것도 없습니다.

2023년 초에 한국에서 상온 초전도체가 나왔다는 논문이 나오자 SNS에 여러 가지 글이 올라왔습니다. 그 글의 대부분은 '걱정스러운' 미래를 그리는 글들이었습니다. 그중에 국민대학교 소프트웨어 공학부 이민석 교수님이 2023년 8월 1일에 페이스북에 이런 글을 올리셨습니다.

> AI, 특히 생성형 AI, 더 특히 LLM은 가라. 이제 초전도의 세상이 왔다.
>
> - 상온 상업 초전도체 실용화 포럼, 초전도 전문가 조찬 모임, 초전도 산업협회 등 생기고
> - 국가 R&D 30%를 초전도 연구에 할당, '원전과 초전도 시너지 연구에 국가 R&D 역량을 모든 걸 걸어라'는 대통령 교시
> - 초전도 전문 인력 10만 양성, 초전도 특성화고 설립, 초전도 융합 대학 지원 사업
> - 초전도 새싹캠프(초중고 초전도 교육)로 연간 25만 명 교육
> - 늘 그렇듯이 초전도 해설사, 초전도 품질 관리사 자격증

- 초등학생도 이해하는 초전도, 초전도가 바꿀 미래, 초전도 인문학, 초전도에서 배우는 마케팅 같은 책 나오고
- 한전 공채에 우대경력으로 초전도 전공자 우대
- 있는지도 몰랐던 초전도 전문가(같은 사람이 예전엔 메타버스, 좀 전엔 AI 전문가)이 뉴스에 나와서 옴의 법칙 이야기
- 빛바랜 코인 시장에 LK99 코인
- 초전도 마이너그(마이스너 아님 주의) 효과로 뼈와 뼈 사이를 띄어 통증을 없애주는 건강식품
- 공중부양이 가능하며, 구리 성분으로 각종 세균, 바이러스 내성도 높은 침대

물론 우스갯소리입니다. 그러나 이런 식으로 사람들이 접근하기를 워낙 많이 했기에 이런 이야기도 나오는 것입니다. 이제 달라져야 다른 결과를 얻지 않겠습니까?

3) 다르게 일해서 다른 결과를 얻자

3-1 | 로마식 조직구조: DANO의 시작

고대 로마 시대의 국가 운영조직은 앞서 말한 피라미드식 계층구조의 좋은 대안입니다. 이것은 상층부 지배권력을 1인이 아니라 여러 사람이 동등하게 나누되 그중 한 사람을 지명해서 선임자로 삼는 방법입니다. 이 원리를 설명하면 이렇습니다.

- ▶ 한 사람이 조직 전체를 맡지 않고 자신의 업무부서를 가지고 있습니다.
- ▶ 각 선임들도 각자 자신의 부서들을 맡고 있습니다.
- ▶ 경영진은 수장의 부하가 아니라 동료입니다.
- ▶ 조직 전체에 영향을 미치는 사안이 발생하는 경우, 경영진 회의에서 합의를 통해 결정합니다.
- ▶ 큰 사안이 어느 누구에 의해 독단적으로 결정되는 일은 없습니다.

아래 그림은 한국은행과 독일연방은행의 조직구조도[36]를 그려 놓은 것입니다. 이 차이를 보시면 바로 아실 수 있습니다.

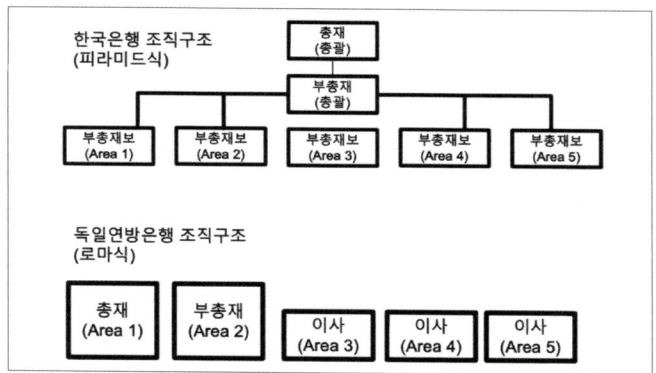

[그림1-9] 한국은행과 독일연방은행의 조직구조 차이(출처: 최동석 저, 『인간의 이름으로 다시 쓰는 경영학』, 21세기북스)

한국은행은 맨 위의 총재가 모두 지배하는 구조이나 독일연방은행은 누구도 지배자가 없고 각자의 일들을 전문가들이 총괄해서 맡습니다. 그리고 이들 조직이 서로 보충하면서 돕고, 조직 전체가 고민해야 하는 문제만 총재가 의사결정을 하는 로마식 구조를 따르고 있습니다.[37]

우리가 보기에 가장 보수적인 조직일 것 같은 국책은행의 조직이 이렇게 다릅니다. 즉, 무언가 지배하는 구조가 아니라, 각자의 영역이 있습니다. 그리고 이 조직을 총괄하는 역할을 누군가 맡고 있습니다. 모든 일은 '합의에 의해 처리'하고, 서로 도와주는 '보충의 원리'에 의해 조직을 운영합니다.

이런 조직경영의 원리를 최동석 박사님은 다노(decentralized autonomous networked organization, DANO)라고 이름 지었습니다. 누군가 착취하고 평가만 하는 사람을 바라보게 만드는 것이 아니라 서로 협력하고 합의하고 도와주는 조직을 만드는 모델을 만든 것입니다.

조직구조가 피라미드 계층구조라면 피드백을 받고 대응하는 것이 느리기 때문에, 수평적 조직구조를 갖춰야 한다는 것이 제가 하고 싶은 이야기입니

---

36. 최동석 저, 『인간의 이름으로 다시 쓰는 경영학』, 21세기북스
37. 최동석 저, 『인간의 이름으로 다시 쓰는 경영학』, 21세기북스

다. 커네핀 프레임워크로 바라보면, 복잡한(complex) 문제를 해결하는 데 피드백이 느리면 "찔러보기-느껴보기-반응하기(probe-sense-respond)"가 느리게 돌아갈 거고 이는 문제해결에 치명타가 됩니다.

다노 경영 이론의 구조는 6개의 요소로 돌아갑니다. 1. 비전(vision), 2. 전략, 3. 조직, 4. 성과, 5. 인사, 6. 역량입니다. 이 각각의 정의는 이렇습니다.

1. **비전**: 이 조직의 핵심 이념과 목적
2. **전략**: 이 일을 '어떤 식으로 할 것인가'를 결정하는 중장기 로드맵
3. **조직**: 이 전략을 비전에 따라 수행하는 조직, 여기서 이른바 직무를 정의하고 성과와 책임을 물음
4. **성과**: 전략과 조직에 의해서 달성되는 것
5. **인사**: 성과를 내기 위해서 사람들을 관리하는 모든 것(코칭, 피드백, 선발 및 보상)
6. **역량**: 이 성과를 감당하고 인사업무를 처리하는 데 직무 담당자가 적절한 역량을 가지고 있어야 함

여기서 제일 중요한 건 무엇일까요? 바로 '비전'입니다. 동양 사회, 특히 한국에서 제일 취약한 부분이 이 부분입니다. 민간 회사든 공공 조직이든 가면 '사훈'이라고 붙여 놓은 게 있습니다. 이것은 비전은 아닙니다. 비전이란 의사결정에 갈등이 생길 때, 열어보는 것이어야 합니다. 서로 다른 의견을 가질 때, 이 비전을 보고 다시 합의를 하는 겁니다. 바로 '중장기적인 목표이자 미래상'입니다.

예를 들어, 대한민국임시정부가 건국의 기본이념으로 내세운 '삼균주의'[38]는 대한민국임시정부의 비전이었습니다.

특별히 이 비전은 아주 '매력적인' 것이어야 합니다. 이 비전에 구성원들의 인생을 걸고 싶을 정도로 매력적이어야 합니다. 그리고 비전은 명확해야 합

---

38. 독립운동가 조소앙이 성립한 이론으로, 국민의 균등 생활을 실시하기 위해서 정치적, 경제적, 교육적 균등을 주장한 이론입니다. https://encykorea.aks.ac.kr/Article/E0026495
   · 개인 간의 균등 – 보통선거, 국유화, 의무교육을 통하여 각각 정치, 경제, 교육의 균등을 달성할 것.
   · 민족 간의 균등 – 민족자결주의의 보편적 적용.
   · 국가 간의 균등 – 식민지와 제국주의 철폐. 침략전쟁 반대.

니다. 그리고 가능하면 '언제까지' 하겠다는 것이 나오는 게 좋습니다. 마지막으로 이 비전은 도전적이어야 합니다. 아직 구체적으로 어떻게 달성할지는 안 나와도 됩니다. 비전을 달성할 방법은 전략에서 감당할 것이기 때문입니다. 이러한 비전이 없기 때문에, 많은 조직이 여러 가지 의견을 목표에 맞게 정리하지 못하고 리더의 욕심이나 직관에 따라 멋대로 움직이는 것입니다. 이래서는 '위대한' 결과물을 내지 못합니다.

이 책은 소프트웨어 개발에 대한 이야기를 하는 것이기에 인사조직론에 대한 이야기는 많이 하지 않겠습니다. 더 관심이 있으시다면 참고 문헌을 보시기 바랍니다.

3-2 | 애자일 방식: 다시 발견한 인간이 일하는 방식

이제 애자일 방식을 보겠습니다. 애자일이라고 하면 칠판에 포스트잇을 붙이고, 그림을 그리고, 매일 아침마다 서서 무언가 이야기하는 것[39]을 떠올리는 사람들이 많습니다. 그러나 그것은 애자일이 아닙니다.

애자일 선언문을 보겠습니다.

> **애자일 소프트웨어 개발 선언[40]**
>
> 우리는 소프트웨어를 개발하고, 또 다른 사람의 개발을 도와주면서 소프트웨어 개발의 더 나은 방법들을 찾아가고 있다. 이 작업을 통해 우리는 다음을 가치 있게 여기게 되었다:
>
> - 공정과 도구보다 개인과 상호작용을
> - 포괄적인 문서보다 작동하는 소프트웨어를
> - 계약 협상보다 고객과의 협력을
> - 계획을 따르기보다 변화에 대응하기를
>
> 가치 있게 여긴다. 이 말은, 왼쪽에 있는 것들도 가치가 있지만, 우리는 오른쪽에 있는 것들에 더 높은 가치를 둔다는 것이다.

---

39. 개인적으로 제일 많이 들었던 애자일에 대한 비아냥 중 하나였습니다.
40. https://agilemanifesto.org/iso/ko/manifesto.html

이 애자일 개발 선언에서 보듯, 애자일이란 것은 '무슨 프로세스를 돌리면 일이 잘 끝난다'를 다루는 이야기가 아닙니다. 이것은 '원칙'을 '선언'한 글입니다. 이 선언된 원칙을 실행하기 위해서는 어떤 방법이든 써도 됩니다. 게다가 왼쪽, 오른쪽 둘 다 가치는 있다고 하니 혼란스러우실 것입니다.

원칙만 정한다는 것은, 그 실천 방안으로 이 원칙이 이야기하는 것만 지킨다면 무엇을 해도 된다는 것입니다. 그리고 혼란스러울 때, 이 원칙을 보면서 의사결정을 하라는 뜻입니다.

매일 아침 데일리 스크럼 미팅을 하든, 테스트 기반 개발(test-driven development, TDD)을 하든, 잦은 배포를 하든 좋습니다. 그런데 이것이 이 개발 선언에서 이야기하는 가치 있는 일들인 '개인과 상호작용', '작동하는 소프트웨어', '고객과의 협력', '변화에 대응'에 맞는 일일까요? 이런 부분을 고려해야 합니다.

아울러 그 뒤에 이면의 원칙(principles behind the agile manifesto)이 있습니다. 선언을 이해했으면 아래의 원칙들을 읽어봅시다.

애자일 선언 이면의 원칙[41]

우리는 다음 원칙을 따른다:

- 우리의 최우선 순위는, 가치 있는 소프트웨어를 일찍 그리고 지속적으로 전달해서 고객을 만족시키는 것이다.
- 비록 개발의 후반부일지라도 요구사항 변경을 환영하라. 애자일 프로세스들은 변화를 활용해 고객의 경쟁력에 도움이 되게 한다.
- 작동하는 소프트웨어를 자주 전달하라. 두어 주에서 두어 개월의 간격으로 하되 더 짧은 기간을 선호하라.
- 비즈니스 쪽의 사람들과 개발자들은 프로젝트 전체에 걸쳐 날마다 함께 일해야 한다.
- 동기가 부여된 개인들 중심으로 프로젝트를 구성하라. 그들이 필요로 하는 환경과 지원을 주고 그들이 일을 끝내리라고 신뢰하라.

---

41. https://agilemanifesto.org/iso/ko/principles.html

- 개발팀으로, 또 개발팀 내부에서 정보를 전하는 가장 효율적이고 효과적인 방법은 면대면 대화이다.
- 작동하는 소프트웨어가 진척의 주된 척도이다.
- 애자일 프로세스들은 지속 가능한 개발을 장려한다. 스폰서, 개발자, 사용자는 일정한 속도를 계속 유지할 수 있어야 한다.
- 기술적 탁월성과 좋은 설계에 대한 지속적 관심이 기민함을 높인다.
- 단순성이 -- 안 하는 일의 양을 최대화하는 기술이 -- 필수적이다.
- 최고의 아키텍처, 요구사항, 설계는 자기 조직적인 팀에서 창발한다.
- 팀은 정기적으로 어떻게 더 효과적이 될지 숙고하고, 이에 따라 팀의 행동을 조율하고 조정한다.

이 원칙들에 의해서 프로젝트를 관리하고 수행하라는 것입니다. 이 원칙들과 비교했을 때 앞서 이야기한 워터폴 방식은 어떠합니까? 이 원칙들을 정면으로 부정하고 있지요.

이것을 추상화한 것이 '피드백 루프'이며 아래 그림과 같습니다.

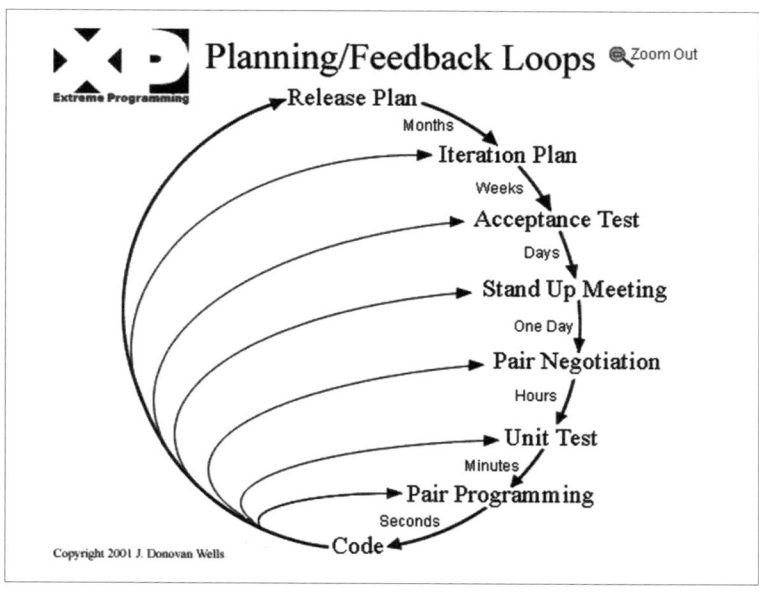

[그림1-10] Planning/Feedback loop (출처: http://www.extremeprogramming.org/map/loops.html)

이것은 애자일 방법론들 중에 하나인 익스트림 프로그래밍(extreme programming, XP)에서 나온 개념이며, 소프트웨어가 개발되어 가는 모든 순간마다 피드백을 받으면서 현재 상황을 알려줄 수 있게 해야 한다는 뜻입니다.

예를 들어 코드를 작성할 때, 동료에게 피드백을 얻는 페어 프로그래밍을 할 수 있습니다. 이러면 초 단위로 피드백이 옵니다. 스탠드업 미팅을 하면 하루 단위로 피드백을 받을 수 있습니다. 인수 테스트를 하면 며칠 이내에 피드백이 옵니다. 반복 계획을 통해서 일을 하면 몇 주 내에 피드백을 받을 수 있습니다. 여기서 피드백이란 앞서 커네핀 프레임워크에서 말한 "찔러보기-느껴보기-반응하기(probe-sense-respond)" 과정입니다. 그래서 애자일 방식이 소프트웨어 개발과 같이 불확실성이 큰 일을 다루기에 맞게 일을 하기 때문에 소프트웨어 프로젝트, 프로덕트 개발에 유리합니다. 물론 애자일 방식으로 일한다고 모든 프로젝트가 100% 성공하는 것은 아닙니다. 하지만 굉장히 많은 부분에서 불확실한 것들을 해결해 줘서 상대적으로 성공할 확률이 높습니다.

그런데 재미있는 이야기가 있습니다. 이 애자일 방식이 '재발견'된 방식이라는 사실을 아십니까? 유명한 개발자이고 애자일 선언에도 참여했던 로버트 마틴은 자신의 책 『클린 애자일』[42]에서 애자일 방법론이 발견된 상황을 이렇게 설명하고 있습니다.

1950년대부터 60년대 초반까지, 작은 소프트웨어 팀들은 한 가지 작은 업무를 효율적으로 처리하는 데 능숙함을 보였습니다. 그들은 작은 규모의 프로젝트를 수행하면서 최상의 방법을 찾아내고 실현해 내는 데 성공한 것입니다. 그러나 작은 규모의 프로젝트에서 사용했던 이러한 효율적인 방법들이 1970년대가 되어서 대규모 프로젝트에 적용될 때 그 효과가 미미하다는 것이 드러났습니다. 큰 규모의 업무를 처리할 때 단순한 확장으로는 충분하지 않았고, 보다 체계적이고 효율적인 방법이 필요하게 되었습니다. 왜 이렇게 되었을까요?

1950년대와 60년대에는 주로 30대에서 50대 사람들이 소프트웨어 개발을 배우고 일하는 경우가 많았습니다. 이들은 이미 다른 직업을 가졌던 경험이

---

42. 로버트 마틴 저 / 정지용 역, 『클린 애자일』 | 인사이트

있었기에 혼자서 일하는 것보다는 팀 내에서 협업하는 가치를 깊이 이해하고 있었습니다. 그러나 1970년대 이후, 20대의 새로운 개발자들이 무수히 등장하게 되었고, 이전 세대의 지혜와 경험이 쉽게 전달되지 않았습니다. 결과적으로 협업과 팀워크의 중요성이 퇴색되었고, 각자의 일에만 몰두하는 경향이 강해졌습니다.

그런데 1990년대에는 예전에 작은 규모의 팀에서 사용되던 효율적인 방법들이 커뮤니티를 통해 다시 발견되었습니다. 이러한 아이디어와 개념들은 '애자일'이라는 용어로 통합되어 정리되었습니다. 익스트림 프로그래밍, 스크럼 등 다양한 실용적인 방법론들이 형성되었고, 이들은 실제 프로젝트에서 융합되어 성공적으로 적용되고 있습니다.

애자일은 이른바 '아재들'의 잊힌 고대문명(Lost technology)이라는 놀라운 사실을 저는 이 책에서 알았습니다. 여러분, 아재들(?)이 해봐서 아는 것입니다. 워터폴로 한방에 하려는 생각은 버리십시오.

3-3 | 한국형을 넘어서 정부는 인프라를, 민간은 다양한 시도를

한국은 통일신라, 고려, 조선을 거쳐서 거의 1500년간 중앙집권 단일국가 체제로 운영되어 온 나라입니다. 같은 시기 중국은 왕조 하나가 200년 가기가 어려웠지만 한국은 했다 하면 500년은 그냥 가는 나라지요. 그만큼 중앙집권 모델이 자리 잡혀 있습니다. 사람들이 무슨 일만 생기면 개인의 잘못조차 '정부는 뭐했냐'라고 물을 정도입니다. 실제 한국 역사에서 보면, 정부에 제일 똑똑한 사람들이 모여 있었습니다. 그러니 민간보다는 똑똑한 사람들이 모여 있는 정부가 주도하는 게 이상하게 가지 않는 비결이었습니다.

그러나 이제 시대가 달라졌습니다. 이제 정부에만 인재가 있는 게 아닙니다. 민간에 훨씬 많은 인재와 아이디어가 있습니다. 실행속도도 정부는 민간에 비해 느리게 돌아갑니다. 그럼 이제 정부는 무엇을 해야 할까요? 정부는 인프라를 깔아주어야 합니다. 그리고 민간에서 이 인프라 위에 다양한 시도를 해야 합니다.

박태웅 한빛미디어 의장님의 『눈떠보니 선진국』[43]이란 책을 보면 지난 2020년 코로나 때 난리가 났던 마스크 대란 이야기가 나옵니다. 코로나가 창궐하고 마스크를 의무적으로 나라에서 쓰게 하자 마스크에 대한 엄청난 수요가 일어났습니다. 그런데 아무리 생산을 늘린다고 해도 갑자기 늘릴 수는 없었습니다. 게다가 어디에 마스크가 얼마나 있는지 알 방법도 없었습니다. 나라는 대혼란이었습니다.

> 공공 마스크앱 개발에 참여했던 경험으로부터 시작한다. 워낙 다급하게 진행됐던 일이다. 한국정보화진흥원(NIA)이 PM을 맡았다. NIA가 가장 먼저 한 일은[44] 시빅 해커들을 불러 모으는 것이었다. "어떻게 하면 좋겠는가?" 의견을 묻고 경청했다.
>
> "수백만 명이 동시에 앱을 열 텐데, 그 트래픽을 심평원(건강보험심사평가원)에서 절대로 감당을 못 할 거다. API서버 등 트래픽을 직접 받는 부분은 모두 네이버나 KT 등 민간 클라우드로 올려야 한다", "심평원에서 어떤 데이터를 줄지 모르지만 데이터 포맷을 먼저 알려달라, 그러면 데이터 없이도 앱을 미리 만들어 놓을 수 있다", "반드시 베타라고 명시해라, 급히 연 다음 계속 업데이트를 해야 하는데, 자칫 기대 수준 관리를 못 하면 좋은 일을 하고도 큰 비난을 부르게 된다" 등 여러 얘기들이 나왔다. NIA는 이 모든 것을 수용했다. 그리고 사흘 만에 이 시빅 해커들이 만든 앱이 속속 공개됐다. 전설 같은 순간이었다. 자신들의 엔지니어링 기술로 동료 시민들을 도울 수 있어 기뻐하던 개발자들을 지켜본 것은 근래 가장 즐거운 경험이었다.
>
> 말하고 싶은 것은 우리나라에도 수백 명의 오드리 탕(대만 수위발전부 초대 장관으로 오픈소스 기여자이자 대표적인 시빅 해커)이 있다는 것이다. 공공데이터 전략위원회에는 더 많은 시빅 해커들이 초대를 받아야 한다. 이번 4기에는 투명 사회를 위한 정보공개센터 공공대표 권혜진 씨 한 분 정도가 시빅 해커라고 할 만하다. 더 많은 젊은 해커들이 전략을 만들 때부터 참가해야 한다. 실제

---

43. 박태웅 저, 『눈 떠보니 선진국』 | 한빛비즈
44. 시빅 해킹(civic hacking)은 시민들이 새로운 도구와 접근 방법을 사용하여 신속하고 창의적으로 협업함으로써 그들의 도시 또는 정부시스템을 개선시켜 나가는 사회운동입니다. 이를 수행하는 사람을 시빅 해커라고 합니다.
https://ko.wikipedia.org/wiki/시빅_해킹

> 로 공공데이터를 사용하는 것은 엔지니어들이기 때문이다. 기업이나 연구기관
> 에서 공공데이터를 쓴다고 해도 그걸 다루는 것이 엔지니어라는 건 바뀌지 않
> 는다. 실제로 쓸 사람들의 의견이 반영이 되어야 한다. 자동차를 내다 팔고 싶으
> 면 자동차를 살 사람들을 대상으로 시장 조사를 하는 게 당연하듯, 공공데이터
> 를 개방한다면 그것을 쓸 엔지니어들에게 처음부터 의견을 물어야 한다.

이렇게 하면, 우리 사회의 문제를 해결할 수 있는 소프트웨어를 정부가 처음부터 끝까지 다 만들지 않아도 됩니다. 민간이 각자 자신 앞의 문제를 정부의 데이터로 해결해 나가고, 이를 이용한 다양한 산업체가 만들어질 수 있습니다. 정부가 민간이 공공데이터를 가지고 만든 제품이나 서비스를 제값 주고 구매한다면, 민간산업이 선순환을 가지고 성장할 수 있습니다.

국가는 국가가 잘하는 것을 하면 되고 민간은 민간이 잘하는 일을 하게 하면 됩니다. 국가는 민간이 잘 되게 협력과 보충을 해주고, 민간은 국가가 다 채우지 못하는 부분을 자신들의 서비스로 채워줍니다. 이렇게 해야 산업계 전체 생태계가 살아날 수 있습니다.

그렇다면 이러한 일들을 하게 될 사람들은 어떻게 양성해야 할까요? 2021년 '20년간 양성된 백만 IT 인재는 어디로 갔나'[45]라는 기사를 보면 이러한 대안을 이야기하고 있습니다.

첫째, 공교육 시스템과 사교육 시스템의 병렬적 확대를 추구해야 합니다. 콘텐츠, 학습 체계, 평가법, 교수법, 커리큘럼 등을 상향 표준화해서 이를 시행할 기관을 늘리고 학교 내 커리큘럼을 운영합니다. 예를 들어 에꼴42[46]의 교육과정을 라이선스로 가져와서 운영하는 이노베이션 아카데미[47]같이 표준화된 과정을 운영하는 사립 교육기관, 공공 교육기관을 늘리자는 것입니다.

둘째, 이 교육과정에 '동료학습'을 반드시 둡니다. 이는 프로젝트를 여러 동료들이 같이 수행하면서 서로 배울 수 있게 하고 이들에게 멘토를 붙여주는 방식을 말합니다.

---

45. 김우용, 남혁우, 임유경, 김윤희 기자(2021-05-15), 20년간 양성된 백만 IT 인재는 어디로 갔나, ZDNet Korea
https://zdnet.co.kr/view/?no=20210514142224
46. https://42.fr/en/homepage/
47. https://innovationacademy.kr/academy/main/view

셋째, 산업 현장의 문제를 이 교육기관에서 같이 해결하는 과정을 운영해야 합니다. 기업에서 학교에 직원을 보내 실제 데이터와 과제를 주고 한 학기 동안 같이 프로젝트를 하게 해야 한다는 것입니다. 이렇게 '다른 방식'으로 '한국형'이 아니라 '인류 보편적으로 되는 방법'으로 접근해야 합니다. 그동안 해온 방법이 잘못되었다면 다른 방식으로 용기 있는 걸음을 떼어야 바뀝니다.

IDEO는 어떻게 문제를 해결하는가?

무언가 제대로 제품을 개발하는 과정의 예를 한번 보여드리고자 합니다. IDEO는 실리콘밸리의 유명한 디자인 회사입니다. 여러분이 쓰는 마우스부터 혁신적인 의료 장비, 칫솔 등 모든 분야에서 혁신적인 디자인을 만들어 내는 회사입니다. 이 회사에 ABC방송이 1주일간 시험 삼아 혁신적인 쇼핑카트를 만들어 보라고 주제를 주었습니다. 이 내용은 유튜브[48]에서 볼 수 있습니다.

영상에서 회의를 하는 모습을 보시기 바랍니다. 전원이 둘러서고 리더가 주제를 두고 이야기를 시작합니다. 이 장면에서 특히 주목할 부분은, 리더와 함께 회의를 한 사람이 회의를 마친 후 '밑에 있는 사람들'에게 일을 맡기고 자기는 놀지 않는다는 겁니다. 이 팀이 다 같이 문제를 해결합니다. 공학자, 심리학자, 디자인, 언어학자, MBA 등등의 다양한 사람들이 섞여 있습니다.

이제 이 사람들은 사람들이 어떻게 쇼핑카트를 쓰는지 보러 현장에 갑니다. 자기 밑의 사람을 보내는 게 아닙니다. 스스로 자신의 눈으로 보고, 손으로 느끼면서 실제 고객이 어떻게 쇼핑하는지를 알아보는 것입니다. 복합감각을 통해 접근하는 것입니다.

이들은 인터뷰 후 각자 자신들이 관찰한 것들을 면대면으로 같이 이야기합니다. 토론 결과가 정리된 보고서로만 받는 게 아닙니다.

그다음에는 각자 아이디어들을 만들어 놓고 함께 이야기를 나눕니다. 이때 원칙이 몇 가지 있습니다.

≫ 타인의 아이디어를 비판하는 것은 미뤘다가 하세요.(Defer judgement)

---

48. https://youtu.be/M66ZU2PCIcM

- 다른 사람들의 아이디어 위에 새로운 아이디어를 만들어 내세요.(Build on the ideas of others)
- 한 번에 한 가지씩 이야기합시다.(One conversation at a time)
- 한 가지 주제에 집중해야 합니다.(Stay focused on topic)
- 좀 거친 아이디어라도 내놓을 수 있게 합니다.(Encourage wild ideas)
- 눈으로 '짜잔' 하고 보여줍시다.(Be visual)

회의 진행자(facilitator)는 회의를 하면서 회의가 비난하는 방식으로 가는 것을 막습니다. 회의가 일정하게 되면 진행자는 몇몇 아이디어를 묶어서 새로운 것을 같이 만들어 냅니다. 실제 어느 정도 시간제한(time boxing)을 이용해서 제한 시간 안에 논의하고 시간 내에 결론을 내고 다시 진행하는 방식을 씁니다. 그리고 이렇게 정리한 아이디어들을 가지고 진짜 '쇼핑카트'를 만들어 봅니다. 실제 이 회사에는 이런 물건을 실제 만들어 볼 수 있는 공구실과 재료들이 준비되어 있습니다. 이제 이것들을 여러 번 반복해서 마지막으로 이러한 제품으로 만들어 냅니다.

IDEO가 저에게 가장 인상 깊었던 것은 정제되지 않은 아이디어라도 이야기를 할 수 있게 해 주고 판단은 미뤄 놓는다는 것입니다. 즉 구성원들이 혁신적인 시도를 하다가 실패를 하더라도 이를 감안하고 인정해 주는 안전한 조직이라는 것입니다. 이것은 조직이 이후 혁신할 수 있느냐 마느냐를 가르는 아주 중요한 요소입니다. 실제 병원들 중에서 최신 심장 수술 방법을 빨리 익히는 병원들이 있어서 조사를 해보니 이 조직은 구성원의 실수를 용인해 주고 있었다는 연구[49]가 있습니다. 조직 내에서 심리적 안정감이 있어야 혁신이 일어난다는 뜻입니다. 지금 이것을 통해 우리 사회와 회사를 돌이켜 보면 무엇이 부족한지 아시겠습니까?

다시 한번 말하지만, 우리가 소프트웨어를 만드는 일은 복잡(complex)한 일이기 때문에 "찔러보기-느껴보기-반응하기(probe-sense-respond)" 방식으로 일해야 한다고 했습니다. 그렇게 하려면 다음과 같은 것들이 필요합니다.

1. 모든 구성원들이 같은 계급의 인간으로 존중받아야 합니다.
2. 업무 구조는 계층이 있고 문제해결을 위해 모두 지혜를 모아서 의견을 내

---

[49] Amy C. Edmondson, Richard M.J. Bohmer, and Gary P. Pisano, Speeding up Team learning, Harvard business review, 2010(https://hbr.org/2001/10/speeding-up-team-learning)

고 이를 합의해서 진행해야 합니다.
3. 모든 일은 "찔러보기-느껴보기-반응하기(probe-sense-respond)" 단계를 통해서 점진적으로 접근하도록 순서를 지켜갑니다.
4. 하루마다, 매주마다, 수주마다, 한 달마다, 출시 이후에도 꾸준하게 피드백을 받고, 이를 검토하고, 대응할 수 있는 구조가 살아 움직여야 합니다.
5. 이 모든 일들을 하는 데 있어서 전 조직원들이 심리적 안정감을 느끼고 새로운 시도를 하면서 배울 수 있어야 합니다.

만약에 한국 회사에 이런 일을 맡겼다면 어떻게 일을 할까요? 이렇게 일하는 게 어색하지는 않을까요?

1-5 » 요약

소프트웨어가 제품이 되기까지는 여러 요소들이 필요합니다. 인간이 배제되어 있는 상황에서는 어떤 산출물도 효과적으로 생성되기 어렵습니다. 또한, 소프트웨어 개발은 위험성이 큰 작업입니다. 따라서 위험성을 줄이기 위한 접근 방법도 필요하고 가장 중요한 고객의 역할도 필요합니다. 소프트웨어 개발관리의 핵심은 불확실성의 관리입니다. 소프트웨어 개발은 커네핀 모델에서 이야기하는 복잡(complex)한 문제로 분류되며 이때 할 수 있는 접근 방식은 찔러보기-느껴보기-반응하기입니다. 그리고 소프트웨어 개발의 가격이 비싼 이유는 주로 '유지보수성' 때문입니다.

특히 고객은 소프트웨어 개발에서 가장 중요한 역할을 합니다. 최고의 고객은 무엇을 원하는지 이해하고, 요구사항을 명확하게 전달하며, 필요할 때는 방향을 수정할 수 있는 고객입니다. 훌륭한 고객이야말로 우리가 확보할 수 있는 최고의 자산입니다.

과거의 이론이 잘 안 돌아갔다는 것을 인정했다면, 현실을 반영한 새로운 이론을 도입하는 데 주저하지 말아야 합니다. 틀린 일을 계속 반복하면 더 나은 결과를 얻을 수 없습니다. 좋은 이론만큼 현실적인 것은 없기 때문입니다.

(자주 인용한 최동석 박사님이 지도교수님께 들었던 말씀이라고 합니다.)

―――
2-1 들어가며
2-2 불확실성을 다루는 방법
2-3 소프트웨어 개발은 시작하면 계속해야 한다
2-4 우리가 만들 것 합의하기
2-5 가장 초기 서비스를 만드는 프로덕트 로드맵 생각해 보기
2-6 했을 때 반드시 효과가 있는 방법-고객 참여
2-7 요약

제2장

소프트웨어 개발 자체를 어떻게 해야 할까?

Chapter 2 > 소프트웨어 개발 자체를 어떻게 해야 할까?

2-1 » 들어가며

소프트웨어 개발을 다룰 때, 많은 사람들이 놓치는 부분이 두 가지였습니다. 첫째, 불확실성이 많다는 것입니다. 막상 만들기 시작하면 숨겨졌던 실체들이 튀어나오는 경우가 생각보다 허다합니다. 원인은 다양합니다. 요구사항이 잘못되었을 수도 있고, 개발에 쓴 기술이 적합하지 않은 경우도 있습니다. 둘째, 그럼에도 불구하고 '공학적으로 탄탄'해야 한다는 것입니다. 즉 안정적이고 오류가 없어야 합니다. 과연 이런 상황에서 우리는 어떻게 대처해야 할까요? 이에 대해서 설명을 드리도록 하겠습니다.

2-2 » 불확실성을 다루는 방법

1) EoA: Essence of Agility

2장에서 애자일 선언과 그 이면의 원칙들에 대해서 이야기했습니다. 그런데 이를 실제 적용하려고 할 때 이 내용들을 가지고는 무언가 부족했습니다. 사실 저도 그렇지만 많은 애자일 코치들은 실제 현장에서 기존의 애자일 활동 방법들을 적절하게 변경해서 조직에 맞게 만들어서 씁니다. 물론 기존의 애자일 선언과 그 이면의 원칙들도 많은 아이디어를 주는 원천입니다. 그러나 이 방법론도 1980년대에 나왔으므로 이를 조금 더 다듬고 핵심을 뽑아내면 좋겠다는 생각을 했습니다.

그런데 마침 김창준 님과 인터뷰한 '가장 효과적인 애자일 프레임워크 13

가지[50]라는 기사가 요즘IT(https://yozm.wishket.com/magazine/)라는 웹진에 실렸습니다. 여기에 EoA: Essence of Agility[51]라는 단어가 나옵니다. 이 기사에서 이야기하는 13가지는 이러합니다.

> ### EoA(Essence of Agility)
>
> 불확실성이 높은 상황에 효과적으로 대응하는 전략
>
> ≫ Avoid big loss: 큰 손실 피하기
> - Redundancy: 중복을 허용하기
> - Detect early: 문제를 빠르게 감지하기
> - Asymmetry: 비대칭성 확립하기(밑져야 본전 구조)
>
> ≫ Learn as you go: 계속 배우면서 나아가기
> - Feedback & adapt: 피드백을 받고 재조정하면서 나아가기
> - Receiving new info: 새로운 정보 얻기
> - Many projects, sequential: 많은 프로젝트를 하는 것처럼 순차적으로 나아가기
>
> ≫ Achieve critical early with less effort: 핵심적인 것을 일찍 적은 노력으로 성취하기
> - Piecemeal & center first: 가장 중요한 것을 먼저 하되 작은 단위로 쪼개서 진행하기
> - Work with stakeholders: 이해관계자와 함께 일하기
>
> ≫ Be flexible: 유연하게 대처하기
> - High ground for change: 변화에 유리한 지점 선점하기
> - Real option: 선택의 옵션 만들어 두기
> - Diversify: 외부 자극에 다양하게 대응하기
> - Slack: 여유 확보하기
> - Generative Sequence: 생성적 순서대로 하기

---

50. https://yozm.wishket.com/magazine/detail/2177/
51. 김창준 님이 만드신 용어입니다

위의 원칙들 중 큰 4가지는 김창준 님이 실제 '애자일이 잘 안 된' 조직들이 놓친 것이 무엇인지, 잘된 조직은 어떤 게 잘되었는지 되돌아보면서 정리하신 것들입니다. 이 방법들의 특징은 '불확실성이 높은 상황에 쓰는 전략들'이라는 것입니다.

1장에서 이야기했듯, 커네핀 모델 중 복잡(complex) 영역에 속하는 소프트웨어 개발의 특징은 한마디로 '불확실성이 너무 커서, 조금씩 나아갈 수밖에 없다'는 것이었습니다. 이때 만약 1. 되돌릴 수 없을 만큼 큰 손실이 나거나 2. 과거에 벌어졌던 일들에서 배울 수 없거나 3. 효과적이지 않은 방법을 되풀이한다면 어떻게 될까요? 불확실한 상황에서 자원이 떨어져서 다음을 기약할 수 없게 되는 것을 막는 게 이 4가지 큰 핵심 원리들의 의미입니다.

예를 들어, 새로운 정보 얻기(receiving new info)라고 한다면, 이것을 하는 이유는 역시 '불확실성이 높은 상황에 효과적으로 대응'하기 위한 것입니다. 즉, 불확실성이 높기 때문에 현재 진행되는 일을 확실하게 할 수 있는 새로운 방법이나 도구가 있는지 새로운 정보를 계속 얻어야 한다는 뜻입니다.

이렇게 한 다음 관찰 가능한 질문(outcome observable question, OOQ)을 해봅니다. "만약 새로운 정보를 잘 얻고 있다면 나는 무엇을 관찰할 수 있어야 할까?" 이것에 명확하게 답을 할 수 있으면 잘된 것이고 답할 수 없다면 무언가 새로운 방법론을 찾아야 합니다.

그런데 구체적으로 이거 해라 저거 해라라는 실천 방법들을 제시하는 것은 사실 쉽지 않습니다. 조직이 다르고 사람들의 지식수준이 모두 다르기 때문입니다. 그렇기 때문에 현실적으로 애자일 코치들이나 숙련된 프로그램 매니저들조차 다들 자신만의 방법을 만들어 내서 사용합니다. 이번 장에서 이야기할 방법들도 이런 원칙들을 적용해서 제가 쓰는 방법들 중 일부를 소개하고자 합니다.

2) 그런데 우리는 이상한 것을 늘 하려고 한다, 너무나 이상하게도

조직의 협업을 위해 시스템을 구축하려 할 때, 가끔 '내부 경쟁'을 강조하여 구성원들이 서로 경쟁해야만 성과를 낼 수 있다고 주장하는 분들이 있을 수 있습니다. 그러나 노키아의 몰락[52]과 마이크로소프트의 인사 평가 체계의 변화[53]를 예로 보면, 이러한 방식으로는 돌아가지 않는다는 결론이 났습니다. 소프트웨어의 성패는 단순히 코드 몇 줄을 빠르게 작성하는 것만이 아닙니다. 전체적인 시스템이 부분들의 합보다 더 큰 의미를 지닌다는 것을 명심해야 합니다.

그렇다면 어떻게 해야 할까요? 우리는 내부 협력을 통해 관련된 모든 구성원들이 승리하는 시스템을 구축해야 합니다. 이를 위해서는 각 구성원이 가진 능력과 역할을 최대한 발휘할 수 있도록 해야 합니다. 이 능력은 단순히 소프트웨어 개발뿐만 아니라 고객 개발과 같은 다양한 영역에 적용될 수 있습니다. 우리는 부족한 부분을 서로 보완하며 빠르고 효과적인 피드백을 주고받을 수 있는 환경을 조성해야 합니다. 이러한 과정을 통해 우리의 시스템은 강해지고 성과를 내는 데 기여할 것입니다.

> "그러므로 인간이 선한가 악한가의 차이는 그가 그의 준칙 안에서 채용하는 동기들의 차이에 있는 것이 아니라, 그가 이 둘 중 어느 것을 다른 것의 조건으로 만드는가 하는 종속관계에 있을 수밖에 없다."[54] – 임마누엘 칸트

시스템은 사람들의 행동에 크게 영향을 미칩니다. 위에서 인용한 칸트의 말뜻이 이러합니다. 선한 행동을 먼저 하고, 악한 행동을 못 하게 하는 시스템을 만들고 사람을 그 안에 두면 사람들은 선한 사회를 만들게 된다는 것입니다. 이는 **사회 시스템이 인간의 선함과 악함보다 중요하다는 뜻입니다.** 시스템상 선한 일을 하는 것이 유리하게 되어 있으면 악한 사람이라도 선한 일을 할 수밖에 없기 때문입니다. 시스템상 악한 일을 하면 성과가 안 나올 테니까요.

---

52. 노키아는 이미 아이폰이 나오기 3년 전에 스마트폰의 개발을 마쳤습니다. 이때 마에모라는 제품으로 내보내려고 했으나 회사의 주된 권력을 잡고 있는 심비안 팀은 마에모의 출시를 방해했고 결국 전화 기능을 뺀 스마트폰 노키아 810이 출시되었습니다. 결국 이는 사장되었고 아이폰에 밀려서 시장에서 밀려 나가게 되었습니다.
    https://blog.peremen.name/entry/the-story-of-nokia-meego
53. 마이크로소프트는 스티브 발머 시절부터 내부 경쟁의 폐해가 심해서 결국 Windows Vista에서 보듯, 소비자가 원하는 제품을 만들어 내지 못하는 지경에 이르렀습니다. 결국 새 CEO인 사티야 나델라는 상대평가를 없앱니다. (물론 평가가 아주 없어진 건 아닙니다.) https://news.mt.co.kr/mtview.php?no=2019090410474909733
54. 임마누엘 칸트 저 / 백종현 역, 『이성의 한계 안에서의 종교』 | 아카넷

따라서 사회적 시스템이 인간의 성향보다 더 중요하며, 이를 통해 성과를 내는 사람과 그렇지 않은 사람을 구별할 수 있습니다. 협력과 선한 의지를 기반으로 성과를 창출하려면 올바른 시스템이 필요합니다. 이것을 뒤집어서 생각하면 이런 시스템이 없는 상황에서 아무리 좋은 사람들을 넣더라도, 결국 선한 사람들이 갈려 나갈 것이고 성과가 나올 수가 없다는 뜻입니다. 그럼 우리는 어떤 시스템을 만들어야 할까요?

2-3 » 소프트웨어 개발은 시작하면 계속해야 한다

1) 프로덕트 로드맵/릴리즈 플랜

소프트웨어 개발은 시작하면 끝을 볼 때까지 계속됩니다. 즉, 소프트웨어의 단종(end of life, EOL)이 선언될 때까지는 지속적으로 개발 및 개선을 진행합니다. 이 과정에서 제품이 어떤 단계로 만들어져야 하는지를 정의하는 것이 프로덕트 로드맵입니다.

프로덕트 로드맵을 기반으로 하여 릴리즈 플랜을 작성합니다. 릴리즈 플랜은 각 개발 단계의 목표, 일정, 책임자 등을 명확히 정의하여 개발을 효율적으로 진행하는 데 도움이 됩니다.

2) 프로덕트 로드맵 만들기

프로덕트 로드맵[55]이란 "비즈니스 목표와 프로덕트 전략을 지원하고 프로덕트 개발을 가시화하기 위해서" 만드는 큰 계획을 말합니다.

프로덕트 로드맵은 단순한 제품 출시 계획을 넘어서 전체 사업 방향을 정렬하며, 이를 통해 제품 출시 계획이 전사적인 방향으로 향하게 하는 의미를 지닙니다. 이로써 필요한 자원을 해당 시점에 요청하고 관련 이해 관계자들과 공유함으로써 새로운 기능이 포함된 패키지 형태로 제품을 발전시키는 계획

---

55. 김영욱 저, 『프로덕트 매니지먼트』, 한빛미디어
이번 장에서 사용하는 용어들은 최대한 이 책의 용어에 맞춰서 쓰고 있습니다. 사실 사람마다 그리고 책마다 쓰는 말들이 조금씩 다릅니다. 제가 보기에는 이 책의 용어가 제일 사람들이 이해하기 좋다고 판단했습니다. 그래서 이 책의 용어 정의를 최대한 따라가고 있다는 것을 알려드립니다.

을 말합니다. 이러한 프로덕트 로드맵과는 달리 릴리즈 플랜은 실제 제품을 어떻게 만들어 나갈 것인지를 다루며, 주기는 로드맵과 일치할 수도 다를 수도 있습니다.

여기서 주의해야 하는 것이 있습니다. 로드맵은 계속 변화할 수 있으며 로드맵, 마일스톤이 조금씩이라도 바뀌지 않는다면 문제 신호로 간주할 수 있습니다. 목표를 끝까지 잡고 가는 일관성은 지켜져야 합니다. 그러나 그 달성 과정에서 고객의 목소리에 따라서 혹은 여러 가지 상황에 따라서 달라질 수 있는 유연함도 가져야 합니다. 정말 달성해야 하는 가치는 변해서는 안 되지만 변화에도 열려 있어야 합니다.

3) 릴리즈 플랜 만들기

릴리즈 플랜은 이제 프로덕트 로드맵에 따라 제품을 어떻게 만들지 계획을 세우는 것입니다. [그림 2-1]과 같이 큰 프로덕트 로드맵에 맞춰서 실제 제품을 어떻게 만들지를 계획 세우는 것이라고 생각하시면 됩니다.

그런데 [그림 2-1]을 보시면 모든 게 딱딱 맞아떨어지지는 않습니다. 매번 상황마다 다릅니다. 이것은 아무리 일정대로 맞춰서 진행하려 하더라도 그대로 안 되는 일들이 많다는 것을 설명하고자 이렇게 그려본 것입니다.

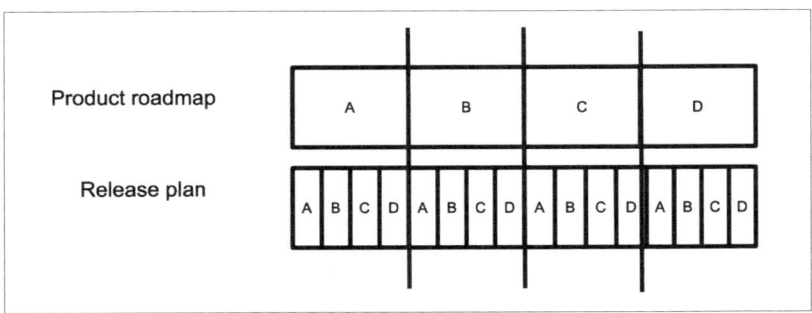

[그림2-1] Product roadmap과 Release plan의 관계

4) 프로덕트 로드맵/릴리즈 플랜 예제

이쯤 되면 '어떻게 해야 하냐' 하고 예제를 물어보실 것 같습니다. 그런데 마땅히 좋은 예를 들어주는 게 마냥 좋은 것으로는 보이지 않습니다. 자칫 '이대로 해야 한다'라는 고정관념을 여러분에게 드리지 않을까 해서 그렇습니다. 그래도 너무 막막하실까 봐 가상의 프로덕트를 가정하고 적어 보면 이렇습니다.

여러분이 지불/결제 시스템을 만든다고 합시다. 그렇다면 이런 구조로 계획을 세워볼 수 있을 것입니다. 그러나 이것은 진리도 아니고 법칙도 아니므로 읽어 보시고 바로 버리십시오.

제품: 모바일 결제 시스템

비전: 사업체와 개인을 위한 선도적인 모바일 결제 시스템이 되기 위해, 일상 제화와 서비스를 위한 안전하고 편리하며 선도적인 시스템을 만든다.

미션: 모두에게 더 편리하고 쉬운 결제 시스템을 만든다.

목표:
- 내년에 시작 점유율 15%를 차지한다.
- 내년 고객만족도를 10% 늘린다.
- 우리가 목표로 하는 사용자들에게 맞는 새로운 기능을 출시한다.

로드맵:

2024 1/4 분기:
- 안드로이드 및 iOS 장치용 새 모바일 앱을 출시합니다.
- 비접촉 결제에 대한 지원을 추가합니다.
- 사용자에게 할인 및 리워드를 제공합니다.

2024 2/4 분기:
- P2P 결제에 대한 지원을 추가합니다.
- 인기 있는 전자상거래 플랫폼과의 새로운 통합을 시작합니다.
- 사기로부터 사용자를 보호하기 위해 보안 기능을 개선합니다.

2024 3/4 분기:
- 암호화폐 결제 지원을 추가합니다.

- 인기 소셜 미디어 플랫폼과의 새로운 통합을 시작합니다.
- 저사양 기기에서의 성능을 개선합니다.

이제 2024 1/4분기에 대한 릴리즈 플랜을 이렇게 세워볼 수 있을 것입니다.

제품출시 1: 안드로이드 및 iOS 앱 출시 (2024년 1분기)

주차 1~2: 앱 개발 준비
- 안드로이드 및 iOS 플랫폼에 대한 개발 환경 설정 (주차 1)
- UI/UX 디자인 리뷰 및 개선 (주차 2)

주차 3~6: 앱 개발
- 안드로이드 및 iOS 앱의 기본 레이아웃 및 기능 개발 (주차 3-4)
- 테스트 및 버그 수정 (주차 5-6)

주차 7~8: 앱 출시 준비
- 앱 스토어에 앱 등록 및 승인 요청 (주차 7)
- 마케팅 및 프로모션 계획 수립 (주차 8)

제품출시 2: 비접촉 결제 추가 (2024년 2분기)

주차 1~2: 결제 시스템 개발
- 비접촉 결제 기능 개발 (주차 1)
- 결제 시스템의 보안 및 안정성 향상 (주차 2)

주차 3~4: 앱 통합 및 테스트
- 앱 내에서 비접촉 결제 통합 (주차 3)
- 테스트 및 결제 프로세스 디버깅 (주차 4)

주차 5~6: 사용자 교육 및 문서화
- 사용자에게 비접촉 결제 사용법 안내 (주차 5)
- 온라인 문서 및 지원 자료 작성 (주차 6)

제품출시 3: 할인 및 리워드 시스템 도입 (2024년 3분기)

주차 1~2: 할인 및 리워드 시스템 개발
- 할인 쿠폰 및 리워드 프로그램 구현 (주차 1)

- 사용자 계정과 연동된 할인 시스템 설정 (주차 2)

주차 3~4: 앱 업데이트 및 테스트
- 앱에 할인 및 리워드 시스템 통합 (주차 3)
- 시스템 안정성 및 성능 테스트 (주차 4)

주차 5~6: 사용자 교육 및 마케팅
- 사용자에게 할인 및 리워드 프로그램 소개 (주차 5)
- 마케팅 캠페인 시작 (주차 6)

그런데 다시 한번 이 프로덕트 로드맵/릴리즈 플랜을 세울 때, 주의하실 것이 있습니다.

- ▶ **계획은 계획입니다**: 실제 진행하면서 조금씩 수정될 수 있습니다. 마음을 열어놓으세요.
- ▶ **모든 일정은 모든 구성원들의 합의하에 만들어져야 합니다**: 합의 없이 '위에서' 내려온다면 프로젝트에 어려움이 많습니다. 현장에서 필요한 일정을 고려하지 않고 위에서 일정을 잡는다면 프로젝트의 결과는 실패가 될 수 있습니다. 따라서 모든 구성원이 합의하지 않고 일을 처리하는 방법은 지양해야 합니다.
- ▶ **근간을 흔들지 마세요**: 세웠던 계획에서 일정은 왔다 갔다 할 수는 있지만, '무엇을 하겠다'라고 합의해서 잡은 것들이므로 가능하면 이대로 최선을 다해서 달성한다고 생각해야 합니다. 물론 상황이 완전히 달라지면 새로 계획을 세워야 하겠지만, 어느 정도 계획을 진행해 봐야 알 수 있는 것들이 있습니다. 너무 일찍 계획을 다 바꿔버리면 그 계획이 맞는지 틀린지 알아볼 수도 없습니다.
- ▶ **이래도 달성이 되는 것도 있고 안 되는 것도 있을 것입니다**: 보통 이런 경우 되는 것까지만 해서 마무리하고, 못 한 건 다음 일정으로 미룰 수밖에 없습니다. 있는 그대로를 받아들일 겸허한 마음가짐을 가지고 있어야 합니다.

예제는 예제일 뿐입니다. 사실 이 실체는 각 조직과 제품에 따라 너무 달라서 표준의 예제를 만들 수는 없습니다. 지속적으로 '우리에게 맞는 방식은 무엇인가?'를 고민하고 적용해 보고 수정해야 합니다. 지치면 안 됩니다.

2-4 » 우리가 만들 것 합의하기

1) 무엇을 만들지는 이야기했나요?

한국에서 IT 프로젝트를 할 때, 가장 많이 힘든 부분이 무엇이냐고 묻는다면, '뭘 만들지 모르는데 코딩부터 안 하면 이상하게 생각하는 사람들이 많다'는 것입니다. "자, 이 정도면 되잖아, 코딩 시작 안 해?" 이게 왜 잘못된 질문인지는 앞에서 충분히 '불확실성'이란 주제로 설명했다고 생각합니다. 그럼 이제 왜 코딩부터 하지 않으면 이상하게 생각하는지도 한번 생각해 보아야 합니다. 고객들의 입장에서는 '뭔가 나오긴 했지만, 내가 원하는 게 아니었다'라는 경험이 많았을 수도 있기 때문입니다. 혹은 '개발이 시작되었다'라는 보고를 어디엔가 해줘야 하는 서두름이 있을 수도 있습니다.

그러면 어떻게 해야 할까요? 코드가 나오기 전에 '무엇이 나와야 하는지'를 합의를 해야 합니다. 물론 그래도 실제 원했던 제품이 아닐 수도 있습니다. 그러나 뭐가 나와야 할지 손바닥만 한 엽서 한 장만으로는 알 수 없습니다. 결국 긴 글로 써야 합니다. 적기 전에는 그 어떤 것도 불가능합니다. 그런데 이런 이야기를 하면 '그럼 뭘 어떻게 적어야 하는 겁니까?'라는 질문을 거꾸로 많이 받습니다.

이를 해결하기 위해서 두 가지 방법을 소개하고자 합니다. '하일마이어 질문'과 '거꾸로 일하기'입니다. 이 두 가지 방법은 제가 여태까지 써본 방법들 중에 가장 좋았고 실제 많은 문제들을 해결해 주었던 방법들입니다. 그러나 이 방법에 묶여 있지 마시고 여러분만의 더 나은 방법은 없을지 고민하시고 여러분의 방법론을 만들어 보시기 바랍니다.

2) 하일마이어 질문(Heilmeier catechism)

미국의 국방고등연구계획국(DARPA)[56]이 인터넷, GPS, 음성인식, 클라우드 컴퓨팅 등은 물론이고 수술 로봇, 국방 로봇, 자율주행차 등 차세대의 기술혁

---

56. 미국의 국방고등연구계획국(defense advanced research project agency, DARPA)은 미 국방성의 연구, 개발 부문을 담당하는 조직입니다. https://www.darpa.mil/

신을 주도하고 있는 것은 잘 알려진 사실입니다. 그럼 국방고등연구계획국(DARPA)은 뭘 어떻게 하길래 성공하는 것일까요? (물론 이거 하나 잘한다고 다 성공한 건 아닙니다. 국방고등연구계획국(DARPA)도 실패를 많이 했습니다. 이 글을 참고해 보십시오.[57])

국방고등연구계획국(DARPA)은 과제 선정을 위한 제안요청서(RFP)를 작성할 때 '하일마이어 질문(Heilmeier catechism)'[58]을 활용하고 있습니다. 하일마이어는 액정 크리스털 디스플레이(liquid crystal display, LCD)를 개발한 전자공학자로, 1970년대 ARPA(DARPA 전신)의 전설적인 과제 관리자였습니다. 하일마이어 질문은 그가 만든 과제 제안서에 있는 9가지 질문으로, 국방고등연구계획국(DARPA)이 기술혁신을 이끌어내는 데 중요한 역할을 하고 있습니다.

[그림2-2] 하일마이어(George H. Heilmeier) 출처: https://en.wikipedia.org/wiki/File:George_H._Heilmeier.jpg

1. 무엇을 개발하려고 하는가? 전문용어를 사용하지 말고 기술하시오.(What are you trying to do? Articulate your objectives using absolutely no jargon.)
2. 현재는 어떻게 하고 있으며 현재 기술의 한계는 무엇인가?(How is it done today, and what are the limits of current practice?)
3. 당신의 방법에서 새로운 것은 무엇이며, 그것이 왜 성공할 것이라 생각하는가?(What is new in your approach and why do you think it will be successful?)
4. 누구에게 도움이 되는가?(Who cares? If you are successful)
5. 성공할 경우 무엇이 달라지는가?(What difference will it make?)
6. 위험과 고비는 무엇인가?(What are the risks?)
7. 개발 예산은?(How much will it cost?)

---

57. DARPA's Greatest Hits and Misses, WIRED(2008-05-16) https://www.wired.com/2008/05/darpa-hits-and/
58. https://www.darpa.mil/work-with-us/heilmeier-catechism

8. 기간은?(How long will it take?)

9. 성공을 검증하기 위한 중간 및 최종 시험 방법은?(What are the mid-term and final "exams" to check for success?)

제가 정부 프로젝트에 관련한 도움을 주기 위해서 이른바 과제담당자와 문서를 한두 번 써본 게 아닌데 위와 같은 의미 있는 질문을 받아본 적은 별로 없었습니다.

그 많은 정부 과제 문서들에서 가장 저를 당혹스럽게 한 질문은, '제품의 성능이 선진국의 1등, 2등, 3등 기업 제품에 비해서 얼마나 좋으냐'라는 것이었습니다. 이건 세상에 없는 것은 절대 만들지 말라는 질문입니다. 이런 질문을 던지는 한 혁신은 일어날 수 없습니다.

3) 거꾸로 일하기(Working backward)

[그림2-3] 워너 보겔스(Werner Vogels) 출처: https://en.wikipedia.org/wiki/File:WernerVogels.JPG

아마존(Amazon)의 CTO인 워너 보겔스(Werner Vogels)는 자신의 블로그에서 '거꾸로 일하기(working backwards)'[59]라는 방법을 소개하고 있습니다. 사실 제품 설명을 문서로 복잡하고 어렵게 적는 온갖 방법은 많습니다. 이는 효과적인 방법이 아닙니다. '거꾸로 일하기'는 제품을 간결하지만 명확하게 설명하는 최적의 방법입니다. 제가 이른바 프로젝트의 이해관계자들이 말이 꼬이고 통일이 안 될 때 꺼내 드는 방법이고, 이렇게 정리했을 때 거의 대부분의 사람들

---

59. https://www.allthingsdistributed.com/2006/11/working_backwards.html

이 제품이 무엇인지 이해하기 시작했습니다. 그래서 이 모든 것을 쉽게 설명할 수 있는 문서를 위키(wiki)나 노션(notion)에 올려놓거나 여러 사람이 볼 수 있는 벽에 붙여서 모두가 보게 만들면 우리가 무엇을 만들어야 하는지 이해하게 됩니다. 그 문서는 바로 이것입니다.

"지금 만들 제품의 보도자료"

한번 상상해 보세요. 지금 만들려는 서비스나 소프트웨어가 언론에 소개된다고 하면 어떻게 만드실 건가요? 아마도 명확하고 정확하게 전달되게 하기 위해 온갖 노력을 들이고 생각을 정리할 것입니다.

3-1 | 보도자료를 작성하라

당신이 책상에 앉아 보도자료를 만들어서 서비스나 소프트웨어를 홍보하려고 한다면 어떻게 할까요? 이 제품을 쓸 사람들은 누구이고, 왜 이런 물건을 만들었고, 기능은 무엇이고, 이점이 무엇인지 등등을 적겠지요? 이 작업을 맘에 들 때까지 계속해서 반복해야 합니다. 적어보아야 하는 것들을 정리해 보면 아래와 같습니다.

- ▶ **제목**: 독자(대상 고객)가 이해할 방법으로 제품 이름을 지어주십시오.
- ▶ **부제**: 상품에 대한 수요자가 누구이고, 그들이 얻을 혜택을 설명해야 합니다. 타이틀 아래에 오직 한 문장으로만 적으십시오.
- ▶ **요약**: 제품과 그 혜택을 요약해 주십시오. 독자가 이 아래로 안 읽을 것이 뻔하니 정말 잘 적으셔야 됩니다.
- ▶ **문제점**: 무엇을 해결하려고 이 제품을 만들었나요?
- ▶ **해결법**: 위의 문제를 어떻게 멋지게 풀어냈나요?
- ▶ **인용**: 회사 대변인으로부터의 인용문을 넣습니다. 보통 "~~ 사내 관계자에 의하면~~~~라고 한다"라고 하는 거 있잖아요.
- ▶ **시작하기**: 처음에 어떻게 쓰는지를 설명합니다. '시작하기 쉬워요!'라는 것을 잘 말해야 됩니다.
- ▶ **고객 인용**: 가상 고객이 어떤 혜택을 경험했는지 표현한 말을 인용합니다. "제가

~~을 써보니 정말 좋더라고요~~~~." 같은 문장이 들어가는 것입니다.

▶ **맺음말과 해야 할 것**: 앞의 내용들을 요약 정리하고 그다음에 뭘 해야 할지 알려줍니다. 네이버에 검색을 하든지, 홈쇼핑 채널을 보라, 전화번호를 주고 전화를 해달라 등을 이야기해 줍니다.

반드시 A4 한 장으로 작성하시고, 문단은 3~4문장으로 제한하세요. 늘어나면 과감히 지우십시오. 최대한 고객이 뭘 얻는지에 집중하시고 나머지 내용은 FAQ에 붙이면 됩니다. 그리고 이걸 쓸 때 혼자 쓰지 마시고 관련된 분들(개발 리더 포함)이 모여서 여러 번 같이 쓰세요. 언론에 뿌릴 보도자료이니 관련된 모든 사람이 쉽게 이해할 수 있게 쓰여야 합니다. 그렇지 못한다면 잘못 쓰인 것입니다.

3-2 | FAQ를 작성하라

앞의 보도자료를 적고 나면 자연스럽게 질문과 답변거리들이 생기게 됩니다. 이걸 생각하면서 고객의 입장에 서게 되는 것이지요. 이것 역시 여럿이 자꾸 쓰다 보면 자연스럽게 작성하게 됩니다. 이에 따라서 앞의 보도자료도 보충이 되겠지요. 질문이 이렇게 중요합니다.

3-3 | 사용자 경험을 정의하라

이 제품을 사용한 고객이 느낄 뭔가 다른 점에 대한 고객의 경험을 정확히 적어야 합니다. 따라서 UI를 가진 제품으로서 고객이 사용할 화면들을 스케치해 봐야 합니다. 웹서비스들이라면 상상할 수 있는 방법을 동원해 코드 조각을 포함해서 사용 예(use case)들을 적습니다. 이 목적은 우리 서비스나 제품을 가지고 어떻게 고객이 그들의 문제를 해결하는지 이야기를 나눠보는 것입니다. 그리고 각 기능별로 모든 화면을 만든 스토리보드를 꼭 만들어봐야 합니다.

3-4 | 사용자 매뉴얼을 만들어라

사용자 매뉴얼이란 사용자가 진심으로 이게 무엇인지 그리고 어떻게 쓰는 것인지 찾기 위해 이용하는 것입니다. 즉, 제품을 어떻게 쓰기를 원하는지를 적어보라는 것입니다. 이 과정에서 여러분은 여러분 제품이 정말 괜찮은 것인지 아닌지 스스로 자각할 수 있을 것입니다. 그러면서 보도자료와 FAQ까지도 바꾸게 될 수 있습니다.

"힘들어요, 매뉴얼을 어떻게 써요!"라고 하실 수 있습니다. 그런데 그렇게 힘들게 쓰면서 여러분이 어떤 물건을 만들려고 하는지 지금 아는 지식을 모두 동원해서 고객에게 제공할 '그 무언가'를 만드는 것입니다.

4) 악보와 음반의 관계

저걸 다 만들어 보고 기획을 해봐서 뭔가 산출물이 나왔다면 끝일까요? 아뇨, 이제 개발자와 만나서 또 이야기를 해야 하고(앞의 작업을 개발자와 같이 하셨다면 아주 잘하신 겁니다.) 또 일정을 쪼개고 일을 해야 합니다.

다만 지금 한 것은 '왜, 무엇을, 어떻게'까지만 고민한 것입니다. 이게 다가 아닙니다. 실제 진짜 개발을 하기 위해서는 더 많은 절차와 분석을 해야 하고 처음 여러분이 생각했던 것과는 많이 다른 제품이 될 것입니다.

"아니 그럼 언제 제품이 나와요?"라고 묻는 사람들이 있을 수 있습니다. 지금 당신이 만든 저 문서들이 바로 첫 번째 제품입니다. 많은 사람들이 소프트웨어가 나와야 한다고 하면 소프트웨어 코드만 생각하는 경우가 많은데 그렇지 않습니다.

이런 질문을 드리고 싶습니다. '악보는 음악 작품일까요? 아닐까요?' 음악을 음반으로 들을 경우 음악의 최후 생산물은 '소리가 녹음된 음반'일 것입니다. 그러나 그것을 만들기 위한 기본은 '악보'입니다. 지금 여러분은 '악보'를 하나 쓰신 것입니다. 그리고 이 악보는 음반을 만드는 기본 작업입니다.

아주 간단한 음악은 뭐 멜로디만 대충 적어 놓고 기타 하나 들고 치면 됩니다. 문제는 당신이 오케스트라를 원하면서 기본적인 악보조차 적지 않고 화성부로 나눠서 편곡하지도 않는다면? 아마 오케스트라 단원들이 "저거 뭐 하는 놈이야?" 하지 않을까요?

게다가 인류의 역사상 제일 복잡한 지적 생산물이 소프트웨어입니다. 이러한 점을 무시하고 '빨리빨리'만 강조한다면 당장 그만두고 소프트웨어나 서비스를 만들 생각을 하지 말아야 합니다.

2-5 » 가장 초기 서비스를 만드는 프로덕트 로드맵 생각해 보기

1) 이 상황의 조건

위에서와 같이 전체적으로 무엇을 만들지 합의한 상황이라면 이제 어떻게 해야 할까요? 혼자서 제품을 만드는 경우라면, 시장에 무조건 내가 원하는 정도로만 만들어서 우선 고객들 앞에 보여주는 것도 한 방법이겠지만, 진정한 사업 기회를 모색한다면 이런 방식은 너무 위험합니다. 특히 초기 단계에서는 같이 일하는 기술 전문가들도 대부분 경험이 없는 경우가 많습니다.

예를 들어 아직 대학생인 친구 둘이 의기투합해서 무언가 만든다고 하면 둘 다 경험이 없는 상태다 보니 실수를 많이 저지르겠지요. 보통 이렇게 되면 정말 완벽한 상태의 제품을 만들어서 뭔가 내놓겠다고 하면서 시간과 겨우 모은 자본을 낭비해 버릴 수 있습니다. 그리고 이것이 시장에 맞지 않거나 아니면 적절한 시기를 놓쳐서 출시에 실패하는 경우에는 시간, 자본, 노력을 모두 버리는 안타까운 일이 일어날 수 있습니다.

따라서 소프트웨어를 개발할 때 점진적으로 진화시키는 과정을 알아야 합니다. 여기서 소개할 방법은 대부분이 이른바 린 스타트업 전략[60]을 참고해서 정리한 방법입니다. 여기에 제 경험을 담았습니다. 가능한 한 여기서 이야기하는 단계를 거쳐서 소프트웨어를 진화시켜 나가고 건너뛰지 않기를 추천합니다. 왜냐하면 진짜 자본을 투입하고 완벽을 추구해야 하는 시기가 따로 있기 때문입니다. 경영진도 이 전략을 봐야 하지만 특별히 개발 관련 직군도 꼭 읽어 보시기 바랍니다. 우리는 시장과 제품의 불확정성 모두를 뛰어넘기 위해서 '다리를 만들면서 이 파도를 건너가야' 하기 때문입니다.

---

60. 에릭 라이즈(Eric Ries)가 주창한 방식으로 빠르게 실행하고 빨리 학습하라는 원칙을 기반으로 하는 방법론입니다. 보통 4단계 과정을 거치는데 1. 아이디어 도출 및 검증, 2. 최소 기능 제품(MVP) 개발, 3. 사용자 테스트 및 피드백 수집, 4. 제품 개선입니다. 자세한 것은 https://theleanstartup.com/을 참고 바랍니다.

2) 첫 번째 단계 – 코드 없이 시작하기

2-1| 마음가짐: 코드는 빚

"코드는 빚"이라는 표현은 우선 코드를 작성하는 순간 빚을 진다는 것인데, 이 빚을 지금 지는 게 적절하지 않을 수도 있으니 무조건 코드부터 만들려고 하지 말라는 뜻입니다. 고객에게 제품을 전달한다는 관점에서 중요한 건 코드보다 고객의 요구를 충족시키는 제품을 만들었는지 여부입니다. 따라서 우리가 고객에게 제공하는 것은 단순히 코드가 아닌, 고객이 원하는 결과물이어야 합니다. 그것이 코드를 썼든 아니든 고객은 중요하게 보지 않습니다.

소프트웨어 개발에 앞서서 우리는 먼저 제품이 어떤 것을 달성해야 하는지, 어떤 목표를 가져야 하는지에 대해 고민해야 합니다. 이러한 초점을 가지고 만들어진 제품이 고객에게 실질적인 가치를 제공할 수 있는 것입니다. 우리의 시간과 노력을 무엇에 집중해야 할지에 대한 고민이 이 단계에서 중요합니다. 2장에서 언급한 대로 "X가 무엇인지 확인하는 데 시간을 써야 한다"라는 원칙은 제품의 목표와 의도를 분명히 이해하고 확인하는 것이 개발의 기반이 된다는 것을 강조합니다.

이러한 배경 아래서 우리는 두 가지 핵심 질문에 답할 수 있는 방법을 고려합니다. 첫 번째로, "이 제품이 맞는 제품인가?"라는 질문을 고민하며, 우리의 개발 결과물이 원래 의도한 목표와 부합하는지 평가합니다. 두 번째로, "정말로 고객이 원하는 것인가?"라는 질문을 고려합니다. 이를 위해 다양한 형태의 피드백을 수집하고 분석하여 우리의 노력과 결과물이 고객의 실제 필요를 충족시키는지를 확인해야 합니다.

이러한 접근법은 소프트웨어 개발의 효율성과 제품의 가치를 극대화하는 방향으로 나아가는 핵심적인 원칙입니다. 우리가 개발하는 제품이 고객의 요구를 실제로 해결하고, 그 결과물로 고객이 원하는 가치를 제공하는 것이 우리의 목표입니다. 이를 위해 고객의 피드백과 우리 자신의 끊임없는 노력이 반영된 개발 접근법을 지속적으로 활용하고 발전시키는 것이 중요합니다.

2-2 | 과정 - 척후병 보내 보기: 정말 고객이 원하는 것인가?

이제 어떤 제품을 보내야 할지 합의가 되었다면 이제 진짜 고객이 이걸 원하는지를 확인해 봐야 합니다. 그래서 이 장의 이름이 '척후병'입니다. 앞서 미리 시장에 나가서 험한 꼴을 보라는 것이지요.

2-2-1 | 랜딩 페이지(landing page) 전략

랜딩 페이지(landing page) 전략이란 아주 간단한 최소 기능 제품(minimum viable product, MVP)으로서, 빈 페이지 하나만 올려놓는 것입니다. 이 페이지에는 간단하게 1. 이메일을 남기거나 2. 실제 결제가 일어나는 과정을 시뮬레이션을 할 수 있게 합니다.

대부분 창업자들은 먼저 자신이 생각한 것을 당장 빨리 만들어서 보여줘야만 고객이 당장 자신에게 돈을 꽂아줄 것이라고 착각을 합니다. 그러나 안타깝게도 고객은 당신의 제품에 전혀 관심이 없을 수 있습니다.

왜 그럴까요? 그 이유는 이렇습니다.

- ▶ 이 제품이 고객들이 돈을 쓸 만큼 가치가 있는지 아직 모릅니다.
- ▶ 이 제품의 아이디어가 어느 시장에서 매력적인지 모릅니다.
- ▶ 문제를 해결하는 다른 솔루션들에 비해서 이 제품이 더 나은 점이 있는지 모릅니다.

비즈니스 캔버스[61]에서 보면 우리가 사업을 디자인할 때, 우리가 해야 하는 일은 "문제를 정의해서 고객에게 그 해결책을 어떻게 전달할 것인가"입니다. 그런데 우리가 '문제'를 제대로 정의했습니까? 그리고 그 문제를 당장 제품을 만들어야만 알 수 있을까요?

예를 들어 유명한 사내 업무용 메신저인 Slack(https://slack.com)의 첫 번째 랜딩 페이지는 이러했습니다.

---

61. 비즈니스 모델 캔버스는 새로운 비즈니스 모델을 개발하고 기존 비즈니스 모델을 문서화하는 데 사용되는 전략적 관리 템플릿입니다. https://en.wikipedia.org/wiki/Business_Model_Canvas

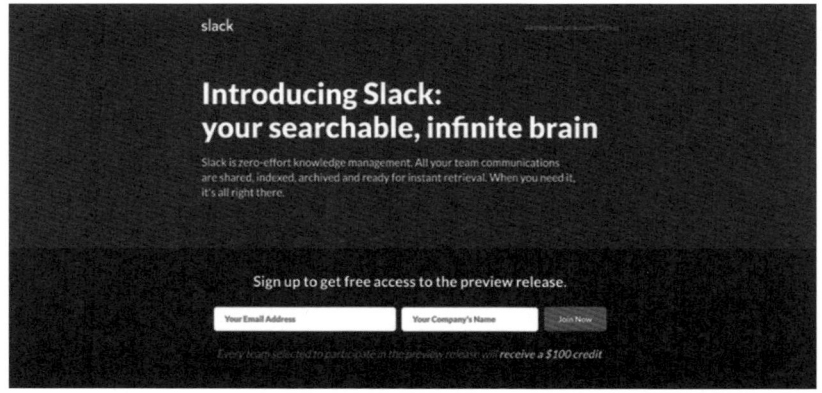

[그림2-4] Slack의 첫 번째 랜딩 페이지. 이메일과 이름만 넣으면 나중에 정보를 제공하고 이를 보상할 수 있는 크레딧을 주겠다고 했다. (출처: https://klientboost.com/landing-pages/landing-page-for-startup/)

Slack은 이런 식으로 이 제품이 시장에서 먹힐지 평가해 보고 사용자들을 미리 모았습니다. 그런데 만약 이런 접근을 하지 않았다면 과연 제대로 시장에 안착할 수 있을지를 알 수 있을까요? 매우 위험합니다. 저도 이런 랜딩 페이지를 통해 미리 시장의 수요를 확인한 뒤 접을지 진행할지를 결정한 경우가 꽤 많았습니다. 이런 시도 없이 그냥 진행했다면 엄청난 손해를 보았을 것입니다.

2-2-2 | 프로토타입(prototype) - 노코드/로우코드(No code/Low code) 도구

랜딩 페이지만으로도 불안할 수 있습니다. 랜딩 페이지가 열심히 새로운 고객들을 맞이하고 있는 동안에도 우리는 내부에서 무언가 할 수 있습니다. 예전에는 이런 단계에서 제일 많이 한 것이 목업(mock up)을 만드는 것이었습니다. 종이로도 만들고 혹은 피그마[62]와 같은 디자인 도구들을 이용했습니다. 그런데 요새는 아예 '코딩 자체를 안 하고' 그냥 서비스를 만들어 보고 돌리는 서비스들이 나왔습니다. 이런 걸 보통 노코드/로우코드(No code/Low code)라고 합니다. 노코드는 정말 코드 없이 서비스를 만들 수 있고 로우코드는 '최소한의 코드'로 간단한 서비스를 만들 수 있는 것을 말합니다.

---

62. 최근 제일 핫한 서비스로 디자인, 목업, 공유 등을 한 번에 해주는 서비스입니다. https://www.figma.com/

물론 아주 단순한 일들만 가능한 편입니다. 그러나 요새 대부분의 웹서비스들은 고객에게 간단한 데이터를 보여주거나, 결제를 처리해 주거나, API를 호출하는 정도의 일을 하고 있습니다. 그래서 요사이는 이런 일을 코드 작성 없이 손쉽게 할 수 있는 도구들이 많이 나오고 있습니다.

그래서 많은 회사가 디지털로 업무를 전환하는 데, 대규모의 개발자들을 투입하지 않고 이런 도구들을 통해 먼저 만들어 보는 곳들이 많습니다. 저 역시 미리 뭔가 서비스를 만들 때, 무턱대고 만들기보다는 이러한 도구들로 만들어보고 '이건 되겠다/안 되겠다'를 판단하기도 합니다.

대표적으로 버블아이오(Bubble.io)[63]나 리툴(Retool)[64]이 있습니다. 비슷한 개념으로 구글앱시트(google appsheet)[65]나 마이크로소프트 파워 플랫폼(microsoft power platform)[66]이 있습니다. 구글이나 마이크로소프트가 이런 제품을 내놓았다면 이미 시장이 핫해졌다는 뜻입니다. 그리고 이러한 도구로 대부분 문제를 해결하는 것이 가능해졌다는 뜻입니다. 대세입니다. 꼭 둘러보시기 바랍니다.

이런 노코드/로우코드(No code/Low code) 도구로 만들면 어떤 좋은 점이 있나요? 우선 만드는 중에 '이거 될 것이다, 아닐 것이다'를 판단할 수 있습니다. 이상한 제품이면 실제 만들 수도 없는 일들이 벌어지기 때문입니다. 두 번째로 조직 내부에서 제품을 보면서 서로 피드백을 주고받으며 쓸 만한 것인지 아닌지 평가를 받고 만들어 갈 수 있습니다. 세 번째로 실제 고객에게 선보여서 실제 고객이 어떻게 쓰는지를 보고, 고객이 제대로 자신들의 문제를 이 제품으로 해결하고 있는지 아닌지를 볼 수 있습니다.

이것으로 우리는 이런 물음에 답을 해봐야 합니다. "이것만으로도 충분히 고객들은 만족하고 있는가?", "고객이 이 상태에서 제일 어려워하는 게 뭔가?"

---

63. 웹서비스를 만들 수 있는 로우코드 도구입니다. 에어테이블(airtable) 등 외부 데이터들과 연결하는 것도 되고 결제, 소셜 로그인 등 다양한 기능들을 이미 만들어 놓아서 연결만 하면 됩니다. https://bubble.io/
64. 사용자를 위한 웹서비스보다는 이른바 사업을 운영하는 백오피스를 만드는 데 좋은 도구입니다. 대부분 RDB와 NoSQL DB에 붙어 데이터들을 정리해서 차트나 보고서를 만들어내는 데 최적화되어 있습니다. https://retool.com/
65. Google에서 모바일 웹으로 간단한 웹서비스를 만들 수 있게 해주는 도구입니다. https://about.appsheet.com/how-to-create-an-app/
66. MS에서 만든 로우코드 도구입니다. https://powerplatform.microsoft.com/en-us/power-apps/

"설마 이걸로 제대로 뭘 하는 회사가 있나요?"라고 물어보실 것입니다. 네, 국내에서는 '히로인스'라는 앱이 이렇게 만들어졌습니다.

[그림2-5] 히로인스 - 운동 커뮤니티 서비스입니다. (https://www.heroines.me/)

이 서비스는 '신현묵 임석영의 백발백중 방송'[67]을 통해 알게 되었습니다. 놀랍게도 Bubble.io로 만들었고 한참 개발자 없이 운영했습니다. 실제 앱을 만드는 건 이러했습니다. 먼저 Bubble.io로 모바일 웹을 만들었습니다. 그다음에 하이브리드 방식으로 모바일 앱으로 모바일 웹을 감싸는 방식으로 앱을 만들었습니다.[68]

물론 로우코드라고 해도, 약간의 '공학적 사고'를 할 수 있어야 하긴 합니다. 간단한 스크립트를 작성하고 이해할 수 있는 수준은 되어야 합니다. 그러나 실제 개발자가 개발하는 것보다는 간단합니다. 그러니 개발자가 없다고 손 놓지 말고 '한번 만들어' 보는 것을 권합니다. 요사이는 디자이너나 기획자가 로우코드나 노코드 툴을 익히면 정말 많은 기회를 잡을 수 있는 것을 많이 봤습니다. 혹시 이 글을 읽는 독자분들 중에 디자이너나 기획자 분들이 있다면 이런 노코드, 로우코드 도구들을 익혀보시길 추천해 드립니다.

2-3 | 고객 만나기

왜 이렇게 코드 없이 소프트웨어나 서비스를 만들라고 하는 것일까요? 바로 '고객을 서둘러 만나기' 위해서입니다. 그럼 고객은 누구입니까? 고객은 크게 내부 고객과 외부 고객으로 나눌 수 있습니다.

---

67. https://www.podbbang.com/channels/1774012/episodes/24492060
68. 이 이야기는 여기에서 읽어볼 수 있습니다. https://www.nocodekorea.org/t/bubble-ios-android/374

내부 고객은 서비스 개발을 담당하는 개발자, 디자이너, 기획자 등을 말합니다. 내부 고객은 서비스의 품질과 효율성에 영향을 미치는 중요한 역할을 합니다. 따라서 내부 고객의 요구사항을 파악하고 이를 반영하는 것이 중요합니다.

외부 고객은 서비스의 사용자를 말합니다. 외부 고객이 서비스에 만족해야만 서비스가 성공할 수 있습니다. 따라서 외부 고객의 요구사항을 파악하고 이를 충족시킬 수 있는 서비스를 개발하는 것이 중요합니다.

내부 고객과 외부 고객을 설명해 드리는 이유가 있습니다. 모든 제품에 대한 평가는 이 두 고객 모두에게 받아야 하기 때문입니다. 외부 고객만 만족을 해도 안 되고 내부 고객만 만족해도 안 됩니다. 외부 고객은 이해가 쉽지만 내부 고객은 이해할 수 없다고 할 수도 있습니다. 그러나 고객도 중요합니다. 이들이 '제품을 만들고 운영하기' 때문입니다. 스스로도 납득되지 않는 제품을 만들라고 한다면 제대로 된 제품이 나올 수 없습니다. 그래서 내부 고객의 만족이 매우 중요합니다.

고객을 이해하기 위해서는 개발단계마다 적어도 세 번은 만나기를 추천합니다. 이때, 최대한 고객이 뭔가 보고 이해할 수 있는 것을 제한된 시간 내에 만들어서 보여주어야 합니다. 앞서 만든 보도자료, 제품 정의서, 로우코드로 만든 것 등등 뭐든 좋습니다. 중요한 건 만나는 것입니다. 제가 이렇게 말하는 이유는 대부분 이 단계에서 엉덩이들이 참 무거운 분들이 많아서 그렇습니다. 맘 같아서는 매일 고객을 만날 수 있으면 제일 좋긴 합니다. 그러나 최소한 이 단계에서 세 번은 보라는 것입니다. 더 자주 만나실수록 나중에 '아, 그때 고객 사무실 문 걷어차길 잘 했어'라고 하실 것입니다. 고객을 대면해서 만나는 것이 좋습니다. 대면 면담을 통해 고객의 표정, 말투, 몸짓 등 비언어적인 의사소통을 통해 고객의 요구사항을 보다 정확히 파악할 수 있습니다.

고객을 이해하는 것은 코드 없이 서비스를 만드는 데 있어 가장 중요한 단계입니다. 고객을 이해하고, 고객의 요구사항을 충족시키는 서비스를 개발해야 성공적인 서비스를 만들 수 있을 것입니다.

3) 두 번째 단계 – 기술의 빚을 당겨서 고객을 빠르게 만나자

3-1 | 마음가짐: 대출받아 시간을 사자

첫 단계를 마치고 다음 단계로 나아가기 위해서 이제 다음 단계를 진행하려 합니다. 고객과 신속하게 소통하는 방법을 어떻게 찾을 수 있을까요? 그리고 기술적인 측면에서 고려해야 할 사항들을 살펴보겠습니다.

먼저 "기술부채(technical debt)"[69]라는 개념을 이해해야 합니다. 이는 간편하지만 제한된 해결책을 선택할 시, 나중에 재작업을 할 때 발생하는 암묵적인 비용을 의미합니다. 일반적으로는 부채를 늘리지 않는 것이 좋습니다. 그러나 우리는 집을 구입할 때 자금이 부족하면 은행에서 대출을 받아 빚을 내고 자산을 확보하며 그 자산을 더욱 활용하여 더 큰 이익을 추구합니다. 기술부채는 이와 비슷한 원리입니다.

따라서 이 단계에서는 이 기술적 부채를 상황에 맞게 활용하여 초기 버전을 만들어 보려 합니다. 이때 "이번에 만든 것은 재사용하지 않습니다!"라는 선언을 해야 합니다. 이렇게 해서 현재 단계에서 완전한 제품이 아니더라도 어떤 방향으로 나아가야 할지를 파악하고자 한다는 의도를 모든 팀 구성원들이 이해해야 합니다. 만약 이 단계에서 고객에게 가치를 전달하지 못한다면 성공의 기회를 잃게 될 수 있습니다. 이 단계에 만드는 것은 사실상 '제품'이 아닙니다. 이른바 개념 검증(proof of concepts, PoC) 단계입니다. 그러니 뭔가 단단한 것이 나오기를 기대하면 안 됩니다.

이 단계에서는 아직 완벽한 제품이 아니더라도, '최소한의 기능'을 가진 간단한 버전을 개발하여 고객에게 제공하고, 시장에서의 반응을 살펴봐야 합니다. 또한 투자할 비용을 결정할 때는 시장 반응을 고려하여, 사용자 수요에 맞는 비용을 투자하는 것이 중요합니다. 이를 통해 사용자의 수용력을 파악하고 사업적 성공 가능성을 효과적으로 평가해야 합니다. 또한 숫자와 데이터를 분석하여 결정을 내리는 것이 중요합니다. 이 최소한의 기능 제품(minimum viable product, MVP)이 고객과 부딪히며 만들어내는 데이터는 이후 다음 사업 방

---

69. https://en.wikipedia.org/wiki/Technical_debt

향을 정하는 데 확고한 결정의 근거로 쓰일 것입니다.

마지막으로, '마세라티 문제'에 대해 생각해 보기 바랍니다. 이 용어는 '살 돈도 없는데 어떤 마세라티 모델과 색상을 구매할지 고민한다.'라는 뜻입니다. 마세라티는 굉장히 비싼 차입니다. 즉 이런 차를 탈 만큼 성공한 다음에 고민해야 할 문제를 왜 아직 성공도 못 한 상태에서 고민하냐는 것입니다. 하루에 10명도 안 들어오는 사이트를 설계하는데 고가용성을 지원하기 위해서 제일 비싼 사양의 가상머신을 클라우드에서 구매하려 하고, 쿠버네티스로 유연하고 복잡한 아키텍처부터 만들 생각을 하나요? 지금은 가장 싼 가상머신 하나로도 됩니다.

3-2 | 과정

이 부분은 이제 '개발자'의 고민거리가 됩니다. 이 시점부터는 개발자의 지원이 중요합니다. 개발팀이 없다면 인력을 모집하거나 외주를 고려하는 대책이 필요합니다. 그러니 이에 대한 비용을 고민하십시오. 이 과정에서는 최소한 여러분과 함께 일할 기술리더급 한 사람 정도는 필요한 상황입니다.

첫 번째, 어떤 데이터를 어떤 구조로 정리할지 결정하는 것이 중요합니다. 비즈니스가 성장하고 사용자 경험이 증가할수록 기존 데이터 구조와 달라지는 일이 생기는 게 정상입니다. 기존에는 로우코드로 처리했던 데이터를 전용 데이터베이스에 적절한 구조로 정리해야 할 수도 있습니다. 또 기존 데이터를 새로운 구조로 이전하는 마이그레이션 과정을 고려해야 할 수도 있습니다.

두 번째, 아키텍처를 생각할 때 모노리식(monolithic)[70]아키텍처에 집중합시다. 복잡한 마이크로서비스(microservices architecture, MSA)는 절대 고려하지 않습니다. 이렇게 하는 이유는 '조금이라도 빨리 개발'하기 위해서입니다. Django[71]나

---

70. 모노리식(Monolithic)이란 '하나의 돌'이란 의미입니다. 보통 소프트웨어 아키텍처에서 '하나의 시스템에 모든 기능이 다 모여있는' 경우를 말합니다. 이와 달리 MSA(Microservice Architecture)란 각 기능별 서비스들이 각각 '나뉘어져' 있는 것을 말합니다. https://www.atlassian.com/microservices/microservices-architecture/microservices-vs-monolith
71. 파이썬(Python)으로 구현한 종합 웹 프레임워크입니다. 주목적이 빠르고 실용적으로 무언가 만들어 내는 것입니다. https://www.djangoproject.com/

Next.js[72] Prisma[73]와 같이 ORM, 백엔드, 프론트엔드를 '하나의 코드 기반'에서 처리할 수 있는 방향을 고려하면 좋습니다.

이러한 작업을 진행하는 과정에서 초기 버전의 데브옵스[74]를 구현해야 합니다. 지속적 통합 및 지속적 배포(continuous integration, continuous deployment, CI/CD)를 고려하며, 모니터링 역시 필수입니다. 개발자들 또한 고객들의 불편과 문제에 직접 대응하게 하는 것이 좋습니다. 필요한 경우 외부 도구를 최대한 활용하고, 이러한 단계에서도 적절한 로우코드 도구를 활용할 수 있습니다.

특히 특정 업무용 백오피스를 만들어야 할 수도 있습니다. 이를 위해서는 아직 로우코드로 별도 시스템을 구현할 수 있습니다. 예를 들어 온라인 트랜잭션 처리(online transaction process, OLTP)용 데이터베이스에 로우코드로 만든 운영 도구를 '직접' 연결할 수도 있습니다. 사실 보통은 운영 도구용 API를 만들어서 이것으로 소통해야 합니다. 하지만 지금 고객은 당신이 API로 보안을 확실하게 하느냐 아니냐가 중요하지 않습니다. 고객은 지금 서비스가 돌아가서 자신의 문제를 해결해 주느냐 마느냐를 더 중요하게 여깁니다.

3-3 | 고객 만나기

이때는 아직 비즈니스가 크게 알려지지 않은 시기일 것입니다. 이때에는 여러 어려움이 나타날 수 있으며, 모든 것이 순조롭게 진행되지 않을 수 있습니다. 이 단계에서는 치명적인 문제들에 신속하게 대응하는 것이 필요합니다. 결제, 환불, 가입 절차와 같은 중대한 문제들이 발생할 수 있으며, 이러한 문제들을 해결함으로써 고객들에게 믿음을 전해줄 수 있습니다.

또한 이 시기에는 서비스가 하루나 이틀간 원활하게 작동하지 않더라도 큰 비용 부담이 없을 수 있습니다. 이것은 아직 크게 유명하지 않은 상태이기 때문

---

72. 타입스크립트(TypeScript)로 구현한 웹 프레임워크입니다. React.js를 서버 측에서 렌더링하는 것에서 시작해서 백엔드 개발까지도 '어느 정도' 지원합니다. https://nextjs.org/
73. 타입스크립트(TypeScript)로 구현된 ORM(Object Relational Mapping) 시스템으로 데이터 구조만 지정하면, 여러 종류의 데이터베이스 시스템에 이 구조를 만들어, 질의하는 방식으로 한 가지로 통합해서 만들 수 있게 해주는 시스템입니다. https://www.prisma.io/typescript
74. development + operation을 합쳐서 DevOps라고 합니다. 이는 개발자와 서비스 운영을 분리하지 않고 한 팀에서 처리하는 원칙을 말합니다.

이며 이는 우리에게 주어진 '기회'입니다. 설사 서비스가 안 돌아간다고 해도 9시 뉴스에 보도되지 않는 상태입니다. 당황하지 말고 문제를 해결하면 됩니다.

이때, 원래 해결하려는 고객의 문제가 실제로 해결되는지, 그리고 그 문제의 가치가 예상한 만큼 있는지, 그리고 이로 인해 발생하는 수익이 확인되는지를 신중히 고려해야 합니다. 또한 만나는 고객이 실제로 제품이나 서비스를 구매할 의사가 있는지를 의심해야 합니다. 우리가 정의한 문제가 실제로 구매 결정에 영향을 미칠 수 있는 진정한 고객의 불편이어야 하는데, 그렇지 않은 사람들의 문제를 중요한 줄 알고 해결하겠다고 나선 것일 수도 있습니다. 만나주시는 분들의 관심에는 감사드리지만, 그들이 실제로 우리의 제품이나 서비스를 구매할 수 있는 가능성을 확인해야 합니다. 문제와 고객의 상황이 제대로 부합하는지를 항상 의심하고 접근해야 합니다.

4) 세 번째 단계 – 탄탄하게 만들기

4-1 | 마음가짐: 이제 좀 오래갈 물건을 만들자

이제는 재사용이 가능하고 견고한 제품을 개발하는 데 집중하고자 합니다. 이런 수준까지 도달하게 되면 사업의 방향성이 명확하게 정립된 상태로, 이미 개발 작업이 진행 중이며, 제품을 통해 어떤 가치를 고객들에게 제공해야 하는지에 대한 이해가 더욱 명확해지게 될 것입니다. 이에 더해, 이러한 기반 위에서 미래의 추가적인 확장 가능성을 고려하게 되며, 지속적인 유지보수 노력 역시 필요하게 될 것입니다. 이 단계는 전반적으로 '고비용' 구조로 진입하는 시기를 의미합니다.

이 단계에 진입하면 소프트웨어 개발에 소요되는 비용이 늘어나므로, '이 비용을 투자해야 한다'는 결단력과 의지가 반드시 필요합니다. 비용을 들이지 않아도 사업이 성장할 수 있는 가능성이 있다고 판단된다면, 굳이 큰 투자 없이도 가능한 상황일 수 있습니다. 그러나 작은 공장에서 자동화된 공장으로의 전환은 '판로가 있어서 더 많이 팔 수 있으므로 생산만 늘리면 된다'는 자신감을 가지고 있다는 뜻입니다. 이 단계가 정말로 필요한지 아니면 아직까지는 선택사항인지를 정확하게 판단해야 합니다.

4-2 | 과정

이제 소프트웨어를 지속적으로 성장시키기 위해 필요한 준비를 해야 합니다. 첫째로, 유지보수 가능한 아키텍처를 구축하는 것이 중요합니다. 이렇게 함으로써 문제 발견을 용이하게 하고, 문제가 발생했을 때 신속하게 대응할 수 있습니다. 또한 모듈식 모노리식(moduler monolithic)[75] 혹은 MSA(microservices architecture)와 같이 구분된 아키텍처를 초기 설계 시점에 고려해야 합니다. 이것은 미래의 소프트웨어 성장을 고려한 결정으로서 중요합니다.

둘째로, 모든 데이터를 효율적으로 수집하고 보관하는 데이터 레이크(data lake)를 구축하는 것이 필요합니다. 이제는 고객의 행동과 서비스 내 데이터에 대한 분석을 본격적으로 실시할 시기입니다. 우리가 가설로 설정한 고객 그룹과 문제점이 정확한지, 어떤 지점에서 고객이 서비스를 떠나는지 등을 분석하게 될 것입니다. 이렇게 분석한 결과를 토대로 다음 비즈니스의 방향을 재조정해야 합니다.

이렇듯, 소프트웨어의 성장을 위해 미리 준비하고 계획하는 단계가 매우 중요합니다. 적절한 아키텍처와 데이터 관리를 통해 우리의 비즈니스가 미래에도 지속적으로 성장할 수 있도록 노력해야 합니다.

4-3 | 고객 만나기

기존에도 고객들과 대면으로 만나 의견을 듣는 시도를 해왔지만, 이번에는 고객들의 실제 서비스 내에서의 행동을 데이터로 분석하여 봐야 합니다. 이를 위해 CDP(customer data platform)[76]를 검토하거나 내부 고객의 행동을 분석하는 전략을 마련해야 합니다. 그럼에도 불구하고, 정기적으로 소수의 고객들과 1:1로 대화하여 그들의 목소리를 직접 듣는 시간을 확보하는 것이 중요합니다.

---

75. 모든 시스템이 하나에 뭉쳐져 있지만, 실제 코드 구조는 기능별로 구분된 상태를 말합니다. MSA로 바로 가기 전에 이 단계를 거치는 것이 중요합니다. 왜냐하면 실제 비즈니스 형태별로 시스템을 구분해야 하는데 불명확할 수 있기 때문입니다. 이 부분에서 잘 나누어진다면 MSA로 가는 것이 수월합니다. 자세한 내용은 아래 책을 참고 바랍니다.
샘 뉴먼 저 / 박재호 역, 『마이크로서비스 도입, 이렇게 한다』| 책만
76. 고객 데이터 플랫폼(CDP)은 여러 소스로부터 수집된 고객 데이터를 통합하여, 우리 서비스에서 활동하는 고객들을 구분할 수 있는 시스템입니다. https://dynamics.microsoft.com/ko-kr/ai/customer-insights/what-is-a-cdp/

그리고 받은 피드백을 기반으로 다음 사업 전략을 수립하는 것이 필요합니다. 고객의 행동은 우리의 예측과 다를 수 있습니다. 만약 예상과 차이가 있다면, 그 이유를 파악해야 합니다. 고객의 행동이 다르다면, 우리의 가설이나 데이터 수집 방법에 문제가 있을 수 있습니다. 또한, 다음 사업 전략을 고민하지 않고 놓아뒀다가 시장과 고객의 변화를 간과하지 않도록 주의해야 합니다. 변화하는 환경에 적응하지 않으면 사업 전략의 부재로 인해 문제가 발생할 수 있습니다.

> ### 서울 올림픽 전산 시스템 GIONS(games information online network system) 개발 사례
>
> 1988년 서울 올림픽 당시의 사례를 통해 살펴보면, 전산 시스템 구축에 대한 과정과 교훈을 얻을 수 있습니다.
>
> 1988년 서울 올림픽을 준비할 당시 우리나라는 제대로 된 전산 시스템을 보유하고 있지 않았습니다. 다양한 국가의 참여와 많은 경기가 예정되어 있어 수많은 소프트웨어 명령어를 처리해야 했지만, 이에 대한 경험이 없어 해외 기술 도입을 고려한 적도 있었습니다. 하지만 KIST의 성기수 박사[77]는 자체 개발을 택하고, 노태우 올림픽조직위원장에게 국내에서 기회를 얻고자 했습니다.
>
> 노태우 조직위원장은 1983년 인천 전국체전에서 우수한 능력을 보이면 고려하겠다 했고, 성기수 박사는 이를 받아들였습니다. 이를 토대로 3개월 동안 인천 여관을 장소로 삼아 젊은 연구원들과 철야로 작업을 진행했습니다. (왜 한국에서 '전설적인' 프로젝트의 처음은 늘 밤샘 이야기가 나오는지 모르겠습니다. 참고로 이때가 1980년대입니다.) 이 과정에서 종목마다 소프트웨어를 개발하고 경기장 데이터를 KIST로 연결하는 시스템을 구축했습니다. 또한, 세부 시스템인 대회관리시스템, 경기용 도구/물자/숙박시설/경기장 관리 시스템, 종합정보망 시스템을 개발하여 경기 운영과 관련된 각종 부분을 담당하게 했습니다.

---

77. 헬로DD에 성기수 박사님의 인터뷰가 실려있습니다.
    김지영 기자, 88올림픽 과학기술 "KIST 손에서 탄생했죠", HelloDD(2015-12-17) https://www.hellodd.com/news/articleView.html?idxno=56112

올림픽까지 충분한 시간을 가지고 KIST가 전산화 시스템을 개발하는 데 노력했고, 1986년 아시안게임과 전국체전을 통해 시스템을 지속적으로 업그레이드하면서 성공적으로 올림픽에 적용했습니다.

GIONS(Games Information Online Network System)[78]라고 이름 지어진 이 시스템은 분산 시스템으로 24개의 경기장에 독립적인 시스템을 구축하고 연결하여 시스템 안정성을 확보했습니다. 또한 터치패드를 사용해 기록을 자동으로 입력하고 순위를 표시하는 소프트웨어를 개발하여 정확한 경기 운영을 지원했습니다. 더불어 광케이블을 통해 전 세계 언론사가 컴퓨터를 사용해 기사를 작성하고 전송할 수 있도록 환경을 조성했습니다.

1988년 서울 올림픽 성공 이후에는 수출 요청이 많이 들어왔으나 전기통신공사의 해외협력 부재로 수출이 제대로 이뤄지지 않았습니다. 또한 대형 프로젝트 부재와 인력 이동으로 유지보수의 어려움이 발생했습니다. 이로 인해 한국 소프트웨어의 능력을 제대로 보여준 프로젝트가 사라졌습니다.

[그림2-6] 성기수 박사 (출처: https://www.hellodd.com/news/articleView.html?idxno=56112)

이 사례를 통해 우리는 중요한 교훈을 얻을 수 있습니다. 바로 한 번에 모든 것

---

78. 황진형, 한국 IT역사(2014. 10. 15.): 88 서울 올림픽 전산시스템 자이온스, 디스이즈게임
 https://m.thisisgame.com/webzine/webzine/nboard/213/?series=110&n=56467
 https://m.thisisgame.com/webzine/series/nboard/213/?series=110&n=56759
 https://m.thisisgame.com/webzine/series/nboard/213/?series=110&n=57130

> 을 완벽하게 구축하는 것은 어렵다는 것입니다. GIONS 시스템 또한 단계적으로 구축되었으며, 이를 위해 많은 노력과 개선이 이루어졌음을 기억해야 합니다. 그러니 '역사가 말해주듯' 점진적인 개선을 통해 제품을 개발한다는 것을 잊지 말고 머리와 마음에 새겨 두시기 바랍니다.

5) 네 번째 단계 – 다시 방향 잡기

5-1 | 마음가짐

이 시기의 목적은 주로 지난 기간 동안 발생했던 문제들을 해결하고 프로젝트를 안정화하는 것입니다. 이를 위해 다음과 같은 절차들을 따를 필요가 있습니다.

먼저, 미처 해결되지 않은 리스크들을 주요하게 다루어야 합니다. 프로젝트 진행 도중에 생겼던 문제들을 분석하고 이에 대한 해결책을 찾아야 합니다. 이는 프로젝트 내에 남은 기간 동안 처리할 버그나 오류들을 정리하며 시작됩니다. 치명적인 버그들에 대해서는 우선적으로 디버깅을 수행하고, '알려진 문제'들을 명확하게 정리한 뒤 이를 지속적으로 해결해 나가야 합니다.

뿐만 아니라, 업무 프로세스와 조직구조에 대한 재정비가 필요할 수 있습니다. 프로젝트가 진행되면서 드러난 문제점들을 바탕으로 프로세스나 조직의 문제를 해결하고 개선해야 합니다. 이 과정에서 구성원들의 역할과 배치에 대한 검토도 이루어져야 합니다.

이 시기에 소요되는 시간은 일종의 '버퍼(Buffer)' 역할을 합니다. 이는 고객에게 제품이나 서비스를 제공하는 도중에 발생하는 예상치 못한 문제들을 수습할 수 있는 여유 시간을 의미합니다. 이러한 시간이 없으면, 심각한 문제가 발생하더라도 대응할 방법이 없습니다. 물론 이러한 시간을 가지더라도 문제가 생길 수 있지만, 시간이 없을 때보다는 대처할 여지가 있습니다. 이런 상황에서 가장 중요한 것은, 문제가 발생할 때 신속하게 대응할 수 있는 구조와 체계를 마련하는 것입니다. 더불어, 프로젝트 구성원들은 이미 나눠서 하는 지속적인 개발에 익숙해지고 있을 것입니다.

5-2 | 과정

앞에서 이야기했듯이, 이제는 만들어 놓은 시스템에서 계속 달려 나가면 됩니다. 어떤 것도 하면 됩니다. 그런데 꼭 잊지 말아야 하는 것이 있습니다. "비즈니스의 가치가 소프트웨어로 지속적으로 구현되어 갈 수 있느냐 없느냐"입니다. 이것이 소프트웨어로 비즈니스를 하는 회사의 성장 열쇠입니다. 이를 지속하는지 못 하는지를 관찰해야 합니다. 이를 하지 못하게 만드는 모든 것들을 없애며 지속적인 가치를 만들어가는지 봐야 합니다. 계속 꾸준히 변화함을 유지하면서 가는 게 중요합니다.

5-3 | 고객 만나기

이때가 되면, 이미 우리에게 충성인 고객도 있을 수 있고 신규 고객들 역시 계속 확보할 수 있을 것입니다. 이때 어떤 것을 하면 좋을지 자세히 다음 장에 적도록 하겠습니다.

진화된 외주 개발사들 이야기

외주 개발을 해야 하는데 어떻게 관리해야 하느냐를 물어오는 분들이 있습니다. 저는 보통 이렇게 이야기합니다. 첫째, 개발자 한 명 혹은 관리자 한 명을 온전하게 그 외주 관리하는 데 쓸 수 있어야 합니다. 둘째, 그들의 개발 진행 과정에 온전하게 고객이 참여해서 일할 수 있는 관계인지 생각해 보라고 합니다. 어떤 데는 여기저기서 일을 받은 뒤 한 개발자에게 던져버려서 고객사가 온다고 하면 놀라고 싫어하며 오지 말라고 합니다. 그러고 나서 엉뚱한 제품을 만들고 청구서를 들이미는 경우도 있습니다. 안타까운 건 대부분 이런 방식을 이야기하면 자기들은 이렇게 할 수 없다고 합니다. 저는 그럼 '하지 말라'라고 이야기합니다.

그런데 최근에 이런 외주사 중에 '진화된' 회사들이 나왔습니다. 대표적인 회사로 '인섬니아(https://insomenia.com/)'라는 회사가 있습니다. 이 회사는 이렇게 외주 일을 하고 있습니다.

> 3개월 정도의 프로젝트를 2주 정도의 스프린트 주기로 나눠 개발을 진행합니다.
> 착수를 하게 되면, 가장 우선순위가 높은 기능 위주로 2주간 할 일만 정의합니다.

> 그리고 그걸 구현해서 다음 2주에 고객사와 만나 피드백을 받습니다.

> 그다음 또 다음 2주를 개발해서 가져옵니다.

이 회사의 고객들 대부분은 정부 프로젝트를 수주했으나 실제 구현할 인력이 제대로 없는 경우이거나, 극초기 단계의 스타트업입니다. 그러다 보니 요구사항 정리가 제대로 되지 않습니다. 이런 걸 전문적으로 할 사람도 없고요. 그래서 2주간의 스프린트를 통해서 점진적으로 개발을 해 나가는 것입니다. 그럼 돈을 어떻게 계산할까요? 바로 '들어간 시간에 대해 돈을 청구'합니다. 이게 중요합니다.

즉, '이미 돈을 냈으니 원하는 걸 내놓을 때까지 계속 일을 시키겠다'는 보통의 외주와 달리, '2주의 시간이 제한되어 있으니 당신이 원하는 것을 명확하게 해서 우리와 같이 일하지 않으면 당신의 돈이 더 나간다. 그러니 당신이 원하는 것을 정확하게 정의해라'라는 제한 조건입니다. 저는 이러한 방식이 매우 합리적으로 보았습니다.

그리고 이미 자체 노코드 도구를 통해서, 일반적인 서비스의 기능들을 컴포넌트 단위로 규격화해 놨습니다. 그리고 이른바 '견적표'를 만들어서 필요한 기능을 정하면 '얼마쯤 듭니다'라는 가격견적이 뜨게 해 놨습니다.(https://fingr.io/estimates를 들어가 보시면 됩니다.)

저 역시 너무 위험한 수준의 서비스를 만들 때, 이와 비슷한 전략을 씁니다. 고객도 모르겠고 개발자들도 감이 안 잡히는 제품이나 기능이라면 3일짜리 스프린트도 돌려본 적이 있습니다. 뭐라도 만들다 보면 실체가 나오지요. 그래서 소프트웨어 개발은 불확실성을 가지고 싸우는 일입니다.

2-6 » 했을 때 반드시 효과가 있는 방법-고객 참여

만약에 여러분의 조직이 성숙하든 성숙하지 않든, 불확정성을 제거하고 제대로 된 제품을 만들 수 있는 비결이 있다면 따르겠습니까? 네, 따르겠다고 했을 거라 믿습니다.

『함께 자라기』[79] 책에 '애자일 도입 성공 요인 분석'이라는 장이 있습니다. 한

---

79. 김창준 저, 『함께 자라기』 | 인사이트

마디로 '애자일을 도입해서 도움이 되었다는 조직은 무엇을 하길래 도움이 되었다고 하는 것인가?'라는 내용을 담고 있습니다.

제가 이 내용을 흥미롭게 느낀 건, 우리나라의 기업조직을 대상으로 한 연구 결과였기 때문입니다. 보통 이런 연구 자료들이 미국이나 다른 선진국들이라고 하면, '당신이 인용하는 연구 결과는 선진국의 연구 결과니까 우리와는 상관없어요, 한국은 다르니까요.' 라는 답을 많이 받기 때문입니다. 그런데 바로 우리나라의 조사 결과이기 때문에 흥미로웠던 것입니다.

자세한 설문조사와 방법은 원문을 참조 바랍니다. 여기서 제가 굉장히 흥미롭게 봤던 부분이 있었습니다. '애자일 실천법[80] 중에서 도입해서 성과에 도움을 준 것들을 모두 고르세요'라는 질문이었습니다. 이 결과를 보면, 애자일 실천법 숫자가 많을수록 프로젝트의 성공도가 높았고, 성숙도와도 상관성이 강했습니다.

이것을 가지고, 김창준 님은 성공도를 종속변수로 두고 각 실천법을 독립변수로 해서 중회귀분석을 하셨다고 합니다. 즉, 각 실천법별로 성공도와 얼마나 관계가 있느냐를 분석한 것이었습니다. 그 상관관계는 이와 같이 나왔습니다.

애자일 실천법	성공도와 상관관계
고객 참여[81]	0.77
리팩토링	0.42
코딩 후 자동화 테스트 붙이기	0.38
코드 공유[82]	0.37

---

80. Agile practice라고도 합니다. 애자일 선언의 정신에 따라, 사용할 수 있는 방법들을 말합니다. 공동목표 정하기, 백로그 만들기 등 굉장히 많은 것들이 있습니다. 이 외에도 어떤 게 있는지 이 링크에서 쉽게 설명하고 있습니다. https://congruentagile.com/2019/10/28/agile-practices/

81. 고객 참여(customer collaboration)란 실제 모든 과정에서 고객이 같이 개발자들과 의사소통하는 것을 말합니다. 여기서 고객은 프로젝트 발주자만 이야기하는 게 아니라 고객을 대표하는 사람도 포함하는 것입니다. 처음 기획을 할 때부터, 중간 산출물들이 나올 때마다, 고객에게 보여주고 피드백 받는 모든 활동을 말합니다.

82. 코드 공유(collective code ownership)는 공동 코드 소유권은 모듈의 개별 소유권 개념을 포기한다는 뜻입니다. 즉 코드 베이스는 팀 전체가 소유하며 누구나 어디서든 변경할 수 있습니다. 코드 소유권이 없다고 생각할 수도 있지만, 개인이 아닌 팀에 의한 소유권 개념을 강조하는 것을 선호한다는 뜻입니다. 이 뜻은 '이 코드는 이렇게 바뀌는 게 좋겠다'라는 것이 합의되면 누구든 새로운 함수명이나 구조를 제안하고 작업할 수 있다는 뜻입니다.
참고: https://martinfowler.com/bliki/CodeOwnership.html

이 뜻은 바로 '고객 참여'가 제일 중요하다는 것입니다. 보통 사람들이 생각하는 것처럼 칸반을 쓰거나, 테스트 기반 개발을 하는 것이 핵심이 아니었습니다.

이 분석대로라면 '고객을 조금이라도 일찍 불러다가 개발의 과정에 참여시키는 조직이 성공할 확률이 높다'는 것을 증명해 낸 셈입니다. 그리고 조직의 성숙도를 떠나서 통계적으로 가장 유의미한 실천법으로 '고객 참여'를 꼽았습니다. 가장 먼저 그리고 꼭 해야만 하는 일이라는 것입니다.

그런데 책에 의미심장한 한 문장이 보였습니다.

> "많은 조직들이 고객 참여와 코드 공유를 뒤로 미룹니다"

게다가 그다음 내용이 더 무서웠습니다. '초보 팀일수록 어렵고 두렵지만 중요한 것을 프로젝트가 접히기 직전까지 미룬다. 저항이 적은 일만 하면서 우리끼리는 재미있게 했다고 한다.' 요새말로 졌잘싸(졌지만 잘 싸웠다) 하는 거죠. 반면에 전문가팀은 무섭고 두렵더라도 중요한 일이라면 그 일을 안 했을 때의 리스크를 인식하고 꾸준히 시도한다는 것입니다. '두려워도 중요하다면 시도해 봐야 하지 않느냐', 이 문장이 참 가슴이 아팠습니다.

이 결과를 보고 이러한 생각을 더 하게 되었습니다. 첫째, 그 고객이 자신이 모른다는 사실을 부정하고 참여를 거부하는 고객이라면 어떻게 해야 하는가? 둘째, 고객과 개발 조직의 만남을 중간관리 조직이 최대한 막고 자신들을 통하지 않으면 아무것도 되지 않게 한다면? 실제 제가 일을 하는데 고객 참여를 하지 못하게 만든 요인들이 바로 이 두 가지였습니다.

이러다 보니 고객 참여 하나만 봐도, 우리 팀에서 혼자 소박하게 그냥 할 수 있는 게 아니라는 것이지요. 즉 무언가 조직의 문제를 해결하는 데 '작게 시작하는' 것이 반드시 답이 아닐 수 있습니다. 산출물은 적게 시작해서 가도 되지만, 조직과 엉켜 있는 문제를 해결하는 데는 이른바 '제약이론'[83]에 근거해서

---

83. 제약이론은 "사슬은 가장 약한 고리보다 강하지 않다"는 말로 쉽게 설명할 수 있습니다. 즉, 가장 약한 사람이나 부분이 언제든지 조직과 프로세스를 손상시키거나 부러뜨릴 수 있고, 최소한 결과에 악영향을 미칠 수 있다는 뜻입니다. https://en.wikipedia.org/wiki/Theory_of_constraints

'전체 최적화'를 해야만 제대로 돌아간다는 뜻입니다.

여러분은 어떤 고객이십니까? 그리고 여러분의 제품이 선보일 때까지 여러분은 어떻게 그 과정에 참여하시고 계십니까?

CTO에게 정보를 공유하지 않는 이상한 영업, 그리고 이 문제를 방치하는 CEO

고객의 참여를 막는 것은 조직의 문제도 있지만, 영업조직이 고객과 개발 조직 사이에서 의사소통을 방해하는 경우들이 있습니다. 영업조직들이 고객에게 50을 해준다고 하고 개발 조직에는 80이나 100을 요구하는 경우도 있고 '아직 사업모델이 안 잡혀서 고객에게 이야기 중이다'라고 하면서 정보를 차단하다가 갑자기 수습하라고 도망을 가는 경우도 있습니다. 아래 이야기는 실제 제 주위에서 있던 제일 어처구니없던 일입니다.

멋진 사업모델을 가지고 있던 어느 소프트웨어 회사에 어느 훌륭한 분이 CTO로 영입을 제안받았습니다. 당시에 가장 유망한 기술을 다루는 회사이고 충분히 해볼 수 있다는 자신감이 있었습니다. 그래서 함께 일을 하겠다 하고 기존 팀들을 재정비하고 다음 기술 로드맵을 정리하고 있었습니다.

당시 회사에는 4명 정도의 영업 담당이 있었고, 영업 대표가 이들을 관리하고 있었습니다. 이들은 한창 솔루션을 팔 고객들을 만나고 프로젝트를 제안하는 게 일이었습니다. 그러던 어느 날, 엔지니어 하나가 전화를 받아보라며 이 CTO에게 왔습니다.

그 전화는 공공기관 ABC에서 온 것이었습니다. "왜 저희와 미팅을 안 잡으시나요?" 이 CTO께서는 매우 당황하셨습니다. 그래서 무슨 일인지 물어봤습니다.

요약하면 이렇습니다. 영업 대표가 몇 달 전 이 공공기관과 함께하겠다고 국가 프로젝트를 땄습니다. 그리고 나서 이 일을 잘 진행하겠다 한 다음에 고객에게 몇 개월 동안 연락을 안 한 것입니다. 프로젝트팀을 같이 구성도 하지 않고 시간만 지나가고 있었습니다. 이제 프로젝트 마감은 두 달 뒤인데 몇 달째 이 영업 대표는 공공기관의 연락을 받지도 않거나 받더라도 "네, 네~ 알겠습니다. 회사에 전달하겠습니다."라고 말만 할 뿐이었습니다. 고객은 아무래도 이상하다 싶어서 회사로 연락해서 개발팀을 바꿔 달라고 해서 이렇게 전화가 왔습니다.

이분은 대표에게 이야기해서 이러한 영업 대표의 이야기를 알리고 항의했습니다. 그리고 이 일을 감당할 수 없다고 했습니다. 그러나 대표는 그래도 좀 봐 달라, 어렵지만 해달라 하면서 이 프로젝트에 엔지니어들을 붙이려고 했습니다. 그러나 위에서 이야기했듯 시간이 없습니다. 며칠 안 남았습니다. 엔지니어들도, "이 일정 안에 못 합니다!"라고 항의를 했습니다. 이분이 봐도 이건 말도 안 되는 프로젝트였습니다.

이분은 대표에게 이런 사고를 저지른 영업 대표를 자르라고 했습니다. 그러나 대표는 유능한 영업이라고 자를 수 없다고 했습니다. 그리고 대표는 계속해서 이 프로젝트를 맡아서 하라 지시를 했습니다. 참다못한 이분은 결국 사직서를 던졌습니다. 그나저나 그 영업은 어찌 되었을까요?

조직에서 정보를 독점한다는 것은 '권력을 독점'하는 일이 되지요. 이 영업 대표는 그런 권력을 누리고 싶었던 것일까요? 한 가지 확실한 것은, '고객 참여'를 초기에 방해했기에 이 영업 대표는 이 프로젝트를 실패시키기 위해 노력한 것과 같다는 것입니다.

저 영업 대표는 왜 저렇게 행동했을까요? 혹시 내부에 어떤 조직 논리나 이익이 있기에 정작 회사를 망가뜨리면서까지 정보를 차단한 것일지요. 한 가지 확실한 것은 과거에도 이러한 일들을 했을 확률이 높고, 이것 때문에 제대로 된 영업 성과를 내지도 못했을 것이라는 것입니다. 왜 회사에서는 이런 사람을 채용했을까요?

2-7 » 요약

소프트웨어 개발은 불확실성과의 지속적인 싸움입니다. 이 불확실성을 효과적으로 다루고 현실적인 결과물을 만들기 위해 김창준 님이 만드신 EoA(Essence of Agile)라는 관점을 소개했습니다. EoA는 소프트웨어 개발을 더 유연하고 반응적으로 만들어주는 핵심 원칙들을 담고 있습니다.

프로덕트 로드맵과 릴리즈 플랜을 통해 소프트웨어 개발에 대한 큰 그림을 그려보는 것이 중요합니다. 이러한 계획을 통해 어떤 기능을 언제 개발할지, 어떤 순서로 출시할지에 대한 전략을 세울 수 있습니다.

무엇을 개발할지 합의하기 위해서는 하일 마이어 질문과 거꾸로 일하기 방법이 유용합니다. 하일 마이어 질문은 프로젝트의 목표와 가치를 명확하게 이해하고 공유하는 데 도움을 주며, 거꾸로 일하기는 최종 결과물을 상상하고 그것을 실현하기 위한 단계를 역으로 따라가는 방법을 제시합니다.

아주 초기 단계에서는 프로덕트 로드맵을 통해 어떻게 첫 제품을 만들 것인지를 계획해야 합니다. 이 단계에서는 코드 없이 시작하고, 마음가짐으로는 코드가 빚이라는 인식을 가지며 고객이 실제로 원하는 것인지를 확인하기 위해 척후병을 보내는 것이 중요합니다. 또한 랜딩 페이지 전략과 노코드/로우코드 도구를 활용하여 빠르게 프로토타입을 만들 수 있습니다.

두 번째 단계에서는 기술적인 부분을 강화하고 고객과 실질적으로 만나는 단계입니다. 이때는 기술의 빚을 대출받아 시간을 확보하고 고객과 소통하며 제품을 개선합니다.

세 번째 단계에서는 제품을 더 탄탄하게 만들어야 합니다. 이때는 오래가는 제품을 개발한다는 마음가짐으로 기술적인 부분과 사용자 경험을 최적화합니다.

마지막 단계에서는 다시 방향을 조정하고 고객의 피드백을 반영합니다. 이 과정을 반복하며 고객 참여를 최대한 활용하여 소프트웨어 개발을 지속적으로 개선하는 방법을 채택합니다.

소프트웨어 개발에서 불확실성을 극복하고 성공적인 제품을 만들기 위해 EoA 원칙을 적용하며, 프로덕트 로드맵과 릴리즈 플랜을 효과적으로 활용하고, 고객 참여를 핵심으로 모든 개발 단계에서 지속적인 혁신과 개선을 추구할 것을 권해드립니다.

3-1 들어가며
3-2 없는 것을 만들었다고 하지 마세요
3-3 그럼에도 불구하고 만들지 않은 것을 팔아야 할 때
3-4 고객에게 피드백을 어떻게 받아야 하나요?
3-5 테크스펙 - 새로운 기능을 만들 때 같이 쓰고 일하자
3-6 관리할 수 없는 모든 것을 다 해준다고 하면 무슨 일이 벌어질까?
3-7 왜 개발자는 맨날 모자라지?
3-8 외주 개발사를 쓰려면, 반드시 이를 최고 관리자 수준에서 관리해야 한다
3-9 핵심 개발자를 '반드시' 제거하라
3-10 파괴적인 아이디어나 기술이 시장을 와해시키는 조건
3-11 공공기관은 어떻게 디지털 서비스를 만들어야 하나?
3-12 요약

제3장

소프트웨어로 만들 때, 운영할 때, 그리고 사업할 때 주의 사항

Chapter 3 > 소프트웨어로 만들 때, 운영할 때, 그리고 사업할 때 주의 사항

3-1 » 들어가며

지난 20여 년 동안 일하면서 정말 놀라운 사업가들을 보곤 했습니다. 바로 "없는 것을 팔려고 하는 사람들"이 있다는 사실입니다. 다른 산업군은 모르겠으나 소프트웨어 업계에는 유난히도 많았습니다. 이러한 방식은 종종 기업의 스텝을 꼬이게 만들고 사업이 실패하는 결과를 가져옵니다. 그리고 성실하게 일만 한 사람들만 바보가 됩니다.

소프트웨어 개발은 불확실성과의 전투입니다. 불확실한 상황에서 없는 것을 팔면 안 되는 것은 기본적인 원칙입니다. 당연하게도 확실하지 않은 일이기 때문입니다. 그러나 당장의 이유가 있어야 사업을 굴리기에 무리한 일을 하거나 내부에 충분한 자신감이 있다고 생각해서 위험을 감수하기도 합니다. 위험을 감수했기에 정말 위험한 일이 생겨버리면 큰일 나는 것입니다.

그래서 이번 장에서는 이러한 문제들을 해결하기 위한 접근법을 고민해 보고자 합니다. 가장 핵심적인 원칙은 '불확실성에 대응할 수 있도록 사업을 추진하라'입니다. 이를 위해서는 무엇이든 시도해 보아야 합니다. 심지어는 여기서 제시하는 방법들을 사용하지 않더라도 괜찮습니다. 중요한 것은 불확실성을 다루는 방법을 찾는 것입니다.

3-2 » 없는 것을 만들었다고 하지 마세요

1) "어쩔 수 없잖아요"

[그림 3-1] "어쩔 수 없지요"라는 말을 들을 때마다, 이런 기분입니다.

개발자인지라, 그것도 이젠 업계에서 경력이 되다 보니 별별 엽기천국(?) 같은 이야기들을 전해 듣는 일도 많습니다. 오늘 소개해 드릴 일들은 OECD 최고의 사기범죄 공화국[84]의 이름을 저버리지 않을 이야기입니다. 참고로 두세 곳의 사연을 섞어서 쓴 거니 오해하지 마시기 바랍니다.

회사 A는 이제 막 시작한 회사입니다. 다행히 큰 모회사를 보유하고 있습니다. 그러나 무언가 일거리가 있어서 만들게 된 것이 아니라 모회사의 오너께

---

84. [MT리포트] 한국은 어쩌다 사기범죄 1위 국가가 됐나 https://news.mt.co.kr/mtview.php?no=2019010316133242472&outlink=1&ref=%3A%2F%2F

서 '우리도 첨단인 OOO 분야를 개척해야 할 것 같아서' A를 설립하라고 지시하셔서 만든 것입니다. 창립 후 회사는 사실상 독립채산제라 월급 등의 비용이 매월 나가게 됩니다. 그래서 A사는 생존을 위해 일거리를 찾고 있습니다. 가장 좋은 선택은 이른바 '정부 프로젝트'나 '대기업 프로젝트 입찰'입니다. 이를 위해 입찰서를 작성하게 되는데, 고객사에서 언급하는 전체 프로젝트 수행 기간이 딱 3개월이라는 것입니다. 솔직히 A사에는 개발자가 단 한 명뿐이며, 그 개발자 역시 모회사에 파견되어 있습니다. 당연히 인력이 부족하여서 모회사의 다른 자회사 몇 곳에서 개발자들이 함께 일한다고 서류를 작성했습니다.

이런 서류를 작성하면서 A사 경영진들은 이렇게 얘기합니다. '이것은 어차피 서류 입찰이니까 이것저것 하면 6개월은 넘겨야 한다. 그러니까 미리 입찰하고 기다려보겠다.' 그런데 그것이(?) 실제로 이루어졌습니다. 정말로 입찰에 성공을 한 것입니다. 고객들의 반응은 놀라웠습니다. "아니, 이렇게 훌륭한 소프트웨어가 존재했다니 몰랐습니다. 혹시 데모를 당장 다음 주에 보여주실 수 있으신가요?"

A사 경영진들은 여태 얼굴도 제대로 보지 못한 한 명의 개발자에게 급하게 달려갑니다. "개발자님, 드디어 우리 XX 프로젝트 입찰에 성공했습니다. 이것 다음 주까지 가능할까요?" 개발자는 황당해하며 이렇게 대답합니다. "네? 이런 걸 한다고 저한테 한 번도 말씀 안 하셨죠? 세상에 우리가 이런 기술을 다루는 회사였나요? 아니면 이걸 어떻게 다음 주까지 할 수 있을까요?", "아, 죄송합니다. 어쩔 수 없어요, 먹고 살아야 하니까요. 대신 사람 몇 명 더 추가로 지원하겠습니다. 부탁드립니다."

그렇게 모회사에서 3명 정도의 개발자가 파견되어 왔습니다. 그리고 4명이 함께 일하면서 정말로 미친 듯이 야근을 하고 겨우 작은 데모를 제작했습니다. 데모를 마치고 다음 날 경영진들은 개발팀을 찾아가서 감사의 말을 전하려고 했지만 아무도 없었습니다. 그리고 책상 위에는 "사직서"만 덩그러니 남아 있었습니다.

연락을 해보니 개발자들은 모두 경쟁사에서 높은 연봉으로 데려갔다고 합니다. 분노하며 이 개발자를 고소하려던 찰나에 고용노동부 조사관이 나타나 '부당 노동행위'를 조사하겠다고 했습니다. '퇴직금을 아직 지급하지 않으셨는데, 갈등을 피하려면 퇴직금을 주시는 게 좋겠습니다.'

이제 남은 시간이 매우 짧아 새로운 개발자를 채용하고 과거에 작성한 코드와 자료를 이관하려고 했습니다. 그러나 새로운 개발자는 이러한 답을 주었습니다. "이 코드들은 실제 구현된 것은 없고 화면만 있습니다. 게다가 그 화면도 알아보기 힘듭니다. 다시 작성해야 할 것 같아요." 경영진들은 난리가 납니다. "마감이 2달 남았는데 그게 가능한 건가요?! 빨리해 주세요!" 새로운 개발자는 깔끔히 포기하고 퇴사합니다. 이제 시한폭탄은 톡탁 소리와 함께 천천히 터져 나가기 시작합니다. 곧 A사 경영진 중 일부가 징계나 해고 처리될 것으로 예상됩니다.

그러나, 정말로 '남의 회사'인가요? (먼 산을 바라보며 생각하는 중입니다…) 찔리는 분들은 '범인'으로 지목될 것입니다.

[그림 3-2] 진실은 저 너머에

2) 덮어 둔 것이라고 해도 벗겨지지 않을 것이 없고, 숨긴 것이라 해도 알려지지 않을 것이 없다

실제 앞에 사례로 보여드렸던 사태를 분석해 보면 경영진은 다음의 실수를 저질렀습니다.

1. 문제에 대한 해결책이 무엇인지는 좀 안 것 같았습니다. (그러니 입찰서류라도 썼다고 생각합니다.) 그러나 그 제품을 만드는 데 시간과 자원이 든다는 것을 몰랐습니다. 알면서도 무시했다면 더욱 큰일입니다.
2. "입찰하고 뭐 하면 6개월 이상은 걸릴 거야"라는 것은 이해할 만했습니다. 하지만 그 6개월 동안에 실제 개발이 이뤄질 수 있는지에 대한 평가는 왜 하지 않았을까요?
3. 어떤 선택이 되어도(입찰이 되든, 입찰이 안 되든) 어떤 이익이 돌아오도록 했어야 하는데 그러지 못했습니다. 입찰이 안 되면 그냥 시간을 버린 것이 됩니다. 그런데 입찰이 되면 정작 제시간에 제품을 만들 수 없어서 사업비를 되물어 주는 사태가 일어날 것입니다.

아직까지 사태가 이해가 안 되시는 분들이 있을 것입니다. 쉽게 설명해 드리겠습니다.

여러분이 중국집에 가서 짜장면 한 그릇을 달라고 하고 계속 앉아 있다고 가정해 보겠습니다. 그런데 나올 시간이 다 되었는데 자꾸 안 보여서 당신은 "왜 안 나와요?" 하고 카운터에 물어봅니다. 그러자 가게주인은 "곧 나와요"라고 합니다. 시간은 자꾸자꾸 흘러갑니다. 거의 30분이 넘어갈 무렵, 하도 답답해서 주방에 가봤습니다. 그런데 주방이 텅 비어 있고 그 안에서 중국집 주인이 어딘가 전화를 걸어서 '왜 자꾸 배달이 늦냐, 빨리 보내 달라' 하고 있습니다. 이 광경을 생각했을 때 여러분의 느낌은 무엇인가요? 분노일까요? 낙담일까요? 실망일까요? 앞으로 이 중국집은 어떻게 될 거라고 생각하시나요?

믿어지지 않으실 것입니다. 놀랍게도 이 상황은 제가 몇몇 회사에서 두 눈으로 목격한 일들을 각색한 것입니다. 저도 보면서 "이 사장님이 이래도 되나?"라고 밖에는 말이 안 나왔습니다. 그런데 이런 상황에 대해 주위에 이야기했을 때의 반응들은 한마디로 '더 한 것도 알아'였습니다.

"우리나라에서는 모든 프로젝트는 3~4개월이라고 대부분 생각합니다. 실제 일은 5년 차 이하의 싼 엔지니어들이 다 해요. 어차피 정부 돈은 그냥 눈먼 돈이니까요. 던져주고 모른 척하고 품질은 따지지도 않습니다."

"우리 고객들은 외국에 똑같은 솔루션이 있어도 국내 업체들한테 해달라고 해요, 갑질하고 싶으니까요. 억지로 안 되는 거 압박하고 그거에 괴로워하는 회사들 보고 거기서 벗어나고 싶으면 뒷돈이나 백마진을 내놓으라고 해요."

"경영진들은 개발이 어떻게 되든지 관심이 없고 물건만 나오면 돼요. 과정이야 어찌 되든 몰라요, 사람을 갈아 넣든 속이든 뭘 하든. 자신들의 인사고과에 그저 좋다고만 나오면 되지 제품이나 서비스가 잘 되는 데에는 관심이 없어요."

"이 바닥에서 10년 이상 일했는데 안 그런 프로젝트가 없었어요."

제가 듣는 동안 멍~하게 느껴졌습니다. 이렇게 엉터리로 일을 하는 게 당연하다는 식의 반응들, 게다가 해왔던 모든 일들이 다 이런 식이었다는 반응은 놀라웠습니다. 성경의 구절을 인용해 봅니다.

> "그러므로 너희는 그들을 두려워하지 말아라. 덮어 둔 것이라고 해도 벗겨지지 않을 것이 없고, 숨긴 것이라 해도 알려지지 않을 것이 없다."
>
> – 마태복음 10장 26절

[그림 3-3] 이 식당이 영업한다고 하면 믿으시겠습니까? 만약 이 식당이 제대로 영업하려고 한다면 무엇을 해야 할까요? 그럼 우리가 소프트웨어로 사업을 구상할 때 그만큼 신경 써서 하고 있나요?

3) 어디서부터 잘못된 것일까?

먼저, 상식에 맞지 않게 일을 수행하는 것을 정상으로 여기는 사고방식은 현실적으로 옳지 않습니다. 그렇다면 왜 이러한 현상이 발생하는지에 대한 의문이 들 수 있습니다.

사실, 한국도 계약 위반에 대한 처벌과 규제가 엄격히 시행되고 있습니다. 제품 전달과 관련된 계약이 체결되면 그 계약은 신중하게 다뤄집니다. 국가 프로젝트도 철저하게 감시되고 있습니다. 그럼에도 불구하고 이러한 현상이 발생하는 이유는 무엇일까요?

제 분석에 따르면 이런 것들이 문제였습니다. 첫째로, 소프트웨어 개발과 치즈 버거 생산을 헷갈려 하는 사람들이 많습니다. 이들은 밤을 새며, 열심히 노력하고, 자원을 투입하면, 어떤 일이든 가능하다고 생각합니다. 야근과 헌신만 하면 중력의 법칙도 바꾸고, 고객의 기대 시기를 준수할 수 있다고 믿는 것이죠. 둘째로, 경영진들도 심리적인 어려움을 겪는 경우가 많습니다. 자금 부족, 투자 유치, 조직 관리 문제, 실적 저하 등으로 인해 정신적으로 상당히 힘들어지기도 합니다. 문제는 이들을 챙겨주는 제도도 없고 스스로 어떻게 해야 하는지를 배워본 적 없는 사람들이 대부분이라는 것입니다. 그래서 힘든 마음을 가지고 잘못된 결정을 해버리고 마는 게 문제라는 결론이었습니다.

4) 개발(development)과 생산(production)의 차이를 이해하라, 그리고 소외된 당신 자신을 돌보아라

소프트웨어 개발은 생산이 아닙니다. 제가 제조업을 비하하는 건 아닙니다. 그저 제조업과 소프트웨어 개발은 성격이 다르다는 것입니다. 소프트웨어 업계의 필독도서인 『피플웨어』[85]의 저자들은 아래와 같이 이야기합니다. (꼭 읽어보시길 바랍니다.)

4-1 | 개발(development)과 생산(production)은 다르다

이 이야기가 무슨 뜻일까요? 피플웨어 저자들의 이야기를 좀 더 인용해 보겠습니다. 치즈 버거 패스트푸드 점장이라면 효율적인 햄버거 생산을 위해 아래와 같이 조치를 할 것입니다.

---

[85] 톰 드마르코, 티모시 리스터 저 / 박재호, 이혜영 역, 『피플웨어』 | 인사이트

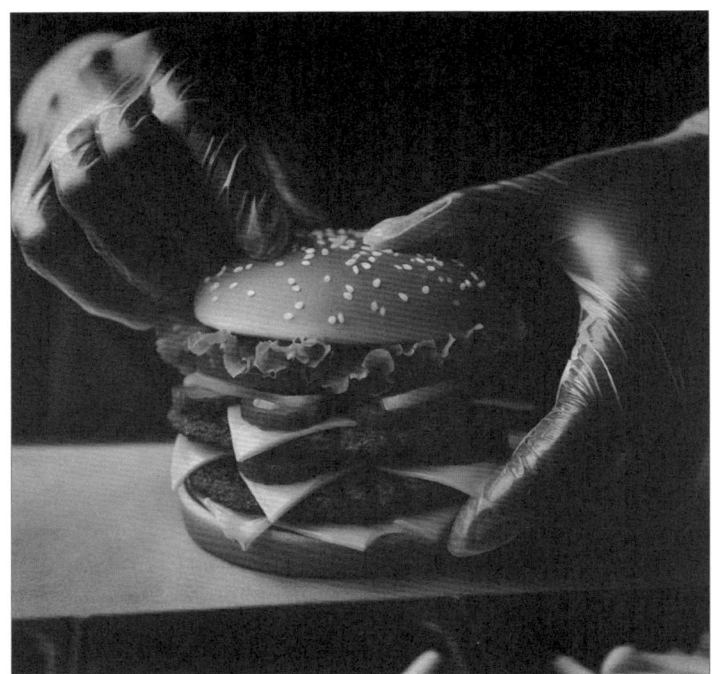

[그림 3-4] 치즈 버거를 열심히 만들어야 하는 패스트푸드 가게를 상상해 봅시다. 그리고 당신이 점장이라면 어떻게 해야 치즈 버거를 빨리 만들어서 고객에게 전달할 수 있을지 생각해 보세요.

▶ 오작동을 없애라. 기계(인간 기계)를 최대한 원활하게 돌려라.

▶ 매장에서 빈둥거리는 직원을 엄중히 다루라.

▶ 직원을 교체 가능한 기계 부품으로 취급하라.

▶ 현재 상태를 유지하라.(능률을 높일 궁리를 하지 말라. 망하는 지름길이다.)

▶ 절차를 표준화하라. 모든 일은 매뉴얼대로 하라.

▶ 실험을 하지 말라. 본사 사람들이 할 일이다.

왜 이런 조치들을 할까요? 치즈 버거 만드는 것은 인간의 창조성이 필요 없는 일들이기 때문입니다. 기계처럼 빨리만 돌리면 생산량이 채워지고 생산된 물건은 바로바로 팔려서 이익으로 나오기 때문입니다. 이것이 이른바 2차 산업 구조입니다.

1부에서 이야기한 커네핀 모델을 생각해 보면 명확(Clear) 혹은 단순(Simple)한 경우입니다. 너무나 명확합니다. 이런 경우는 규칙을 따르거나 모범사례를 적용하여 대응하는 "느껴보기-분류하기-대응하기(sense-categories-respond)"가 좋습니다. 그만큼 단순한 일이라는 것입니다.

안타까운 것은 지금 한국의 교육 시스템은 이 2차 산업 시대에 적합한 사람을 길러내는 것에서 그리 변화하지 못했다는 것입니다. 정해진 대로만 살아가야 하고 표준화된 것에 의심하지 않는 사람들을 키우도록 되어 있는 것이지요. 거기다가 각 회사에서 중요한 자리까지 잘 올라오신 엘리트분들은 대부분 이러한 교육에 적합하게 살아오신 분들이실 겁니다.

그러나 이러한 관점은 개발, 정확히는 지식 노동과는 아주 거리가 있습니다. 피플웨어의 저자들은 위의 조치들은 지식 노동을 위해 아래와 같이 바뀌어야 한다고 합니다.

- ▶ 실수를 허용하라.
- ▶ 창의적이고 독창적인 일은 다그친다고 되는 게 아니다.
- ▶ 개발자, 아니 지식 노동자는 쉽게 교체할 수가 없다. 기존에 있던 사람과 똑같은 사람은 찾아볼 수 없다.
- ▶ 현상 유지 상태의 프로젝트는 사망이다.
- ▶ 일을 끝내는 데 몰두한 나머지 이 질문을 하지 못하면 끝장이다. "이것이 정말 해야 하는 일인가?"

[그림3-5] 소프트웨어 개발은 불확정성을 다루는 일입니다. 그에 맞는 지식 노동을 하는 것입니다. 관리 방법이 완전히 달라져야 합니다.

어떻습니까? 2부에서 이야기한 EoA(Essence of Agile)에서 나오는 이야기와 비슷하지 않나요? '불확정적인 것이 너무 많은' 것이 소프트웨어 개발이기 때문입니다. 커네핀 모델 중 복잡(Complex)한 것이기에 이때는 "찔러보기-느껴보기-반응하기(Probe-Sense-Respond)"로 접근해야 합니다.

개발(Development)과 생산(Production)은 어떻게 다른 것인가요? 그것은 생산은 기계로 대체할 수 있지만 개발은 인간만이 해야만 하는 일이라는 것입니다. 그리고 인간을 교체 가능한 부품이 아니라 그 하나하나가 다 귀한 보석들이라고 생각해야 한다는 것입니다. 즉 인간이 가치 있는 존재로 인정받을 때에만 할 수 있는 것이 지적 노동이고 개발입니다. 이러한 관점의 변화가 없이는 계속해서 모든 소프트웨어 개발 프로젝트에서 실패할 수밖에 없습니다. 자동차가 굴러간다고 해서 발로 지치면서 가는 것은 자동차를 바르게 쓰는 것이 아니지요.

  사실 위의 경영진들이 저런 일을 하는 데에는, 그들 스스로 소프트웨어를 만드는 일이 생산(production)이라 시간만 들이면 그냥 되는 일이라고 생각을 하는 데에서 나오는 것입니다. 안타깝게도 소프트웨어 만드는 일은 개발(development)입니다. 저런 결정을 하고 온다는 것 자체가 경영자의 자질이 없는 것입니다. 자기들이 하는 일이 무엇인지도 모르는 것이지요.

4-2 | 거짓을 말할 수밖에 없는 자신, 괜찮으세요?

  최근 창업자들, 우울·불안감 등 정신건강 낙제점… "돈 때문에"[86]라는 기사가 인터넷에 올라왔습니다. 은행권청년창업재단 디캠프는 분당서울대학교병원과 함께 창업가 정신건강 문제와 원인을 객관적으로 분석하고 이들을 위한 사회적 안전망 구축에 기여하고자 '스타트업 창업자 정신건강 실태 조사 보고서'를 발간했습니다. 사실 회사대표의 스트레스는 상상을 초월하게 큽니다. 더 당황스러운 건 이런 상황에서 어찌저찌 성공하면 다행이지만 외상 후 스트레스 장애처럼 마음에 상처가 남아 있을 수밖에 없다는 것입니다.

> 보고서에 따르면 창업가 정신 건강 상태는 모든 지표에서 낙제점이다. 일반 성인 대비 우울, 불안, 자살의 유병률이 높다. 중간 수준 이상의 우울을 겪고 있는 사람은 88명(32.5%)으로 나타나 전국 성인 평균 18.1%보다 높고, 불안의 비율도 55명(20.3%)이어서 전국 성인 평균 8%를 훨씬 웃돈다. 창업자 10명 중 2명은 자살 위험성 고위험군에 속해 치료가 필요한 상황이다.
>
> 창업자들의 응답 중 가장 큰 비율을 차지한 스트레스 요인은 ▲자금 압박 및 투자 유치(121명, 44.6%)였으며 ▲조직 관리 및 인간관계(55명, 20.3%)와 ▲실적 부진 및 성과 미흡(53명, 19.6%) 등 조직 관리와 관련된 요인이 그 뒤를 이었다.
>
> 긴 사업 연차 역시 또 다른 스트레스 요인으로 작용했다. 사업 연차가 5년 이상

---

86. 백봉삼, 창업자들, 우울·불안감 등 정신건강 낙제점… "돈 때문에"(2022. 7. 20.)
    ZdNet Korea https://zdnet.co.kr/view/?no=20220720082826

인 창업자의 경우 사업 연혁이 짧은 창업자에 비해 우울과 불안, 자살 위험성과 스트레스 지수가 높은 것으로 나타났다.

[그림3-6] 자기 내면의 아픔을 돌아보셔야 합니다. 몸이 아프면 치료하듯, 마음도 치료해 줘야 합니다.

이런 상황이다 보니, 이성적인 판단을 내려야 하는 순간에 몰리고 몰려서 최악의 판단을 해버리는 경우가 많습니다. 혹은 당장의 자금을 위해 투자자나 고객에게 거짓말을 해버리는 경우도 있습니다. "없는 것을 파는 경우"는 이런 상황에서 벌어지는 것이었습니다. 그러나 결국 거짓 위에 무언가를 쌓는 것은 불가능합니다. 창업이 아니더라도 이른바 고위 관료로 있다 하더라도 어떠한가요? 그 자리까지 건강한 마음으로 올라가기가 쉬웠을까요?

사실 이것은 우리 교육의 문제이기도 합니다. 우리 사회에서 경쟁이 그렇게 심해도 그 와중에 자신의 마음을 지키며, 위로하며, 되돌아보는 방법을 배운 사람은 드뭅니다. 정규 교육과정 어디에도 '마음 챙김'이나 '명상' 등 자신을 되돌아보면서 정상적인 정신을 유지하는 방법을 가르치지 않습니다. 게다가 우리 사회가 합리적으로 돌아가지 못하는 부분들이 아직도 많다 보니 말도 안 되는 '관행'과 '부패'들을 보다 보면 정신적으로 충격을 받지 않을 수 없습니다. 그래서 극한의 스트레스 상황이 벌어질 때 자신의 마음을 지키고 맹점을 벗어나서 전체 상황을 보고 정상적인 의사결정을 할 수 있는 상태를 유지하지 못하고 쓰러지는 사람들이 많습니다.

사실을 사실 그대로 보지 못하면, 어떤 성취도 불가능합니다. 『성취예측모형』[87]에는 '정직성실성'이란 역량에 대한 이야기가 있습니다. 이것의 정의는 "어떤 상황에서도 인류의 보편적 가치에 따라 일관되게 행동하려는 성향"입니다. 이른바 자기 내면의 입법 능력으로 만든 기준을 따르려는 성향입니다. 최동석 박사님은 이에 대해서 아래와 같이 설명하고 있습니다.

> 기업경영에서 이익 추구는 매우 중요한 가치다. 마찬가지로 공공부문의 공익적 성과는 더 말할 것이 없다. 성과를 내지 못하면 경영은 실패한 것이다. 정직성실성은 단지 보편적 가치를 견지하려는 내면의 성향만은 아니다. 내면의 도덕적, 윤리적 가치와 외부의 성과 요구가 온전히 하나를 이루도록 하려는 용기다. 옳고 그름을 제대로 판단하고 양속(良俗)에 대한 책임감을 바탕으로 맡은 직무를 확실하게 해냄으로써 신뢰를 구축하는 능력이 바로 정직성실성에서 비롯된다.

그리고 이 정직성실성이 무너지면 전체적인 성취가 무너진다고 설명합니다.

> 나는 정직성실성이 16개 역량 요소 중 가장 중요하다고 생각한다. 목적지향적 역량군 전체를 좌우하기 때문이다. 자신의 과거 행위에 대해 거짓말을 반복하는 경우는 정직성실성이 마이너스가 된다. 정직성실성이 마이너스인데 성취지향성과 대인영향력이 높은 사람은 사회적으로 안 좋은 영향을 미칠 수 있다.

그래서 자꾸 없는 것을 있다고 말하며 팔려는 사람들을 보면 이런 생각을 합니다. "마음이 힘드시군요" 불쌍합니다. 그러나 그들에게는 '냉정한 사랑'을

---

87. 최동석 저, 『성취예측모형』 | 클라우드 나인

보여줄 수밖에 없습니다. 아닌 건 아닌 것입니다. 우리 조직 전체가 다 성취할 능력이 떨어져 버리기 때문입니다.

이 글을 읽는 당신이 혹시 그동안 이렇게 일을 해오셨다면 스스로 "나 괜찮은거야?"라고 물어봐 주시길 바랍니다. 많이 힘들고 아프실 수 있습니다.

테라노스 사태

[그림3-7] 테라노스 창업자 엘리자베스 홈스 (출처:https://www.wsj.com/articles/theranos-has-struggled-with-blood-tests-1444881901)

2022년, 미국에서 엘리자베스 홈스라는 테라노스의 창업자가 징역 11년을 선고받습니다.[88] 선고받은 항목은 투자자들을 대상으로 사기행각을 벌였다는 것입니다.

홈스는 테라노스의 기술로 손쉽게 질병을 진단할 수 있다는 거짓 주장을 퍼트렸었습니다. 이에 따른 회사 가치는 한때 90억 달러에 달했습니다. 홈스는 "차세대 스티브 잡스"로 불리며 자수성가 억만장자로도 알려졌습니다.

홈즈는 스탠퍼드 출신인 데다가 중퇴를 했습니다. 사람들은 이 배경에 천재 중

---

88. 테라노스: '실리콘밸리 최대 사기극' 벌인 엘리자베스 홈스, 징역 11년 선고, BBC News Korea, 2022-11-19 https://www.bbc.com/korean/international-63687467

퇴자인 빌 게이츠와 주커버그를 떠올렸습니다. 그리고 실리콘밸리에서 보기 드문 비유대인 백인 여성 CEO였습니다. 게다가 외모 역시 출중했습니다.[89] 이 사람의 '스토리텔링'도 멋집니다. 일부러 스티브 잡스 흉내를 내며 검은 터틀넥을 입고 다니는 거죠. 그러면서 주위 언론과 각계 인사들을 투자자나 고문으로 두었습니다. (헨리 키신저, 래리 엘리슨, 루퍼트 머독 등이 이사고, 팀 드레이퍼까지 돈을 투자했습니다.) 이른바 '있어빌리티'가 어마어마했습니다.

테라노스의 핵심 기술은 '피 한 방울만 가지고 모든 질병을 검사할 수 있다'라는 것이었습니다. 그러나 이 기술을 제대로 만든 적도 없고 실제 피 한 방울은 질병을 검사하기에는 너무 적은 양이었습니다. 결국 드러날 것이 다 드러나게 되었습니다.

사실 테라노스 사태는 정말 극단적인 경우일 수 있습니다. 그러나 우리는 너무나 쉽게 이러한 유혹에 시달립니다. 진심으로 우리 창업가들이 정말 건강한 마음을 가지고 인류의 혁신을 위해 일했으면 좋겠습니다.

마지막으로 BBC에서 쓴 "자기기만이 사람들을 거짓말쟁이로 만드는 방법"[90] 중 '장엄한 망상'이라는 내용을 인용하면서 마칩니다.

> 우리의 두뇌는 우리를 속여 사실이 아닌 것을 믿게 할 수 있다. 자기기만은 우리가 자신의 능력에 대한 평가를 부풀릴 수 있도록 해 우리로 하여금 주변 사람들보다 똑똑하다고 믿게 할 수 있다. 다른 사람들에 대한 우리 행동의 영향을 간과하게 만들어 우리가 도덕적인 방식으로 행동하고 있다고 믿게 만든다는 의미다. 그리고 우리가 가진 믿음의 진실성에 대해 우리 자신을 속여, 자신의 의견에 더 큰 확신을 갖게 한다. 이는 물론 우리가 다른 사람들을 설득하는 데 도움이 될 수 있다.
>
> 홈즈, 소로킨, 하우트 등 다른 사기꾼들의 마음에 실제로 무엇이 있었는지는 알 수 없다. 하지만 이러한 메커니즘 중 일부가 어떻게 작용했을지를 추측해

---

89. 예전에 미국에서 창업팀을 만든다면, 조금 실력이 없더라도 젊고 아름다운 백인 미혼 여성이 멤버로 있는 것만으로도 이른바 투자자들에게 다가갈 수 있는 네트워크를 만들기 좋다는 조언을 하던 사람을 봤습니다. 제가 들어본 사업 관련 조언 중 제일 역겨운 조언이었습니다.
90. 자기기만이 사람들을 거짓말쟁이로 만드는 방법, BBC News Korea, 2022-06-05 https://www.bbc.com/korean/features-61694057

> 볼 수는 있다. 적어도 이 사기꾼들은 자신의 능력과 원하는 것을 얻을 수 있는 권리에 대해 비정상적으로 큰 확신을 가졌던 것처럼 보인다. 그리고 그들은 자신이 하고 있는 일의 윤리적인 의미를 긍정했던 것으로 보인다.
>
> 특히 홈즈는 자신의 제품을 믿었고 잘못된 데이터 사용을 정당화하려고 시도한 것 같다. 반대되는 모든 증거에도 불구하고, 그는 재판에서 "지멘스와 같은 대형 의료 기기 회사는 우리가 한 일을 쉽게 재현할 수 있다"라고 말했다.
>
> (중략)
>
> 모든 종류의 편견을 뚫는 좋은 방법 중 하나는 "반대 결론"을 따져보는 것이다. 자신을 심문하는 것처럼 자신의 믿음이 틀릴 수 있는 모든 이유를 찾아보자. 여러 연구에 따르면, 이 방법은 우리가 상황을 보다 분석적으로 바라보게 만든다. 실험 결과 이 체계적인 사유는 사람들에게 "합리적으로 생각하라"라고 말하는 것보다 훨씬 효과가 큰 것으로 나타났다.
>
> 물론 이는 스스로가 결점을 받아들일 수 있는 경우에만 가능하다. 첫 단계는 문제를 인정하는 것이다. 어쩌면 당신은 자기기만은 다른 사람들만의 문제이고, 스스로는 정직하다고 생각할지도 모른다. 그렇다면 그게 당신의 가장 큰 망상일 것이다.

3-3 » 그럼에도 불구하고 만들지 않은 것을 팔아야 할 때

1) 타협을 해야 하는 순간: 위험을 감수해야 한다

2017년에 제가 일하는 회사에 Bitcoin을 가지고 콘텐츠를 소액 결제로 판매하는 서비스를 제공하는 사토시페이(Satosipay, https://www.satoshipay.io/)의 CEO인 마인하르트 벤(Meinhard Benn)이 방문했습니다. 이때 여러 가지 이야기를 나눠봤습니다. 엔지니어답게 기술 스택에 관해 이야기하다가 이런 말을 들었습니다.

"물론 고객에게 없는 기능인데도 있다고 하고 와서 열심히 구현한 적도 있어"

바깥에서 보기에는 잘나간다고 하는 글로벌 핀테크 스타트업의 현실도 이러했습니다. 정말 같이 껴안고 울고 싶을 정도였습니다. 그런데 사실 여러 회사의 CEO들이나 다른 임원분들 이야기를 들어보면 현실상 이럴 수밖에 없었다는 사람들이 많았습니다. 몇 가지 요약하면 이런 상황이었습니다.

- ▶ 고객이 무언지 모르겠다면서 '잘 모르겠으니 다 만들고 가져와 보세요'라고 말을 합니다. 그러나 시간은 없고 내일모레 회사는 망하게 생겼고… 그래서 고객한테 마치 정말 돌아가는 것인 양 제품의 애니메이션을 만들어서 보여줬는데 "당장 계약합시다, 얼마면 됩니까"라고 합니다. 다행히 CTO한테 이야기했더니 고객이 필요한 시간 안에 될 것 같다 합니다.
- ▶ 고객에게 "다 좋은데 이 기능 하나만 새로 하면 딱 우리와 일할 수 있을 거 같아요. 혹시 가능할까요?"라는 피드백이 왔습니다. 딱 이번 달 돈 나가는 거 보니 매출을 안 만들면 안 되는 상황입니다. 추정을 해보니 3일 밤낮 새서 만들면 될 거 같아 보입니다. 그래서 "네, 지금 그 기능이 딱 있습니다. 다음 미팅 때, 데모를 보여드리겠습니다"라고 말을 던지고 왔습니다. 열심히 만들어야 합니다.
- ▶ 고객들이 서비스를 써보고 '이거 ~~~하게 고쳐주면 더 많이 쓸 거 같아요'라고 요구 사항이 빗발칩니다. 그런데 내부에서 보니 정말 우리의 매출을 올릴 아이디어라는 결론이 났습니다. 문제는… 진짜 고객들에게 주면 쓸지 안 쓸지 모르겠습니다.

그렇죠, 대부분은 목구멍이 포도청인 경우지요. 당장 다음 달 직원들 월급 주고, 퇴직금 챙겨주고, 사무실 월세 내고 뭐 하려면 무조건 돈이 있어야 하는데 아무리 해도 돈 나올 구멍은 없고… 안타깝지만 그게 현실입니다. 혹은 고객들이 정말 원하는 기능이 맞는지 누구도 보장할 수 없으니, 실증을 해봐야 하는 경우입니다. 그런데 이것도 막무가내로 하면 안 됩니다.

앞에 '없는 것을 만들었다고 하지 말라'고 했는데 왜 이런 이야기를 할까요? 모험을 감수해야 하더라도 '손실을 최소화'해야 하기 때문입니다. (2장에서 언급한 EoA의 내용을 다시 한번 봐주십시오. "큰 손실 피하기") 정말 사업은 소프트웨어 개발보다 더 예측 불가능한 것들이 많습니다. 결국 때에 따라서 모험을 할 수밖에 없죠. 그러나 모든 것을 걸고 모험을 하기에는 너무나 위험합니다. 그리고 '최소한의 손실'만 지고 가야 다음 기회가 있습니다.

코로나 팬데믹이 일어난 시기에 식당을 창업한 어떤 분의 이야기를 최근에 들었습니다. 보통은 창업 시 자신의 자산과 빚을 모두 투입하는데, 이 사람은 자산의 '반'만을 투자하여 식당을 개장했습니다. 그러나 코로나로 인해 업황이 어려워져서 그는 업종을 배달 전문으로 전환했습니다. 이때 남겨놓은 투자 금액 반을 이용해서 업종 전환을 했습니다. 다행히 배달 전문 매장으로 바뀌서 좋은 성과를 거뒀다고 합니다. 만약 이때 업종 전환을 할 '여력'이 없었다면 어땠을까요? 이처럼 모험할 '여력'을 마련하고 '최소한의 손실'만 짊어지고 가겠다는 전략을 세우지 않으면 이 모험은 실패할 것입니다.

2) 지금은 없는 기능이지만 '있다고 하고' 만들지 말지 결정하기

우선 "된다"라고 말을 하기 전에 우리는 시간을 가져야 합니다. 행동과 결정 사이에 우리는 '선택'할 수 있는 자유를 가진 존재이기 때문입니다. 위험을 감수해야 한다면 이 위험이 얼마나 될지 예상은 해봐야 합니다. 간단한 규칙을 만들어 보면 아래와 같습니다.

```
def 위험_감수_여부_결정_함수:
    if 고객에게 줄 남은 시간 > 실제 만드는 데 걸릴 시간 + 검증하는 데 걸릴 시간 + 여유 시간 then
        "됩니다"라고 말한다.
    else:
        최대한 실제 가능한 시간에 대한 추정 후 "~~까지 될 수 있습니다"라고 말한다.
```

문제는 여기서 실제 만드는 데 걸릴 시간, 검증하는 데 걸릴 시간, 여유 시간의 추정을 누가 하느냐입니다. 만약 본인이 이미 회사 제품을 설계하고 구현까지 다 하는 사람이라면 이에 대해 직접 해도 좋습니다. 하지만 대부분 그렇지 못할 것입니다. 문제는 여기서 생깁니다. "아, 내가 대표야, 책임질게!" 하는 순간 망하는 것입니다. 이러한 일을 처리하는 기본 원칙들을 알려드리면 다음과 같습니다.

1. 실제 만드는 데 걸릴 시간, 검증하는 데 걸릴 시간, 여유 시간의 추정은 CTO 혹은 기술 담당 총괄이 해야 하는 것입니다. 경영자나 영업 담당자가 해서는 안 됩니다.

2. 충분히 전 구성원(최소한 C level들은 포함해야 합니다)이 합의해야 합니다. 누구 하나 반대하면 안 됩니다.

3. 실제 이 작업을 하는 구성원들이 집중해서 일하도록 전폭적으로 지원해 줘야 합니다. 지적 노동은 긴 덩어리 시간이 필요하다고 이미 피터 드러커가 이야기했었습니다. 방해받지 않는 긴 시간을 지원해 줘야 합니다. 갑자기 미팅에 불려 가거나 행사에 끌려가면 안 됩니다.

4. 어려운 작업을 한 사람에게 보상하고 위로해 줘야 합니다. 조직 전체를 위해서 희생해서 어려운 일을 한 구성원들에게 박수를 처주고 보상(휴가/금전/뭐든 간에)해 줘야 합니다. 이들의 고생에 뭐든 보상하지 않고 그냥 날로(?) 먹겠다고 한다면, 다음에 이런 모험을 해야 할 때 아무도 헌신하지 않을 것입니다.

5. 다시는 이런 일을 만들지 않게 경영해야 합니다. 어찌 보면 이런 일은 회사의 경영상의 실수를 누군가 희생을 해서 막은 것입니다. 가능하면 이런 일이 없도록 제대로 예상 가능하게 경영을 해야 합니다.

이도 저도 할 수 없는 경우에는 어떻게 해야 할까요? 사실상 소프트웨어 개발의 추정 자체가 그리 정확하기는 매우 힘들다는 이야기를 여러 번 했습니다. 그럴 때는 '최선을 다한다'라고 밖에는 드릴 말씀이 없네요. 최대한 얼마나 시간이 걸릴지에 대해서 계속 단계별로 노력해서 추정해야 합니다. 적어도 고객에게 '~~까지는 될 수 있을 것 같습니다'라는 이야기는 해줘야 합니다. 그리고 내부 구성원들이 이 약속을 지킬 수 있게 모든 자원을 다 지원해 줘야 합니다. 이렇게 해야 당신이 경영자입니다.

3) 베이퍼웨어(vaporware)를 아시나요?

베이퍼웨어(vaporware)라는 말을 아십니까? 업계에서 오래된 용어입니다. 위키피디아에서는 이렇게 말하고 있습니다. "컴퓨터 업계에서 베이퍼웨어는 일반적으로 컴퓨터 하드웨어 또는 소프트웨어와 같이 일반 대중에게 발표되었지만 실제로 제조되지 않거나 공식적으로 취소된 제품" 그런데 여기 아주 재미있는 설명이 있습니다.

"베이퍼웨어는 출시 예정일보다 수개월 또는 수년 전에 발표되는 경우가 많으며, 개발에 대한 세부 정보는 거의 공개되지 않습니다. 개발자들은 고객이 더 많은 기능을 제공하는 경쟁 제품으로 전환하지 못하도록 의도적으로 베이퍼웨어를 홍보한다는 비난을 받아왔습니다."

한마디로 '고객이 도망가지 못하게 하기 위해서' 이런 마케팅 전략을 쓰는 것입니다. 실제 무언가 만들 이유는 없지만 이런 식으로 고객이 도망가지 못하게 하기 위해서 '이런 게 있다, 저런 게 있다'라고 하는 겁니다. 그러나 정작 나온 적이 없습니다. 위키피디아에는 이런 베이퍼웨어(vaporware)[91]들의 목록이 있습니다.

제가 이 이야기를 하는 이유는, 진짜 제품을 만들지 않아도 될 수 있기 때문입니다. 오히려 고객이 이런 것을 살지 안 살지도 모르는데, 코드를 만들어서 전달하는 것보다 '이런 거 만들 건데 어때?'라고 한번 운을 띄워보는 것도 나을 수 있다는 것입니다. (다만 적당히 해야 합니다.)

4) 그럼 어느 수준으로?

이때, 문제는 앞서 말로 뱉어 버린 제품을 어느 수준으로 만들 것이냐는 결정을 해야 한다는 것입니다. 보통 이런 결정을 해야 하는 경우는 실제 완벽한 무언가가 아니라 프로토타입 정도만 원하는 경우도 있기 때문입니다. 고객에게 어느 정도를 원하는지를 정확하게 물어봐야 합니다.

1. **전단지 수준**: '이러이러한 제품이 있다'라고 전단지 수준으로 정리만 되면 됩니다. 보통 이런 것이 필요한 경우는 두 가지입니다. 첫째, 이러한 제품이 실제 납득이 되는 제품인지 아닌지 보는 것입니다. 앞서 기술했던 거꾸로 일하기(working backward) 전략입니다. 두 번째, 경쟁 회사들을 교란하고자 하는 것입니다. 위에서 이야기하는 베이퍼웨어(vaporware) 전략이 이것입니다. 이렇게 하는 목적 자체가 그런 제품을 당장 만드는 게 아니라 고객의 반응만 살피는 것이기 때문입니다.
2. **간단한 프로토타입(prototype)**: 화면만 만들어 보여주는 정도로 보여주는 것입니다. 예를 들어 프론트엔드만 가지고 있는 웹페이지를 만드는 거죠. 데이터는? 우

---

91. List of vaporware. https://en.wikipedia.org/wiki/List_of_vaporware

선 JSON으로 하드코딩 해서 정해진 데이터만 전달하게 합니다. 가짜 데이터죠. 진짜 고객들 눈에 '형태를 갖추고' 있는 것이 필요할 때 이런 걸 씁니다. 여차하면 피그마(figma)[92]와 같은 도구를 이용해서 목업(Mock up)만 만들어 줄 수 있습니다. 가장 중요한 건 어떻게든지 '뭐 하는 제품인가'라는 것을 고객이 이해할 수 있게 해주는 것입니다.

3. **진짜 제품이 있어야 합니다**: 아주 위험합니다. 게다가 완성도가 있는 것을 내놔야 한다고 한다면 이건 정말 희생이 너무 큽니다. 과연 이런 희생을 치르면서 할 필요가 있느냐 한번 고민해 봐야 합니다. 이게 잘못되면 이 회사 버전, 저 회사 버전을 만들고 관리해 버리는 사태가 벌어집니다. 절대 이렇게 하면 안 됩니다.

5) 긴급성 중독 환자 때문에 널뛰기를 한다면?

그런데 이런 일이 계속 반복된다면? 이것은 경영진이 긴급성 중독(urgency addiction)[93]에 걸린 것은 아닌지 되돌아봐야 할 것입니다.

긴급성 중독은 특정 상황을 의도적으로 긴급하게 조성하여 강한 아드레날린 분비를 유발하고, 그로부터 나오는 심리적 중독을 의미합니다. 즉, 계획적으로 일을 처리할 수 있음에도, 긴급함에서 오는 아드레날린에 중독되어서 일을 나도 모르게 꼬아서 모두를 급하게 휩쓸리게 만들어 버리는 것을 말합니다. 이는 종종 '기업 주의력 결핍 장애'와도 밀접한 관련이 있을 수 있습니다. '기업 주의력 결핍 장애'란 주의력 결핍 과잉 행동 장애를 말하는 것으로, 이는 개인과 조직 모두에 영향을 미치며 "집중력 감소와 긴박한 반응형 업무 스타일에 따른 산만한 상태"를 의미합니다.

조직 내에서 긴급성이 지나치게 강조되는 분위기가 형성된다면, 이러한 과잉 행동이 더욱 두드러질 수 있습니다. 이런 환경이 많은 직장에서는 제대로

---

92. 요새 제일 인기 있는 제품 디자인 도구이자, 협업 도구입니다. 디자이너가 디자인을 만들면 실제 장비에 돌려보는 것처럼 보이게 할 수도 있고, 간단한 상호작용(interactive)을 만들 수도 있습니다. 무엇보다 구글닥스처럼 링크만 전달해 주면 다른 디자이너나 개발자들이 보고 주석이나 피드백을 달 수도 있고, 디자이너가 생각하는 화면 배치나 버튼 크기 등의 정보를 정확하게 알 수 있는 훌륭한 도구입니다. https://www.figma.com/
93. Dr. Dion Klein, Urgency Addiction: The New Corporate Disease, Workplace Well-Being May 2, 2022 https://wellness.edu.au/urgency-addiction-the-new-corporate-disease/

된 절차가 무시되기도 하며, 이로 인해 직원들의 스트레스와 업무 효율성 저하 등이 발생할 수 있습니다. 특히 긴급성 중독이 조직의 문화로 자리 잡으면, 업무의 신속한 처리를 강조하게 되면서 업무의 질과 깊이를 희생하는 경향이 있습니다.

일반적으로 긴급성 중독은 긍정적인 결과를 얻는 것처럼 보일 수 있습니다. 긴급한 상황에서 능동적이고 빠르게 대처하며 성과를 올리는 모습은 주변에 긍정적인 인상을 줄 수 있습니다. 그러나 이러한 행동은 장기적으로 볼 때 부정적인 영향을 미칠 수 있습니다. 긴급성 중독은 단기적으로 성과를 가져오더라도 장기적인 계획 및 전략의 부재로 인해 조직의 지속적인 성장을 저해할 수 있기 때문입니다.

긴급성 중독은 조직 내에서뿐만 아니라 개인의 일상 생활에서도 나타날 수 있습니다. 긴급성 중독이 지속되면, 직장이나 개인 생활에서 중요한 결정을 내리는 데 있어서 혼란과 잘못된 판단을 야기할 수 있습니다. 이는 심리적인 스트레스를 유발하며, 개인의 웰빙과 업무 성과에 부정적인 영향을 미칠 수 있습니다.

이러한 상황에서 조직 내에서 긴급성을 적절하게 관리하고, 충족되지 못한 욕구를 파악하며 균형을 찾는 것이 중요합니다. 관련 연구에 따르면 긴급성 중독을 극복하기 위해 다음과 같은 전략이 효과적일 수 있습니다.

1. **우선순위 설정**: 긴급한 업무와 중요한 업무를 구분하여 우선순위를 정하는 것이 중요합니다. 긴급한 업무에만 집중하다 보면 중요한 장기적 목표를 소홀히 할 수 있습니다.
2. **계획적인 업무 관리**: 업무를 미리 계획하고 조직화하여 각 업무에 적절한 시간과 노력을 할당하는 것이 필요합니다. 이를 통해 긴급한 업무에만 집중하지 않고 업무의 효율성을 높일 수 있습니다.
3. **스트레스 관리**: 긴급성 중독은 스트레스를 증가시킬 수 있습니다. 스트레스 관리 기술을 익혀 스트레스를 효과적으로 관리하고, 조직 내에서 스트레스 해소를 위한 환경을 조성하는 것이 중요합니다.
4. **의사소통과 협업**: 조직 내에서 긴급한 업무를 분담하고 협업하는 능력을 강화하

는 것이 중요합니다. 효율적인 의사소통과 업무 공유를 통해 긴급한 상황에 함께 대처할 수 있습니다.

이런 접근을 통해 긴급성 중독을 극복하고, 조직과 개인의 성공을 더욱 견고하게 구축할 수 있을 것입니다.

가장 좋은 건, 다 만들어진 것을 파는 것입니다. 그다음은 만들어야 하는 기능의 수를 조절해서 가장 간단한 것을 만들어서 파는 것입니다. 가장 최악은 아무런 준비도 대책도 없이, 무조건 엉터리로 만들어서 결국 시장에서 통렬하게 깨지는 것입니다.

사례: 샌드버드에서 특정 고객에게서 자신만의 기능을 요청 받았을 때

앞서 이야기했듯, 사실 '자기만의 기능'을 만들어 달라는 고객의 요청이 절대 반가운 것은 아닙니다. 위험을 감수해야 하는 일이기 때문입니다. 그러나 이러한 요청들이 다 이상한 것일까요? 애자일 선언에서도 '변화에 열려 있어야' 한다고 했는데 그냥 '안 돼요'라고만 하는 것이 최선일까요? 최근 이것에 대한 고민을 한번 해 볼 만한 이야기를 들은 것이 있어서 소개합니다.

2023년 6월쯤, 샌드버드[94]라는 회사가 국내에서 '미국진출' 관련해서 작은 컨퍼런스를 열었었습니다. 샌드버드는 한국 사람들이 만들었지만 미국의 SaaS(Software-as-a-Service) 기업으로서 채팅 API를 판매하는데, IT 업계 종사자나 스타트업에 관심이 있는 분들 사이에서는 잘 알려진 기업입니다. 비록 일반 대중에게는 그리 유명하지 않을 수 있으나, 주로 기술 관련 분야에서 그 명성이 높습니다.

이때 여러 가지 질문과 답변이 오갔는데, 그중에 이런 질문을 하는 사람이 있었습니다. "특정 고객이 다른 데 없는 독특한 기능을 요구하는데, 이 고객에게만 해줘야 하나요?" 저는 속으로 '그런 요청은 받지 마세요'를 외치고 있었습니다. 그런데 샌드버드 공동창업자인 김상희 님[95]의 답변이 매우 놀라운 것이었습니다. (제가 현장에서 하신 말씀을 메모한 것이라 정확하지는 않을 수 있음을

---

94. https://sendbird.com/
95. 샌드버드의 공동창업자이자 마케팅 전문가이십니다. 이분의 메일링 리스트인 '김치힐'을 받아보면서 '이거다!'를 외친 적이 한두 번이 아닙니다. 꼭 구독해 보기를 권합니다. https://kimchihill.com/

알려드립니다.)

"의외로 이런 요구사항들이 '실제 고객이 원하는 것'이었던 경우가 있었습니다. A라는 회사에서 '특정한 기능'이 필요하다고 해서 만들었더니, B라는 회사에서도 필요한 기능이었더라고요. 그래서 정식 기능으로 추가한 경험이 있습니다. 그러니까 고객이 무리한 요구를 한다고 하지 말고 왜 이런 것을 요구했는지, 다른 고객들은 어떻게 생각하는지도 같이 생각해 봐야 합니다."

'왜 고객이 이 기능을 요구하는 것인지' 생각을 해봐야 한다는 점에서 많은 생각을 하게 되었습니다. 물론 각 고객에게 맞는 버전을 만드는 것은 매우 위험한 경우입니다. 유지보수 비용을 증가시키기 때문입니다. 그러나 '왜 고객은 저런 걸 원하지'라는 생각을 해보고 제대로 개발하는 것은 가능한 부분이라고 생각합니다. 우리가 생각하지 못한 고객의 목소리일 수도 있기 때문입니다.

다만 이런 요청이 왔다고 해도, 정식 절차를 밟아서 개발을 해야 합니다. 그러지 않고 만들었다가 나중에 안정성에 문제가 있어서 더 큰 문제가 발생하는 경우도 많이 봤습니다. 저의 예상으로는 이렇게 개발했을 것입니다. 1. 해당 기능을 환경변수 하나를 통해서 그 고객에게만 동작하도록 설정 2. 이후 고객의 반응과 추가 요구사항을 보고 안정된 기능으로 만든 다음 3. 이후 모든 고객에게도 적용되는 버전을 만들어서 배포했을 것으로 예상합니다.

샌드버드는 이러한 위험성 관리를 제대로 한 조직이었기에 이를 새로운 기능으로 편입시키는 데 성공했다고 생각합니다. 그런데 만약 이렇게 위험성 관리를 하지 못했다면 무슨 일이 일어날까요?

3-4 » 고객에게 피드백을 어떻게 받아야 하나요?

1) 설문조사는 다시 한번 생각해 보세요

실제 제품을 잘 만들어 놓고 고객이 쓰는지 안 쓰는지를 파악하려 한다면 어떤 방법을 쓰십니까? 대부분은 '설문조사'를 하려고 합니다. 저 역시 초기제품의 출시 여부를 설문조사를 이용해서 결정해 본 적이 있습니다. 하지만 저는 이 방법을 추천하지 않습니다.

설문조사는 신뢰하면 안 됩니다. 특히 실제 구매 여부나 가격 범위와 같은 내용은 설문조사로 정확히 파악하기 어렵습니다. 왜냐하면 실제 구매 여부는 제품을 실제로 결제하기 전까지는 예측할 수 없습니다. 예를 들어 여러분이 1,000원에서 10,000원 사이에 선택지를 5개를 놓고 '적절한 가격은 얼마일까요?'라고 하면 설문조사의 대부분은 1,000원을 고를 것입니다. 제일 싼 것을 고르는 거죠. 문제는 제품이 만약 10억짜리 가치를 지녔다면요? 이런 설문조사가 의미 있겠습니까?

따라서 직접 만나서 제품 사용 과정을 관찰하고 화면 캡처나 비디오를 활용하여 제품 사용 상황을 기록하고, 히트맵이나 사용자 행동을 분석할 수 있는 도구를 사용하여 고객의 행동을 파악해야 합니다. 예를 들어 웹사이트라면 구글 애널리틱스(Google analytics)나 마이크로소프트 클래어리티(Microsoft Clarity) 같은 도구들을 통해서 실제 사람들이 이 서비스를 어떻게 쓰는지에 대해서 매우 신중하게 봐야 합니다.

그러나 출시한 이후에는? 그때는 설문조사가 먹히는 부분이 있습니다. 이에 대해서는 다음에 설명해 드리도록 하겠습니다.

2) 가격 - 경쟁사들이 다 조사했습니다

가격에 대한 조사는 특히 어떻게 해야 할까요? 가격에 대해서 제가 얻은 결론은 "경쟁 업체들을 참고하라"라는 것입니다. 여러분보다 충분히 시장에서 먼저 전쟁을 치르고 있는 경쟁 업체들이 이미 시장가를 형성하고 있을 것입니다. (만약 시장분석을 했는데 경쟁자가 없다면 그 시장은 정말 새로운 세상이며 매우 좁거나 아니면 돈이 안 되는 시장이라 경쟁이 없을 수도 있습니다.)

오히려 최종 가격보다 조금 높게 책정하고 초기 고객에게 할인을 제공하는 것이 더 나을 수 있습니다. 또한 고객과 직접 대면하는 시간을 확보하는 것이 중요합니다. 실제 제품 사용자들과 자주 만나면 많은 위험 요소를 사전에 파악하고 해결할 수 있습니다.

3) 구글 애널리틱스(google analytics)는 붙이셨지요?

만약에 웹서비스라고 한다면, 누가 처음 이 사이트에 어떻게 오게 되었는지, 이 사이트에서 어디로 많이 이동하는지, 얼마나 머물다 가는지에 대한 정보들이 있다면 이는 매우 유효한 정보일 것입니다. 그리고 사용자가 사이트에 들어와서 이른바 구매 전환까지 얼마나 이어지는지도 볼 수 있다면 큰 도움이 될 것입니다. 이를 알아볼 수 있는 최적의 도구가 구글 애널리틱스(google analytics)입니다. 구글 애널리틱스 책들이나 자료, 인터넷 강의도 어마어마하게 많습니다. 그래서 자세한 설명은 이곳에서 하지 않겠습니다.

그러나 가장 중요한 것은 이런 도구들을 설정하기를 요구하셔야 한다는 것입니다. 작은 랜딩 페이지 하나에서도 사용자들이 이 안에서 어떻게 흘러 들어왔는지를 분석할 수 있는 도구로서 이만한 것이 드뭅니다. 꼭 잊지 마시고 설치하시기 바랍니다.

최근에는 마이크로소프트의 클레어리티(Microsoft clarity, https://clarity.microsoft.com/)도 설치하고 같이 봅니다. 이것은 실제 사이트에서 사용자가 어떻게 움직였는지 동영상으로 찍은 것처럼 보여주기도 하고, 어느 위치를 많이들 클릭하는지 이른바 열지도(heat map)로 보여줘서 사용자들이 어디를 주로 보고 클릭을 하는지에 대한 정보를 얻을 수도 있습니다.

4) 채팅 상담 장치 붙이기

소프트웨어나 서비스에 문제가 있거나 잘 모를 때, 고객상담을 할 수 있는 채널을 만들어 놔야 합니다. 이런 채널을 만들기 위해서 전화번호를 사이트에 적어 놓거나, 우편물을 받아볼 수 있는 주소를 적어 놓을 수도 있지요. 그런데 인터넷 시대에 이런 것들로는 부족합니다.

그래서 요새는 채널톡(https://channel.io)이나 깃플(https://gitple.io) 같은 서비스들을 첫 화면에 붙여 놓습니다. 이러한 서비스들을 사용하면 좋은 점은 첫째, 상담 창구를 단일화해 줍니다. 여기저기로 고객의 요청이나 문의가 들어오면 복잡하기 때문입니다. 둘째, 상담 담당이 효율적으로 일할 수 있습니다. 과거 이용 이력을 참고해 볼 수 있고, 바로 응답하지 않아도 간단한 인사와 대응을 자동화할 수 있습니다. 마지막으로 이 상담 내용 전체가 한곳에 남아 있어서 이 기록을 바탕으로 제품을 개선할 아이디어를 만들어 낼 수 있습니다. 그러니 반드시 이런 채팅 상담 장치를 연결해 놓으시기 바랍니다.

5) 정기적으로 고객에게 유용한 정보를 담은 이메일을 보내라

손이 많이 갈 수도 있고 너무 고전적인 방식이긴 하지만, 고객들과 정보를 제일 많이 담아서 주고받을 수 있는 매체는 역시 이메일입니다. 오랫동안 서비스에 들어오지 않는 혹은 구매하지 않은 고객에게 어떤 이유인지 물어보는 것은 필수적으로 해야 할 일입니다.

만일 이 서비스가 이른바 생산성 도구라면, 해당 생산성 도구 업계에 대한 정보들을 정리해서 메일링 리스트로 보내주면 고객이 더 효과적으로 일을 하는 데 도움을 줄 수 있습니다. 저의 경우 애플리케이션 프로세스 감시(application monitoring process, APM)인 와탭(https://www.whatap.io)에서 오는 메일링 리스트들을 보면서 최근 감시 도구들을 어떻게 써야 하는지, 최신 인프라스트럭처 기술은 무엇인지, 무엇을 봐야 문제를 빨리 파악할 수 있는지에 대한 정보들을 얻습니다.

특히 이 자료들이 쌓이면 전문성을 띤 회사의 자산으로 남길 수 있습니다. 만약 언론사 등에 인용되거나 하면 더욱 회사 홍보에도 도움이 됩니다. 하지만 이렇게 글을 적고 정리해서 보내는 일이 쉬운 일은 아닙니다. 때로는 보내도 답이 없는 고객이 너무 많을 수도 있습니다. 그러나 전문성 있는 사업자로 고객들에게 자리매김하고 싶다면 반드시 해야 합니다.

보낼 때, 가능하면 비용을 들이더라도 메일침프(Mailchimp, https://mailchimp.com/)나 스티비(Stibee, https://stibee.com/) 같은 서비스들을 이용하기를 권합니다. 누가 읽었는지 안 읽었는지도 확인이 되고, 이메일로 보낸 내용이 쌓여서 정보가 한곳에 집중됩니다. 전체적인 기록이 있는 그대로 남아 있으므로 이를 기반으로 합리적인 의사결정을 하는 데 활용할 수 있습니다.

6) 시장에 안착했는지 안 했는지 확인하기

아무리 설문조사를 믿지 말라고 해도, 정말 아무것도 안 하기에는 마음이 놓이지 않을 것입니다. 뭘 하든 수고는 들 것이고, 실제 제품을 던져줘도 실제 고객의 행동을 분석/조사하는 것은 나름 수고가 많이 드는 일이기 때문입니다. 그래서 간단하게라도 '시장에 잘 안착했는지 안 했는지' 간단하게 물어볼 수 있는 것이 있습니다. 이것을 '제품/시장 적합 설문조사(product/market fit survey, PMF survey)'라고 합니다.

이 질문은 2009년 Dropbox의 초기 멤버인 션 엘리스(Sean Ellis)[96]가 개발했습니다. 이 핵심 질문은 "만약 [제품]을/를 더 이상 사용할 수 없다면 어떠실 것 같나요?"를 묻는 것입니다.

> Q. 만약 [제품]을/를 더 이상 사용할 수 없다면 어떠실 것 같나요?
> ▶ 매우 속상할 것 같다
> ▶ 속상할 것 같다
> ▶ 별로 속상하지 않을 것 같다
> ▶ 현재 더 이상 [제품]을 사용하고 있지 않다.

이 설문조사는 아래 두 가지를 염두에 두고 해야 합니다.
1. 우리 제품을 실제 사용해 본 고객을 대상으로 진행해야 합니다. 써보지 않은 사람들에게 이 설문조사를 하게 되면 '현재 더 이상 [제품]을 사용하고 있지 않다'에 치우칠 수 있습니다.
2. 최근 언제 이용했는지도 기준에 둬야 합니다. 션 엘리스는 적어도 제품을 두 번 사용해 봤으면서 최소 2주 안에 마지막으로 제품을 사용해 본 사람들을 대상으로 하기를 권장하고 있습니다.

이 결과는 이렇게 분석해야 합니다. '매우 속상할 것 같다'가 40%를 넘으면 제대로 된 시장을 찾았다고 할 수 있습니다. 그리고 초창기에는 최소 30명에

---

96. PMF에 대한 예시는 https://pmfsurvey.com/demo/, 션 엘리스의 블로그는 http://www.seanellis.me 참조하시면 됩니다.

게는 응답을 받아야 유의미합니다. 초창기라면 '매우 속상할 것 같다'라고 한 사람을 몇 명이라도 찾아가야 합니다. 이른바 이분들이 팬이 될 확률이 높기 때문입니다. 잘 되는 곳에 기름을 부어서 불을 더 질러야 합니다.

7) 허세지표[97]에 속지 말자

많이들 실수하는 것 중 하나가 서비스나 앱이 얼마나 성공적인지를 알기 위해서 이런 수치를 대표나 프로덕트 매니저들이 모으려 한다는 것입니다.

- ▶ 웹페이지의 히트 수
- ▶ 앱의 다운로드 수
- ▶ 팔로워 수
- ▶ 좋아요 수
- ▶ 가입자 수

그런데 이 수치들을 잘 보시면 이것으로 '할 수 있는 게 뭐지?'라는 의문이 들지 않으시나요? 이 질문들에 답을 해보시기 바랍니다.

- ▶ 이 숫자를 얻기 위해 내 역할이 얼마나 공헌했는지 명확한 구분이 가능한가요?
- ▶ 이 숫자에 따라 내가 다음 달, 다음 해에 무엇을 해야 하는지, 어떤 행동을 취해야 하는지가 명확해지나요?

즉, 신호는 왔는데 다음 행동을 결정하는 데에는 뭔가 도움이 될 만한 정보가 안 보입니다. 게다가 이 수치들이 다 '누적' 수치입니다. 중간에 여러분이 뭔가 잘못했다 하더라도 그 정보가 누적에 묻혀서 사라지기 딱 좋습니다. 가장 큰 문제는 이것을 가지고 팀 간에 평가를 한다든가 하는 데 써먹으려고 하는 것입니다. 가끔씩 여러분들은 금융기관에 다니는 친구들에게 '이 앱 좀 깔아줘, 그리고 추천자에 내 이름 넣어줘'라고 요청을 많이 받으실 것입니다. 문제는 여러분이 그렇게 다운로드받고 설치를 했지만 실제 쓰는 경우는 매우 물

---

97. 김영욱, 좋은 PM은 '허세 지표/메트릭'을 사용하지 않습니다.(2020. 8. 31.), https://brunch.co.kr/@ywkim36/25

다는 것입니다. 결국 허세일 뿐, 실제 고객이 있는 시장에 성공적으로 안착한 것인지 알 수도 없고 뭔가 다음 행동을 결정할 수 있는 정보도 주지 못합니다.

그럼 어떻게 해야 할까요? 언제나 그렇듯이 모든 것에 다 맞는 은탄환은 없습니다. 그래서 사람들이 온갖 수치들을 고민을 합니다. 여러분이 무언가 지표를 설정한다고 하면 늘 '의심'을 꼭 해보시기 바랍니다. '이게 지금 맞는 건가?'라고 의심을 더 하면서 더 나은 방법은 없는지를 고민해야 합니다.

심지어는 위에서 이야기한 '허세 수치'조차, 기간별로 어떤 변화가 있는지 코호트 분석(cohort analysis)으로 바꿔 놓으면 매우 도움이 됩니다. 예를 들어, 세로축으로 1주일마다 앱의 다운로드 숫자를 추적하고 가로축으로 이때 다운로드받은 사람들이 얼마나 서비스 이용을 유지하는지를 보는 것입니다. 이렇게 하면 이 1주일마다 다운로드받은 사용자들이 얼마나 살아남는지를 보면서 시장에 지금 얼마나 잘 안착했는지를 볼 수 있습니다.

그 외에도 다양한 수치가 있습니다. 혹은 여러분이 여러분 조직에 맞는 적합한 수치를 만들어 낼 수 있습니다. 진실하기만 하다면 충분히 좋은 방법을 찾아내실 수 있을 것입니다. 그러나 역시 핵심은 '진실함'입니다. 사실에 맞지 않는 수치 분석인지 아닌지 의심하고 또 의심해야 합니다. 그리고 이른바 여러 웹 분석 도구의 수치는 아주 정확하지 않습니다. 그러니 추세를 보면서 확인해 봐야 합니다.

3-5 » 테크스펙 - 새로운 기능을 만들 때 같이 쓰고 일하자

앞서서 이야기한 프로덕트 로드맵, 릴리즈 플랜, 거꾸로 일하기 보도자료 등등의 문서들은 뭔가 큰 프로덕트를 정의하는 용도입니다. 이렇게 갈 수도 있지만 실제 소프트웨어나 서비스가 만들어질 때, 상대적으로 '자잘한' 기능들의 개선 혹은 문제해결을 해야 하는 일이 더 많을 것입니다. 이럴 때는 어떻게 해야 할까요? 특히 요새 서비스들은 하루에도 여러 번 배포해서 지속적인 변화를 만드는 경우가 허다합니다. 그만큼 자주 많은 기능들을 만들고 배포해야 하는데 어떻게 의사소통을 하나요?

이럴 때, 보통은 그냥 사내 업무용 메신저나 이메일로 '이러이러한 게 필요해'라고 개발 부서에 보내 버리고 그냥 지나가 버린 뒤 나중에는 '엉뚱한 제품'을 만들어 오거나, 아니면 계속해서 '이게 뭐예요?'라고 물어보는 개발 부서의 질문에 기획 조직이 질려버리는 경우도 많을 것입니다.

저는 이런 문제를 '테크스펙'이라는 것을 이용해서 해결하고 있습니다. 테크스펙이란 의사결정에 필요한 관련된 사람들(stakeholders)이 아래와 같이 어떤 제품을 만들어야 하는지를 정의하는 '한 개의 문서'를 말합니다. 참고로 아래 문서는 뱅크샐러드[98]에서 이용하고 있는 테크스펙의 내용입니다. 다른 회사들의 테크스펙 양식들도 쭉 검토해 봤는데 제일 눈에 쉽게 들어오고 쓰기 좋아서 사용하고 있습니다.

요약(Summary)

가장 먼저 테크스펙을 세 줄 내외로 정리합니다. 테크스펙의 제안 전체에 대해 '누가/무엇을/언제/어디서/왜'를 간략하면서도 명확하게 적습니다.

배경(Background)

프로젝트의 맥락(context)를 적습니다. 왜 이 기능을 만드는지, 동기는 무엇인지, 어떤 사용자 문제를 해결하려 하는지, 이전에 이런 시도가 있었는지, 있었다면 해결이 되었는지 등을 포함합니다.

목표(Goals)

예상 결과들을 글머리 기호(bullet point)를 붙인 형태로 나열합니다. 이 목표들과 측정 가능한 임팩트들을 이용해 추후 이 프로젝트의 성공 여부를 평가합니다.

목표가 아닌 것(Non-Goals)

목표가 아닌 것은 프로젝트에 연관되어 있으나 의도적으로 하지 않거나 해결하지 않으려 하는 것을 말합니다. 목표가 아닌 것을 정하면 프로젝트 범위를 더 명확하게 할 수 있고, 이 기능도 붙이자, 저 기능도 붙이자 하는 것을 막을 수

---

98. https://blog.banksalad.com/tech/we-work-by-tech-spec/

있습니다. 목표처럼 목표가 아닌 것도 글머리 기호(bullet point)를 붙인 형태로 읽기 쉽게 적어 독자가 직관적으로 이해할 수 있도록 합니다. 목표가 아닌 것을 세부적으로 잘 적으면 프로젝트 범위를 넓게 보려는 독자들의 폭주를 막을 수 있습니다.

계획(Plan)

테크스펙에서 가장 긴 파트입니다. 준비한 모든 리서치, 준비 내용들을 여기에 씁니다. 어떻게 기술적, 엔지니어링적으로 접근할지 상세히 묘사합니다. 만약 어떤 부분을 어떻게 할지 확실히 결정하지 못한 상태라면 어떤 것들을 고려하고 있는지 목록화해서 적습니다. 그렇게 하면 이 문서 리뷰어들이 올바른 결정을 내리도록 도움을 주게 됩니다. 얼마나 기술적으로 깊게 써야 하는지는 이 테크스펙의 목적과 독자들에 따라 정합니다. 작성자는 생산적인 제안을 받을 수 있도록 충분히 상세하게 계획을 적습니다.

이 섹션은 프로젝트가 다른 시스템들과 어떻게 상호작용하는지 그림이나 다이어그램을 포함하기 좋은 지점입니다. 사용자와 시스템 간의 시퀀스 다이어그램, 서비스와 API 간의 데이터 흐름 다이어그램, 데이터베이스 ERD 등을 포함하면 독자의 이해를 한층 높일 수 있습니다.

또한 이 테크스펙이 로우 레벨까지 다뤄야 한다면 HTTP 응답 코드, JSON 요청/응답 포맷, 에러 명세 등까지 모두 다뤄져야 합니다.

이외 고려 사항들(Other Considerations)

고려하였으나 하지 않기로 결정된 사항들을 적습니다. 이렇게 함으로써 이전에 논의되었던 주제가 다시 나오지 않도록 할 수 있고, 이미 논의되었던 내용이더라도 리뷰어들이 다시 살펴볼 수 있습니다.

마일스톤(Milestones)

프로젝트를 제 시간에 맞추기 위해 테크스펙의 내용을 바탕으로 추정한 마일스톤을 공유합니다. 실험 계획, 배포 날짜를 포함해 최대한 자세히 적습니다.

이 문서를 관련된 모든 사람들이 같이 적어야 합니다. 그리고 모든 사람들이 일할 때마다 헷갈린다 싶으면 이 문서를 계속 열어보고, 이상한 것이 있다면 댓글을 통해서 '문제 있어요'라고 의견을 제시할 수 있어야 합니다.

기획자도 개발자도 디자이너도 자신이 뭘 원하는지 명확하게 정의 내리지 못하는 경우가 허다합니다. 언어라는 도구는 생각보다 부족한 도구이기 때문입니다. 하지만 언어를 통하지 않고 자신이 뭘 원하는지를 이야기할 수 없습니다. 그런데 기획자가 아예 무엇을 원하는지를 말로 적을 수도 없으면 개발 담당자나 디자인 담당자는 더더욱 무엇을 만들어야 할지 모르게 됩니다.

그래서 이러한 문서를 통해서 서로 '목표 합의'를 하는 것입니다. 저는 노션(https://notion.so)으로 이 테크스펙들을 관리하고, 관련 담당자들 모두에게 이 테크스펙을 작성하게 합니다. 최종 편집은 제가 다시 하지만 관련 담당자들이 이 문서를 한 줄이라도 적게 하는 것이 중요합니다. 심지어는 문서를 쓰는 과정 중에서 '이거 필요한데?' 혹은 '이거는 필요한 기능이 아닌데?'라는 판단도 해본 적이 있습니다. 실제 코딩에 들어갈 필요도 없이 의사결정을 내릴 수 있어서 시간을 아끼게 됩니다. 그리고 모든 정보는 이 문서 하나에 들어가 있기에, '이건 어디 있어?'라고 헤매지 않아도 됩니다.

때로는 이런 문서를 작성하는 것을 거부하는 사람들도 봤습니다. 여러 번 권유도 해보고, 설득도 해봤지만 절대 '문서를 남기지 않겠다'는 의지를 가지고 도망을 다니는 황당한 사람들이었습니다. 이럴 때는 이런 사람과는 더 일하지 않겠다고 선언을 해야 합니다. 사실에 근거한 기록을 남기지 않겠다는 의지를 보이는 사람은 언제나 문제를 일으키기 때문입니다. 그래서 '모든 것이 글쓰기'라는 실용주의 프로그래머[99]의 말은, 진정 진리라고 생각합니다.

3-6 » 관리할 수 없는 모든 것을 다 해준다고 하면 무슨 일이 벌어질까?

'그래도 고객이 짜다면 짠 거야'라고 하면서 다 들어주라고 강요하는 경영진들이 있습니다. 위에 이야기한 샌드버드의 경우처럼, 처음에는 소수 고객

---

99. 데이비드 토머스, 앤드류 헌트 저 / 정지용 역, 『실용주의 프로그래머』 | 인사이트

들에게만 제공하다가 서서히 전체 기능으로 확장하게 잘 관리할 경영진들만 있으면 그나마 낫긴 합니다. 그러나 보통은 그럴 능력이 없는 경우가 많습니다. 그래서 웬만하면 하지 말라고 하는 것입니다. 능력 밖의 일을 하게 되면 정말 감당할 수 없기 때문입니다.

어느 보안 솔루션 회사가 있었습니다. 이 회사 제품은 '발발이'(실제 제품명이 아니라 일부러 제가 이름을 숨기려고 지은 이름입니다.)인데, 업계에서는 유명한 제품이었습니다. 보안 솔루션의 특징상 기업들의 환경에 대한 여러 가지 다양한 문제에 대응을 해야 하는 경우가 많습니다. 어느 날 A라는 기업은 발발이를 완전히 자기 환경에만 맞는 솔루션으로 만들어 달라하고 B라는 기업도 자기들 환경에만 맞는 것을 해달라고 동시에 요청을 해왔습니다. 경영진은 '통 크게' 가기로 했습니다. '모두 다 따로 만들어서 지원해!'

개발 조직은 이 두 가지 요구사항이 서로 완전히 모순돼서 같이 만들 수 없는 것이라는 결론을 내렸습니다. 그래도 경영진에서 지원하라고 하니 어쩔 수 없이 '소스코드를 분리'하기로 결정했습니다. 즉 발발이-A 회사 버전, 발발이-B 회사 버전, 발발이 일반 버전을 만들기로 했습니다. 단순히 설정으로 행동이 바뀌게 할 수 없는 수준의 요구사항이었기에 이렇게밖에 할 수 없었습니다.

문제는 이다음부터 일어났습니다. 발발이 일반 버전에 문제가 있는 부분이 있어서 해결한 새 버전을 만들었습니다. 그런데 이것을 발발이-A 회사 버전, 발발이-B 회사 버전에 적용하려고 하는데 쉽지 않게 된 것입니다. 서로 버전이 갈라지게 되면, 결국 각 버전의 고객이 달라지고, 요구사항이 각자 마구잡이로 들어가게 됩니다. 그런데 이렇게 들어가다 보면 발발이는 사실상 '3개'의 제품으로 갈라집니다. 세 가지로 갈라진 버전의 소프트웨어를 제한된 인력으로 다 유지보수해야 한다면 어떻게 될까요? 일이 세 배로 늘어나게 됩니다. 이를 위해서 인력을 추가하게 되면 '비용이' 그 이상이 들게 됩니다. 의사소통 비용이 세제곱으로 보통 늘어나게 되기 때문입니다.

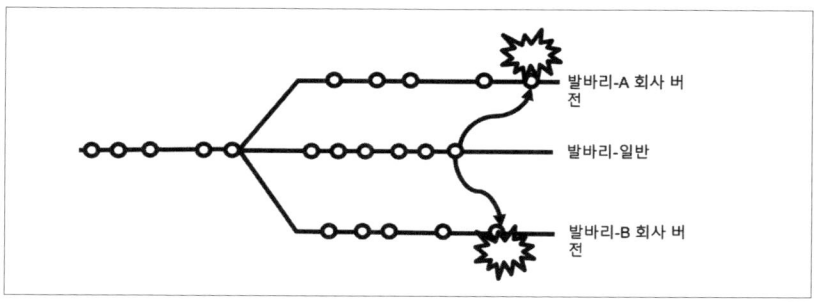

[그림3-8] 소스코드가 고객별로 갈라지면 어떤 일이 일어나는가. 여기서 ○는 새로운 기능이 추가된 버전을 말합니다. 이것이 나뭇가지처럼 갈라져서 시간순으로 계속 추가하게 되면 어느 순간 합칠 수 없는 상황이 벌어집니다. 이렇게 되면 이 소프트웨어의 품질을 관리할 수 없게 됩니다.

요구사항을 안 받아도 문제가 되지만, 잘못 받으면 회사의 비용을 끝도 없이 증가시키는 일이 일어나게 됩니다. 기업이란 게 간단하게 말하면 매출이 발생하면 그것보다 적은 비용을 쓰고 순이익을 남기는 것이라 할 수 있습니다. 그런데 결정 한 번 잘못 내려서 비용을 세 배, 네 배로 늘려버리면 어떨까요? 그래서 이러한 결정은 매우 신중하게 내려야 합니다. 그래서 CTO나 개발 총책임이 참여하지 않은 개발 관련 의사결정은 안 내리는 게 낫습니다. 대표가 '통 크게' 지르는 결정이라면 더더욱 위험할 수 있습니다.

3-7 » 왜 개발자는 맨날 모자라지?

소프트웨어나 서비스 회사의 경영자들이 맨날 듣는 이야기가 이것입니다. '개발자가 모자라니 더 채용해야 회사가 성장합니다.' 정말 사람이 없을 수도 있습니다. 그러나 개발자들은 사실 대부분 회사에서 몇몇 임원급들이 아니고선 제일 비싼 연봉을 받는 편입니다. 게다가 장비들도 엄청납니다. 다른 직원들은 랩톱 컴퓨터 하나만 주면 다 할 수 있는데, 이 분들은 컴퓨터도 가장 비싼 걸 사주어야 하고, 모니터는 최소 두 개, 키보드와 마우스도 자신의 취향에 맞는 걸 사주지 않으면 일을 할 수 없다며 큰 소란을 일으킵니다. 재무 담당자는 그래서 개발자를 더 뽑았다가는 회사가 망한다 하고, 사업부나 영업부에서는 개발부가 일을 못 해내고 있으니 빨리 더 일을 할 수 있게 해달라고 합니다.

어떻게 된 걸까요? 제 지인인 박영록 님은 자신의 블로그에 『개발자가 모자라요』[100]라는 글을 썼습니다. 이 글을 읽다 보니 경영자들이 이 내용을 좀 알면 도움이 되겠다 싶어서 정리해 봅니다.

핵심은 병목 자원 관리입니다. 어떤 일이 A, B, C, D 이렇게 이어지는데 전체 흐름이 느리다고 생각해 봅시다. 그러면 이 중에서 느린 작업이 보일 것입니다. A와 C가 느리다고 가정해 봅시다. 이럴 때 쓸 수 있는 방법은 그것은 바로 'A와 C가 시간을 효율적으로 활용하도록 하는 것'입니다. 그러면 A나 C의 시간 낭비를 어떻게 줄여야 할까요? 첫째, 병목 자원에서 '대기 시간'을 최소화해야 합니다. 계속해서 일을 처리할 수 있도록 하는 것입니다. 둘째, 이 병목 자원에서 '불필요한 작업을 하지 않도록' 조치해야 합니다.

보통은 바로 '개발자'들이 제일 느린 조직입니다. 즉 병목 자원입니다. 개발자들은 왜 '대기'할까요? 한마디로 뭘 만들지 정확하게 정의하지 않았기 때문입니다. 어설프게 기획된 요구사항이 오면 디자인팀에, 기획팀에 물어볼 수밖에 없습니다. 물론 완벽하게 되었다고 해도 똑같습니다만 그래도 회의는 덜 하게 되죠. 그러나 대부분은 이 부서 저 부서에서 제대로 만들어지지 않은 기획들이 오는 게 보통입니다. 결국 회의하고 물어보니 대기 시간이 늘어납니다. 결국 개발 시간이 늘어집니다. 어설프게 기획된 요구사항이 오면 병목 자원인 개발부가 더 늦어지게 만드는 것입니다. 이래 놓고 개발팀이 개발 안 해준다고 불평불만만 늘어나는 거죠.

이걸 해결하려면 어떻게 해야 할까요? 첫째, 다른 조직이 놀아야 합니다. 개발팀이 일을 끝낼 때까지 다른 조직들은 쉬어야 합니다. 왜냐하면 어차피 열심히 다른 기획이나 디자인팀이 일을 해서 쌓아 놔도 개발 자체가 진행이 안 되기 때문입니다. 오히려 이 기획이나 디자인을 위해서 개발팀에 '조언이나 리뷰를 부탁드립니다' 하다가 오히려 개발팀이 '긴 시간을 두고' 일을 집중해서 하는 데 방해만 됩니다.

차라리 다음 아이디어는 '아이디어'로 내버려 두고, 그동안에 개발팀이 일을

---

100. http://youngrok.com/개발자가 모자라요

끝낼 수 있도록 기획, 디자인 그리고 필요하다면 다른 전체 조직이 도와주어야 합니다. 개발팀이 일을 끝내면 기획이나 디자인팀이 '아이디어'를 들고 '구체적인 요구사항'으로 다듬어 가는 게 낫습니다. 왜 이럴까요? 병목 자원의 가치가 1,000이면 비병목 자원의 가치는 사실상 0에 가깝기 때문입니다. 병목 자원을 잘 써야 전체 조직의 생산성이 올라가기 때문에 이런 극단적인 비교 가치가 나옵니다. (다른 조직이 개발팀에 비해 '인간의 가치'가 떨어진다는 뜻은 아닙니다.)

둘째, 불필요한 일을 제거합니다. 어떻게 해야 할까요? 개발이 필요한 일인지 아닌지 구분을 해야 합니다. 원래 글에서는 개발자 없이도 어드민 시스템을 잘 만들어서 개발자가 개입을 덜 해도 되게 만들라는 이야기가 나옵니다. (이 글이 2024년 현재 기준으로 10년 전 글임을 고려해 봅시다.) 요사이 저라면 노코드 도구를 먼저 써서 대응해 보라고 하겠습니다. 아예 신제품을 만들지 말지부터 고민한다면 랜딩 페이지 테스트도 좋고, 만든다고 하면 우선 노코드 툴로 최대한 버텨보고 최대한 성숙되면(proof of concept, PoC가 성숙했다는 표현을 인용 글에서는 이야기하고 있습니다.) 그때 코드를 작성해서 개발하는 것도 좋은 전략이라고 생각합니다.

그러고 이 글에서는 각 부서에 실제 그들의 업무를 도와줄 '개발자'를 배치하라고 합니다. 영업 부서에서 개발팀에 요청하는 게 아니라 영업 부서에 개발자 한 명이 배치되어 있다면? 혹은 기획팀에 이런 파일럿 제품 개발을 위해 노코드를 전문적으로 다루는 개발자가 배치되어 있다면? 아마 본격적인 개발 전에 많은 일들을 정리할 수 있을 것입니다. 이런 게 가능하냐고요? 네, 가능합니다. 실제 제가 일하던 모 회사에서 기획팀에 일부러 경력이 있는 개발자를 배치해서 본 제품이 아닌 테스트용 앱을 만들어서 고객 행동을 추적하고 고객의 행동을 어떤 식으로 유도할지 실험을 해서 그 결과를 그로스 해킹(Growth hacking)전략을 세우는 데 썼습니다. 이 방법은 실제 매우 효과적이었습니다.

즉 개발자가 모자란 게 아니라 개발자들을 잘 배치하지 못한 경영의 문제였다는 것이 저자의 의견입니다. 저 역시 같은 의견입니다. 많은 대표들이나 기획자들이 한창 개발팀에서 현재 해야 하는 일을 열심히 하고 있는데, 계속해서 '나 새로운 아이디어가 있어'라면서 자꾸 불러내서 새로운 아이디어라고 열심히 설명하고 '언제쯤 돼요?'라고 보챕니다. 그러면서 사람 많이 붙여주면 일을 빨리할 수 있냐고 물어봅니다. 제가 이럴 때 들려주는 답은 이렇습니다.

1. 임산부 9명이 있다고 한 달 안에 아기가 나오지 않습니다.[101]
2. 소프트웨어 개발은 중간에 사람을 늘리면 늘릴수록 커뮤니케이션 비용 때문에 더 늦어집니다.[102]
3. 지식 노동자의 노동에는 일정하게 방해받지 않고 집중해서 일하는 시간이 필요합니다. 이 시간 동안 다른 일로 방해받으면 다시 일을 시작하기가 매우 힘듭니다.[103]

이 답들은 소프트웨어 엔지니어링 관리의 핵심 격언 중의 하나입니다. 무려 1960년대부터 나온 이야기입니다. 그런데 의외로 많은 대표님이나 VC들이 이를 잘 모릅니다. 목표를 주고, 그 성과를 달성했느냐 안 했느냐를 따져야지, 그에 알맞은 행동들 예컨대 지각을 몇 번 했느냐, 중간에 휴가를 얼마 썼느냐로 관리를 하려고 하면 안 됩니다. 이런 것을 '성과주의적 직무 인식'이라고 합니다. 이에 대해서는 다음 장에 자세하게 설명하겠습니다.

그런데 가끔 보면 개발 부서 사람들에게만 특혜를 베푼다고 하면서 비개발 부서 사람들이 항의하거나 불만을 제기하는 경우가 있습니다. 왜 저 친구들만 정시 출근하지 않느냐, 모니터는 왜 많이 사주고 심지어 키보드는 최고급으로 사주냐, 재택근무는 왜 시켜주냐는 등… 주위 많은 대표들이 이 갈등을 해결하기 위해서 비개발 부서 사람들을 여러 가지로 설득을 하려고 했으나 실패하는 것을 자주 봤습니다.

그래서 갈등이 심해지면 개발자들만 다른 공간에서 일하게 하는 방식을 쓰는 경우를 많이 보았습니다. 층을 달리 한다든가, 아예 다른 건물에서 일하게 하는 것입니다. 서로 남이 일하는 방식에 대해 왈가왈부하지 못하게 하겠다는 것이었습니다. 그런데 보통 이런 경우는 개발이라는 업무 자체를 이해 못하는 일부 임원들이 자신의 의견을 여러 사람의 의견인 양 이야기하는 경우

---

101. 프레더릭 브룩스 저/ 강중빈 역, 『맨먼스 미신』 | 인사이트
102. 프레더릭 브룩스 저/ 강중빈 역, 『맨먼스 미신』 | 인사이트
103. 이원재(2007. 7.), 피터 드러커의 시간관리법, 한겨레21 https://h21.hani.co.kr/arti/economy/economy/20226.html

인 적이 많았습니다. 이 회사가 소프트웨어나 서비스를 만드는 회사라면, 이 일부 임원들을 어떻게 하는 것이 회사에 도움이 될까요? 의사결정은 여러분에게 맡기겠습니다.

3-8 » 외주 개발사를 쓰려면, 반드시 이를 최고 관리자 수준에서 관리해야 한다

가끔 일이 바쁘고 당장 쓸 사람이 없다고 해서 이른바 외주 개발사를 찾는 경우가 있습니다. 그럴 수 있습니다. 적절한 외주 개발사의 도움은 가뭄 때 비 같은 존재입니다. 사내 개발자를 무한정 뽑을 수가 없는 현실인 데다가, 고급 개발자는 비싸니까요. 그럼 이렇게 생각할 수 있을 겁니다. '제품 A는 우리 내부에서, 제품 B는 외주로 개발'하면 되겠네. 네, 그러시면 안 됩니다. 제품 B를 총괄하는 사내 개발자 혹은 관리자가 '반드시' 있어야만 합니다. '다 되는 거 만들어와서 돌리기만 하면 되게 해주면 좋은 거 아니냐?'라고 물어보실 분들이 있습니다. 그런데 절대 그렇게 되지 않습니다.

첫째, 외주 개발사가 어느 구조로 코드 작업을 할지 의사결정하는 데 관심을 두지 않으면 대부분 자신들이 해온 대로만 하게 됩니다. 만약에 특정 기술로 개발해야 하는데 이에 대해 초기 합의 없이 '알아서 잘 해오겠지'라고 하면 망합니다. 나중에 그 코드를 내부에서 유지보수하지 않을 수 없을 것이기 때문입니다.

둘째, 적절한 품질로 만들어 오는지 아닌지를 확인해야 합니다. 앞서 이야기했듯이 소프트웨어가 비싼 것은 '유지보수성' 때문이라고 했습니다. 대부분의 외주회사들은 지금 우리 일 말고도 여러 회사의 일을 하고 있습니다. 그러다 보니 비효율적이거나 나쁜 품질의 코드를 그냥 찍어내는 경우도 많습니다. 특정 아키텍처를 써서 해달라가 아니라, 최소한 단일 책임 원칙(SCP), 개방-폐쇄 원칙(OCP), 인터페이스 분리 원칙(ISP) 등은 써서 코드를 정리해 달라고 해야 합니다. 여기저기 복사-붙여 넣은 스파게티 코드들은 나중에 유지보수 자체가 불가능합니다. 이른바 '개념 확인'용의 제품이 아니라면 제대로 된 주석과 문서, 그리고 적정한 코드품질을 요구해야 합니다.

셋째, '내 컴퓨터에서는 잘 돼요'라는 소리를 들을 수 있습니다. 이른바 CI/CD가 없을 확률이 매우 높습니다. 그래서 외주에서 온 변경코드가 CI/CD를 통해서 제대로 테스트/빌드되는지를 확인하는 과정이 반드시 있어야 합니다. 이게 없으면 막상 쓰려고 할 때, 외주 개발사의 환경에서만 멀쩡할 수 있습니다. 반드시 우리 회사에서 CI/CD가 돌아가게 해야 합니다.

그러다 보니 가능하면 엔지니어링에서 '최고 관리자(CTO나 VP of engineering)'가 이를 챙기거나, 적어도 팀장급 사람이 하나 붙어서 지속적으로 반복 개발을 할 수 있게 관리해야 합니다. 그런데 이 정도 할 수 있는 관리자의 임금도 만만치 않습니다. 즉, 단순히 돈을 아끼겠다고 외주를 쓰면 안 됩니다. 그럼 언제 써야 할까요? 사내에 해당 기술 전문가가 없는데 해당 기술이 반드시 필요한 경우입니다. 그리고 그 기술을 내부 구성원들이 '습득할 시간'이 없을 때에만 써야 합니다. 그 기술을 이해조차 못 하는 관리자를 세우고 그냥 관리 안 하면 '그냥 좋은 거지' 하고 넘어가 버릴 수밖에 없습니다. 또는 정말 한 번 쓰고 버릴 제품을 만드는데 내부 인력을 쓸 수 없을 때 쓰는 것입니다. 이는 내부 인력의 자원을 쓰기에는 '너무 실험적'인 경우를 말합니다.

여기서 '관리'를 하라는 뜻은 반복 개발할 수 있게 일정을 관리하고, 산출물로 나온 코드들을 이해할 만큼 학습하고 때로는 더 나은 대안을 제시하고, 최종적으로 해당 외주사가 없어도 이 제품을 내부에서 유지보수할 수 있게 사람들을 육성해서 완전히 회사의 자산으로 흡수하라는 것을 의미합니다.

예전에 이런 경우를 본 적이 있습니다. 어느 회사가 웹서비스를 리액트[104]로 만들었는데 이를 앱으로 만들기 위해서 외주를 주었습니다. 보통은 하이브리드 앱(앱 안에 웹브라우저를 내장하고, 기존 서비스를 올리면서 하드웨어와 연결해야 하는 부분만 연결해서 앱에서 처리하는 방식)을 만들어서, 다시 앱의 화면을 만들지 않는 게 보통입니다. 그런데 이 외주회사는 리액트 네이티브[105]로 모든 화면을 '다시' 만들어 버

---

104. 페이스북에서 만든 '사용자 인터페이스를 만들기 위한 자바스크립트 라이브러리'입니다. https://react.dev/
105. 페이스북에서 리액트 기술을 기반으로 만든, 여러 모바일 플랫폼에서 돌아갈 수 있게 만든 모바일 앱 기술입니다. https://reactnative.dev/

렸습니다. 게다가 그 논리구조 전체를 다 다시 중복해서 만들어 버렸습니다. 결국 기능을 하나 추가할 때마다 웹과 앱을 각자 다 고쳐야 하는 이상한 일이 생겨 버린 것입니다. 하도 황당해서 "이거 외주사가 본사와 이야기 안 하고 만들었어요?"라고 물어봤더니 답은 이렇게 왔습니다. "몰라요, 그냥 이렇게 되었어요. 당장 출시를 해서 꾸역꾸역하고 있어요." 결국 이 회사는 이 앱을 버리고, 곧 서비스 자체를 종료해 버렸습니다.

3-9 » 핵심 개발자를 '반드시' 제거하라

이 부분은 개발부서를 관장하거나 CTO이신 분들이 보시면 좋을 것 같습니다. 제럴드 와인버그의 프로그래밍 심리학[106]이란 책을 보면 이런 무서운 문구가 나옵니다.

> "절대 없어서는 안 될 프로그래머가 있다면 한시라도 빨리 그를 프로젝트에서 제거하라"

이 말에 앞서서 이런 말이 있습니다.

> "핵심 인력이 현재 직무에 매우 만족하고 있더라도 사람은 뜻하지 않게 아플 수도 있고 징병될 수도 있으며 죽을 수도 있다. 따라서 안정적인 프로젝트를 원한다면 관리자는 다음의 격언을 명심해야 한다."

잘하는 사람을 왜 굳이 그것도 '제거'하라니? 암살자를 보내라는 뜻이 아닙니다. 개발 조직을 보다 보면 특정한 사람의 영향력이 너무 커서 그 사람이 없어지면 무너져 버리는 경우들을 종종 봅니다. 심지어는 이런 핵심 인물을 잡기 위해서 연봉을 올려 주긴 하지만 결국 잡을 수 없는 경우도 있습니다. 이미 번아웃되어 지쳐버리는 일이 생기는 것이지요. 최종 목표는 이 사람이 한 달 동안 휴가를 가도 일이 다 잘되는 것입니다.

---

106. 제럴드 M. 와인버그 저 / 조상민 역, 『프로그래밍 심리학』 | 인사이트

그러면 어떻게 해야 할까요? 제가 썼던 방법을 알려드리겠습니다. 첫째, 그 사람이 가진 임무들을 먼저 나눠봅니다. 실제 이런 사람들의 직무를 퇴사할 때가 되어서야 나눠주다 보면 서너 명에게 나눠주는 모습을 종종 봅니다. 이런 일이 일어나기 전에 해당 임무들을 여러 사람들에게 나눠줘야 합니다.

둘째, 그 사람의 일을 감당할 만한 경력자를 채용하든지 키웁니다. 이런 일은 대부분 능력 있는 사람들이 다 떠맡고 있는 경우가 많습니다. 이 사람 빼고 나머지는 모조리 초심자들인 경우가 많죠. 이래서는 결국 한 사람만 지쳐 나갑니다. 그러므로 그 일을 감당할 만한 사람을 뽑아서 일을 나눠줘야 합니다. 아니면 최소한 초심자들 중에 재능 있는 사람을 키워서라도 줘야 합니다.

셋째, 문서화를 해야 합니다. '이건 누구한테 물어봐야 돼요?'라고 하면서 꼭 한 명에게 다 몰리는 경우가 있습니다. 이럴 때를 대비해서 문서들을 정비하고 위키 같은 온라인 문서 시스템을 구축해서 '여기부터' 보라고 해야 합니다. 단순 문서를 넘어서 요새는 RAG(retrieval-augmented generation)와 LLM(large language model)을 이용해서, 자연어로 질문만 하면 해당 문서들을 뒤져서 적절한 답을 제공하는 지식기반 시스템을 구매해서 쓰는 회사도 많이 생겼습니다. 이럴수록 최신 정보로 계속 업데이트하고 관리하는 게 필요합니다.

보통 이런 사람들을 보면 많은 사람들에게 영향을 크게 미치는 일인데 그냥 묵묵히 손으로 혼자 하고 있는 일들이 분명히 있습니다. 예컨대 특정 데이터 처리를 위한 배치처리에 대한 감사나 유지보수, 각종 관련 부서의 데이터 요청, 특정 고객에게 제품 데모나 기술 지원까지…… 많이 있습니다. 잘 털어봐야 합니다.

그렇게 핵심 개발자를 '제거'해서 전체 프로젝트의 안정성을 키워야 합니다. 이런 거 없이 머리 숫자만 보고 관리하면 매우 위험한 상황을 맞이하실 것입니다. 파레토의 80:20의 법칙까지는 아니라도 무언가 십자가를 매고 고생하는 소수는 반드시 있습니다. 이런 사람들을 '빨리 제거'해서 번아웃 되기 전에 지켜내야 합니다. 이런 게 없으면 이른바 X소기업이 되는 것입니다. 성공한 기업은 결국 SSPP(structure-system-process-people)를 제대로 만들어서, 집단의 힘으로 개인의 힘을 넘어서서 이룬 것입니다. 한 사람에게 의존적인 기업이 되면 제대로 된 기업이 되기 어렵습니다.

3-10 » 파괴적인 아이디어나 기술이 시장을 와해시키는 조건

『초난감 기업의 조건』[107]이라는 책이 있습니다. 우리가 알고 있는 여러 실리콘밸리의 IT기업들이 어떤 난감한 마케팅 활동으로 사업을 날려 먹었는지에 대한 이야기들을 적고 있습니다. 이런 실수담들을 통해서 어떤 실수를 할 수 있는지를 배울 수 있기에, 자주 찾아서 읽어봅니다.

이 책에는 파괴적인 아이디어나 기술이 시장을 와해시키려면 이러한 조건을 가지고 있는지 체크하라고 리스트를 소개하고 있습니다.

- ▶ 변화하려는 아이디어가 있어야 한다.
- ▶ 시장이 변화를 요구해야 한다.
- ▶ 변화가 이득이 되어야 한다.
- ▶ 변화를 뒷받침할 기반 구조가 있어야 한다.
- ▶ 변화를 퍼트릴 메커니즘이 있어야 한다.
- ▶ 적당한 가격 범위에서 변화해야 한다.
- ▶ 변화 후 품질이 적정해야 한다.

특히 이 책에서는 1999년에서 2001년까지 애플리케이션 서비스 제공자(application service provider, ASP) 기술이 모두의 예상을 빗나가고 수그러든 이유와 서비스로 제공되는 소프트웨어(Software as a Service, SaaS) 규약 아래에서 부활하는 이유를 위의 조건에 대입해서 설명하고 있습니다. 이 표를 보시면, 지금 만들려는 소프트웨어/서비스가 진짜 파괴적인 아이디어나 기술인지 한번 생각해 볼 지점이 있습니다.

---

107. 릭 채프먼 저 / 이해영, 박재호 역, 『초난감 기업의 조건』 | 에이콘출판사

조건	상태
변화하려는 아이디어가 있어야 한다.	온라인상에서 애플리케이션을 제공한다는 아이디어는 1960년대부터 있었다.
시장이 변화를 요구해야 한다.	대부분 회사가 자체 IT 인력으로 애플리케이션을 유지보수하는 어려움에 진저리를 친다.
변화가 이득이 되어야 한다.	1999~2001: 확실히 초기의 ASP 회사는 고객에게 변화가 주는 이익을 납득시키지 못해서 고전했다. 특히 "사무용" 애플리케이션 시장에서 ASP로 바꿔야 할 분명한 이유를 제공하지 못했다. 2004~현재: 이제 SaaS 애플리케이션 개발자들은 고객사가 다른 곳에서 구하지 못하는 기능을 제공함으로써 새로운 시장 확보에 주력한다. 예를 들자면 주유소와 자동차 수리점이 사용하는 온라인 마케팅/영업 판촉 소프트웨어가 있다.
변화를 뒷받침할 기반 구조가 있어야 한다.	1999년에서 2001년 사이는 기반 구조가 미숙했으며, 특정 분야를 제대로 지원하지 못하는 애플리케이션도 있었지만 이것이 결정적인 이유는 아니었다. 당시 대다수 회사는 핵심적인 기반구조의 관건인 고속 인터넷을 사용하고 있었다.
변화를 퍼트릴 메커니즘이 있어야 한다.	인터넷이 배포 매커니즘을 제공했다.
적당한 가격 범위에서 변화해야 한다.	1999년~2001년: ASP 회사들은 자사가 제공하는 서비스에 매력적인 가격을 제시하지 못했으며, 대개 온라인 애플리케이션을 더 비싸게 책정했다. 가격을 비교해 본 고객들은 별로 구미가 당기지 않았다. 2004년~현재: 성공적인 SaaS 회사 대다수는 기존 소프트웨어 구매 비용보다 낮거나 적어도 비슷하게 비용 구조를 조정했다.
변화 후 품질이 적정해야 한다.	1999년~2001년: 대부분 적정하지 못했다. 초기 ASP 애플리케이션은 엉성하고 느렸다. 온라인 애플리케이션에 비해 기능, 인터페이스, 전반적인 사용성 면에서 현저하게 뒤떨어졌다. 2004년~현재: Ajax 기술이 퍼지면서 웹 기반 애플리케이션이 기능과 인터페이스 면에서 데스크톱 애플리케이션을 따라잡기 시작했다. 물론, 아직 따라잡으려면 시간이 걸릴 데스크톱 제품도 많다.

이 책에서는 대세는 온라인 애플리케이션으로 갈 것이며 대부분 기업들은 현재 소프트웨어 시스템을 오랫동안 유지할 것이라 했지만, 지금 보면 이미

MS Office조차 Office 365로 가는 등, 많은 서비스들이 온라인으로 옮겨갔습니다. 심지어 디스켓 모양의 아이콘이 왜 저장 기능을 의미하느냐고 물어보는 세대가 출현했습니다. 이 책이 2007년에 나온지라 현재 상황을 다 담고 있지 않기는 합니다. 하지만 현재 상황에서 비춰봐도 SaaS 제품군이 어떠해야 시장을 뒤흔들 수 있는지를 예측하는 데는 충분한 통찰을 준다고 봅니다.

한번 고민해 보아야 합니다. 지금 기획하는 제품이 위의 7가지 조건에 비춰 봤을 때, 합리적이고 제대로 된 답을 줄 수 있는지 말입니다. 그리고 그 결과를 당신이 생각하기에 가장 먼저 사용할 것 같은 고객이나 동료에게 보여주십시오. 뭐라고 피드백이 오는지를 들어보십시오.

사실 최근에 여러 곳에서 이런 SaaS의 사업 성패를 예측해 볼 수 있는 수많은 질문들을 많이 봅니다. 물론 이런 질문들에 답을 설득력 있게 적는다고 반드시 성공한다고는 할 수 없습니다. 하지만 생각하지 못했던 시각을 얻을 수 있습니다. 이러한 시각들 중에는 틀린 것도 있고 맞는 것도 있을 것입니다. 이를 잘 판단할 수 있는 방법은 어떤 것일까요? 사실 정답은 없습니다. 하지만 과거 역사들이 많은 답을 줄 수 있을 것입니다.

3-11 » 공공기관은 어떻게 디지털 서비스를 만들어야 하나?

앞서 설명한 나이스(National Education Information System, NEIS)의 경우도 그렇고, 공공기관의 디지털 서비스들은 참 만들기도 어렵고 만들어도 탈도 많습니다. 한국만 그런 게 아닙니다. 미국도 쉽지 않습니다. 2013년 버락 오바마가 주도한 오바마 케어 지원용 웹사이트(https://www.healthcare.gov/)[108]는 가입자 500명도 제대로 지원하지 못했다고 난리가 났습니다.

2012년 4월, 영국 정부는 정부 서비스 설계를 위한 '정부의 디자인 원칙 (Government Design Principles)'[109]을 공개했습니다. 즉 정부가 공공을 위한 서비스를

---

108. Robetta Rampton, Days before launch, Obamacare website failed to handle even 500 users, https://www.reuters.com/article/us-usa-healthcare-website-idUSBRE9AL03K20131122
109. https://www.gov.uk/guidance/government-design-principles

만들 때 어떻게 해야 하느냐에 대한 것을 적은 것입니다. 주요 목차는 이렇게 됩니다.

1. 사용자의 수요에서 시작하라(Start with user needs)
2. 덜 일 해라(Do less)
3. 데이터를 가지고 디자인해라(Design with data)
4. 단순하게 만들기 위해 노력해라(Do the hard work to make it simple)
5. 반복해라, 그리고 반복해라(Iterate. Then iterate again)
6. 모두를 위한 것이다(This is for everyone)
7. 문맥을 이해해라(Understand context)
8. 디지털 서비스를 만들어라, 웹사이트 말고(Build digital services, not websites)
9. 일관성을 유지하라, 획일적이 아니라(Be consistent, not uniform)
10. 개방성: 더 나은 서비스를 제공하라(Make things open: it makes things better)

이런 질문은 당연한 거 아니냐고 하시는 분이 계실 것입니다. 그러나 이런 가이드의 목적은 이런 질문들조차 생각해 내지 못하는 분들도 다시 질문하게 만들고 따라서 전체적으로 성과를 높이려는 것입니다. 그래서 개인의 높은 역량에 지나치게 의존하지 않고 조직 전체가 높은 성과를 유지하기 위해서는 이런 가이드들이 반드시 필요합니다. 이제 세부적인 내용을 소개해 드리겠습니다.

1) 사용자의 수요에서 시작하라(Start with user needs)

이 문장이 저는 너무 감동적이었습니다.

> 서비스 디자인은 사용자의 니즈를 파악하는 것에서 시작됩니다. 사용자의 요구가 무엇인지 모른다면 제대로 된 것을 만들 수 없습니다. 조사하고, 데이터를 분석하고, 사용자와 대화하세요. 추측하지 마세요. 사용자에 대해 공감하고, 사용자가 요구하는 것이 항상 필요한 것은 아니라는 점을 기억하세요.

제가 늘 '액터가 누구입니까?'라고 묻는 그 질문의 연장선상에서 이 가이드를 보고 있으면, 이 첫 질문이 얼마나 잘된 것인지를 알 수 있습니다. 누구의 문제를 해결해 주기 위해서 이 시스템을 만드는지가 제일 중요하다는 것이 여기서도 증명되고 있습니다.

2) 덜 일해라(Do less)

> 정부는 정부만이 할 수 있는 일만 해야 합니다. 효과가 있는 방법을 찾았다면 매번 같은 일을 반복하지 말고 재사용하고 공유할 수 있도록 만들어야 합니다. 즉, 다른 사람들이 구축할 수 있는 플랫폼과 레지스터를 구축하고, 다른 사람들이 사용할 수 있는 리소스(API 등)를 제공하고, 다른 사람들의 작업과 연결해야 합니다. 환원 불가능한 핵심에 집중해야 합니다.

가끔 정부가 '한국형 유튜브 만들겠다', '한국형 코세라(원격 교육사이트) 만들겠다'라고 발표를 할 때 정말 경악하게 됩니다. 그런 건 민간이 더 잘합니다. 정부는 무엇을 해야 하나? 민간이 못 하는 거 해야 합니다. 앞서 이야기한 마스크 앱처럼 API를 제공하고, AI hub(https://www.aihub.or.kr/)처럼 민간이 하기 어려운 일을 하면 됩니다. 민간이 더 잘할 수 있는 일 말고 정부가 잘하는 일을 해야 합니다. 이것에만 집중하면 됩니다. 괜히 민간에서 잘하고 있는 인디밴드 지원 서비스를 굳이 정부에서 만들겠다고 돈을 들일 필요가 없습니다.

3) 데이터를 가지고 디자인해라(Design with data)

> 대부분의 경우 기존 서비스가 어떻게 사용되는지 살펴보면 실제 행동에서 배울 수 있습니다. 직감이나 추측이 아닌 데이터가 의사결정을 주도하도록 하세요. 서비스를 출시하고, 프로토타입을 만들고, 사용자를 대상으로 테스트한 다음, 이에 대한 응답을 반복한 후에도 계속 그렇게 하세요. 분석은 항상 켜져 있고 읽기 쉬운 기본 제공 기능이어야 합니다. 분석은 필수적인 도구입니다.

제가 앞서서 이야기한 구글 애널리틱스(google analytics)나 마이크로소프트 클레어리티(Microsoft clarity) 같은 것들 외에도 많은 분석 도구들이 있습니다. 그런 것들이 쏟아내는 많은 신호들과 데이터들이 주는 데이터들을 봐야 합니다. 왜 특정 기능들은 쓰다가 말아 버리는지 추적해야 합니다. 그리고 사람들이 데이터를 남길 수 있게 서비스를 설계해야 합니다. 실제 문서에 연결된 다른 블로그[110]글 에 더 자세한 내용이 있으니 참고 바랍니다.

4) 단순하게 만들기 위해 노력해라(Do the hard work to make it simple)

> 무언가를 단순하게 보이게 만드는 것은 쉽습니다. 기본 시스템이 복잡할 때 사용하기 쉽게 만드는 것은 훨씬 더 어렵지만, 이것이 바로 우리가 해야 할 일입니다. "항상 그래왔어요"라는 대답을 당연하게 받아들이지 마세요. 일반적으로 일을 단순하게 만드는 것은 점점 더 어려운 일이지만, 그렇게 하는 것이 옳은 일입니다.

서비스 디자인을 할 때 이른바 '관행이에요'라고 하는 부분을 찾아보면 대부분 '반드시 바꿔야 하는 부분'들입니다. 그래서 저는 사전 조사할 때, '관행이다'라는 것만 메모를 쭉 해놓고 이것만 뜯어 고치는 일을 하라고 이야기합니다. 그리고 단순하게 만드는 일은 반드시 필요합니다. 왜 단순하지 않게 되었는가를 조사하고 바꿔야 합니다. 이 과정 없이 진행하면 현장에서는 '쓸모없는' 일이 됩니다.

5) 반복해라, 그리고 반복해라(Iterate. Then iterate again)

> 좋은 서비스를 구축하는 가장 좋은 방법은 작게 시작하여 거칠게 반복하는 것입니다. 최소한의 실행 가능한 제품을 조기에 출시하고, 실제 사용자를 대상으로 테스트하고, 알파에서 베타로 전환하여 실시간으로 기능을 추가하고, 작동하지 않는 기능을 삭제하고, 피드백을 바탕으로 개선해 나가세요. 반복은 위험을 줄여줍니다. 큰 실패의 가능성을 낮추고 작은 실패를 교훈으로 삼을 수 있습니다. 프로토타입이 작동하지 않는다면 과감히 폐기하고 다시 시작하는 것을 두려워하지 마세요.

이쯤 되면, 우리가 뭘 잘못해 왔던지 잘 아실 것입니다. 그리고 이 책에서

---

110. https://userresearch.blog.gov.uk/2019/03/12/how-to-use-data-in-user-research-when-you-have-no-web-analytics/

이야기하는 반복/반복/반복의 의미가 무엇인지 잘 이해하시리라 믿습니다. 이것이 국제 표준급(?) 진리입니다. 반복하고, 개선하십시오.

6) 모두를 위한 것이다(This is for everyone)

> 접근성 높은 디자인은 좋은 디자인입니다. 우리가 만드는 모든 것은 가능한 한 포괄적이고 가독성이 높으며 읽기 쉬워야 합니다. 우아함을 희생해야 한다면 그렇게 해야 합니다. 우리는 청중이 아닌 필요를 위해 구축합니다.(역: 특정 사용자 그룹이나 시장에 맞춰서 디자인을 하는게 아니라, 모든 사람, 특히 장애를 가지고 있는 사람들의 접근성과 사용성을 보장하는 디자인을 하라는 뜻입니다.) 우리는 웹 사용에 익숙한 사람들분만 아니라 전 국민을 위해 디자인하고 있습니다. 우리 서비스를 가장 필요로 하는 사람들은 종종 서비스를 가장 어렵게 느끼는 사람들입니다. 처음부터 이러한 사람들을 생각해야 합니다.

노약자, 어린이, 장애인들까지도 이 서비스를 이용하는 데 불편하지 않아야 합니다. 아직도 웹 접근성을 제대로 지키는 사이트가 많지 않은 한국이다 보니 시각장애인이 웹서비스를 통해서 뭘 하는 것이 쉽지 않습니다. 그리고 모든 사람들의 모바일폰이나 컴퓨터가 최고 사양이 아닐 수 있다는 점도 잊어서는 안 됩니다. 지나치게 높은 해상도의 이미지로 서비스를 만들거나, 너무 작게 글씨를 보여줘서 읽기 어렵게 만드는 일은 없어야 합니다.

7) 맥락을 이해해라(Understand context)

> 우리는 화면을 위한 디자인이 아니라 사람을 위한 디자인을 하고 있습니다. 고객이 서비스를 사용하는 맥락에 대해 깊이 생각해야 합니다. 도서관에 있나요? 휴대폰을 사용하고 있나요? 페이스북에만 익숙한가요? 웹을 사용해 본 적이 없나요?

만약에 이 서비스가 시각장애인들도 써야 한다면? 웹 접근성에 의거해서 음성지원 시스템이 모든 텍스트를 읽어서 제대로 알려줄 수 있어야 합니다. 카카오톡에 익숙한 사람은 카카오톡 채널로 정보를 요약해서 주는 서비스가 필요할 수 있습니다. 이 서비스가 사용자가 어떤 상황에 있을 때 제공되는 것인지 생각하고 있어야 합니다.

8) 디지털 서비스를 만들어라, 웹사이트 말고(Build digital services, not websites)

> 서비스란 사람들이 무언가를 할 수 있도록 도와주는 것을 말합니다. 우리의 임무는 사용자의 니즈를 파악하고 그 니즈를 충족하는 서비스를 구축하는 것입니다. 물론 그 대부분은 웹상의 페이지가 되겠지만, 우리는 웹사이트를 구축하기 위해 여기에 있는 것이 아닙니다. 디지털 세계는 현실 세계와 연결되어야 하므로 서비스의 모든 측면을 고려하고 사용자의 니즈를 충족하는 무언가를 만들어야 합니다.

어느 순간 웹서비스는 사라질 수도 있습니다. 만약에 웹 말고 더 나은 어떤 매체가 나온다면 말입니다. 즉 서비스가 주는 업무의 흐름이 합리적이고 명쾌하면서 정확한 정보를 전달하는 것이 더 중요한 것이지 웹사이트를 만드는 것이 중요한 게 아닙니다. 그래서 '사용자의 니즈를 충족'시키는 것을 먼저라고 하는 것입니다.

원본에서 참고하고 있는 문헌[111]에서는 서비스에 대해서 세 가지 정의를 내리고 있습니다.

- ▶ 온라인, 대면, 전화, 서면 등 하나 또는 일련의 공개 대면 거래로서의 서비스
- ▶ 사용자가 특정 작업을 수행하기 위해 거쳐야 하는 모든 온라인 및 오프라인 단계를 포함한 엔드투엔드(end-to-end) 서비스로서 서비스
- ▶ **전체 서비스**: 조사 및 목표 달성 방법 선택과 같은 비거래적 사항을 포함하여 사용자가 목표를 달성하기 위해 수행해야 하는 모든 것; 전체 서비스는 또한 서비스 제공 및 지원을 포함하여 정부가 결과를 달성하기 위해 수행해야 하는 모든 것을 포함합니다.

---

111. https://gds.blog.gov.uk/2018/04/04/what-do-we-mean-when-we-talk-about-services/

9) 일관성을 유지하라, 획일적이 아니라(Be consistent, not uniform)

> 가능한 한 동일한 언어와 동일한 디자인 패턴을 사용해야 합니다. 이는 사람들이 서비스에 익숙해지는 데 도움이 되며, 만약 이것이 불가능할 때는 접근 방식이 일관성을 유지해야 합니다.
>
> 이것은 획일적인 지침이나 규칙서가 아닙니다. 상황은 모두 다릅니다. 효과가 있는 패턴을 찾으면 이를 공유하고 그 패턴을 사용하는 이유에 대해 이야기해야 합니다. 하지만 그렇다고 해서 향후 더 나은 방법을 찾거나 사용자의 요구가 변화할 때 이를 개선하거나 변경하는 것을 막아서도 안 됩니다.

실제 정보구성을 하는 원칙이 있어야 합니다. 아래처럼 세 가지에 대한 디자인 시스템을 정부 차원에서 제공하고 있습니다.

- ▶ 타이포그래피, 레이아웃 및 색상과 같은 영국 정부만의 스타일
- ▶ 체크박스, 버튼, 양식 입력과 같은 컴포넌트
- ▶ 사용자에게 주소를 요청하거나 서비스를 확인하도록 돕는 것과 같은 일반적인 작업에 대한 패턴

"한국은 온라인으로 어떻게 정보를 제공하나요?" 이렇게 HWP와 PDF 파일로 제공[112]하고 있습니다. 영국 정부는 웹사이트를 통해서 제공[113]하지만 한국 정부는 이 내용이 정리된 HWP나 PDF로 정리된 문서를 다운로드 받아야 합니다. 즉, 어딘가 새 버전이 생기면 각주에 넣은 링크는 무용지물이 됩니다. 게다가 HWP와 PDF는 '기계가 읽을 수 있는(machine-readable)' 형식이 아닙니다. 이 데이터를 사용하여 자동화나 이후에 다른 작업을 수행하려면 누군가가 기계가 읽을 수 있도록 다시 입력해야 합니다. 기계가 바로 이해할 수 있는 마크다운(Markdown)이나 씨에스브이(comma-separated values, CSV), 오픈도큐먼트(open

---

112. 한국 정부는 이렇게 주로 첨부 파일에 정보를 넣어놓고 올려놓습니다. 그래서 정보를 보려면 첨부 파일을 열어야 합니다. https://www.mois.go.kr/frt/bbs/type001/commonSelectBoardArticle.do?bbsId=BBSMSTR_000000000045&nttId=69451
113. 이렇게 별도 파일 첨부 없이 바로 웹사이트에서 정보를 볼 수 있게 해줍니다. https://userresearch.blog.gov.uk/2019/03/12/how-to-use-data-in-user-research-when-you-have-no-web-analytics/

document format for office application, ODF) 같은 포맷을 이용해 문서로 제공하거나 관리하면 이를 서버에서 직접 읽은 뒤 바로 HTML로 변환해서 웹사이트를 자동으로 생산할 수도 있습니다. 혹은 통계 관련 분석을 할 때, 다른 고민 없이 문서에 바로 접근해서 정리하면 누구나 나라의 데이터를 통해서 문제점을 알아내고 이를 지적할 수 있습니다. 만약 이런 데이터를 그대로 거대언어모델(large language model, LLM)에 넣고 필요한 질문을 던지면 이를 읽어서 분석한 결과를 바로 알려줄 수도 있습니다. 국가의 투명성을 높일 수 있다는 뜻입니다. 이러한 장점이 있는데 왜 한국은 아직까지도 HWP를 고집할까요? 참고로 아래아한글도 이미 ODF[114]를 지원하고 있습니다. 저장만 ODF로 하면 됩니다.

10) 개방성: 더 나은 서비스를 제공하라(Make things open: it makes things better)

> 우리는 할 수 있을 때마다 우리가 하고 있는 일을 공유해야 합니다. 동료, 사용자, 전 세계와 공유해야 합니다. 코드를 공유하고, 디자인을 공유하고, 아이디어를 공유하고, 의도를 공유하고, 실패를 공유하세요. 서비스에 대한 시선이 많을수록 문제점을 발견하고, 더 나은 대안을 제시하고, 기준을 높이는 등 더 나은 서비스를 만들 수 있습니다.
>
> 우리가 하고 있는 일의 대부분은 오픈 소스 코드와 웹 디자인 커뮤니티의 관대함이 있었기에 가능했습니다. 우리는 이에 보답해야 합니다.

정부가 한 일은 그 나라에서만 쓰여야 할까요? 영국 정부는 자신들이 만든 이 정보들에 대해서 전체 공유를 원칙으로 하고 있습니다. 즉 공공에서 만든 것은 단순히 그 나라의 것을 넘어서 전 인류의 자산이 되어야 한다는 것입니다. 실제 영국 정부는 자신들의 Github(https://github.com/alphagov)를 통해서 정부 예산으로 만든 공개할 수 있는 모든 것을 공개하고 있습니다.

---

114. https://www.hancom.com/cs_center/csFaqDetail.do?faq_seq=1936을 보면, 아래아한글에서 지원하는 문서포맷에 ODF를 지원한다는 것을 알 수 있습니다.

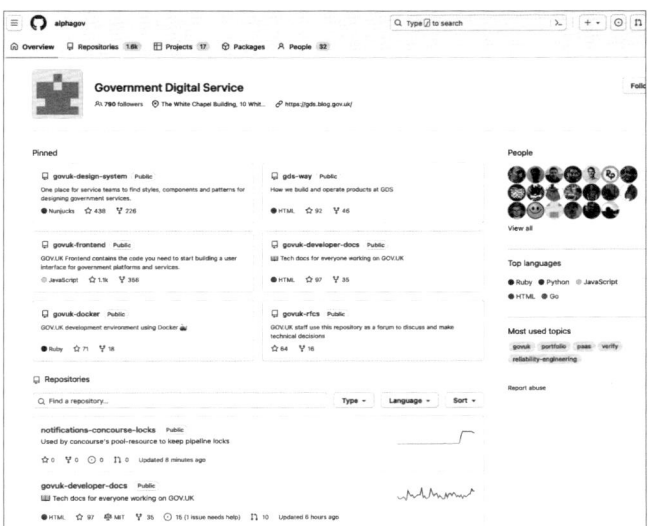

[그림3-9] 영국 정부의 깃허브 사이트(https://github.com/alphagov). 자신들이 만들어 낸 많은 산출물들의 데이터, 코드 등 공개할 수 있는 모든 것을 공개하고 있습니다. 이것들은 영국 외에 다른 정부에서도 참고할 수 있고 민간에서도 이를 활용할 수 있습니다.

한국의 많은 공무원들이나 기업인들이 한국을 넘어서 전 세계에 기여한다는 마음을 가지고 일을 했으면 합니다. 우리 사회에서 나온 지적산출물은 분명 전 세계에서도 필요로 하는 것들이기 때문입니다.

3-12 » 요약

소프트웨어로 사업을 진행할 때, 고객에게 준비되지 않은 것을 제공하는 일은 결코 바람직하지 않습니다. 고객과의 신뢰를 유지하고 사업의 투명성을 유지하기 위해서는 고객을 속이지 않아야 합니다. 더 나아가, 만약 예기치 않은 상황에서 준비되지 않은 것을 제공해야 한다면, 그에 따른 리스크를 신중히 평가하고 그 리스크를 감당할 수 있는 방법을 고려해야 합니다.

고객과의 지속적인 상호작용은 소프트웨어 개발 및 사업 운영에서 핵심적인 역할을 합니다. 고객의 니즈와 요구사항을 이해하고 이에 따라 솔루션을 조정하기 위해서는 정기적인 피드백 수집이 필수적입니다. 단순한 설문조사에만 의존하는 것이 아니라, 고객의 실제 행동을 지켜보고 직접적인 의견을 듣는 방식을 통해 더 깊은 이해를 얻어야 합니다. 채팅 서비스나 이메일과 같은 커뮤니케이션 도구를 효과적으로 활용하여 고객과 소통을 강화해야 합니다.

일반적인 소프트웨어 개발 회사에서는 개발자가 가장 중요한 자원 중 하나입니다. 개발자들이 효율적으로 작업할 수 있도록 필요한 지원을 제공하는 것이 중요합니다. 이는 병목 현상을 방지하고 핵심 개발자들의 업무 부하를 분산시키는 것을 의미합니다. 특히, 핵심 개발자들이 지치지 않도록 업무를 효율적으로 분배하고, 시스템을 통해 지원하는 방식으로 개발자들의 생산성을 극대화해야 합니다. 이러한 관리 접근 방식은 회사 전체의 효율성 향상에 결정적인 역할을 합니다.

테크스펙을 통해서 이해당사자들의 의견을 같이 모으고, 기능에 대해서 합의하는 습관을 들이십시오. 문서로 합의하지 않은 그 어떤 것도 받아들여서는 안 됩니다. 모든 것을 다 해준다고 고객에게 말하면 안 됩니다. 자칫 모든 비용을 지나치게 증가시킬 수 있습니다. 한 명의 핵심적인 개발자에게 의존적이 되지 마십시오. 한 사람에게 의존적인 시스템은 업무를 분산하고 문서화 시스템을 통해서 바꾸지 않으면 언젠가는 문제가 터집니다. 파괴적인 아이디어나 기술이 시장을 와해시키기 위한 조건 7가지를 잊지 말고, 지금 만들고자 하는 제품에 어떻게 적용이 될지 물어보십시오.

공공기관이 디지털 시스템을 설계할 때도 많은 원칙과 생각해야 할 점들이 있습니다. 이러한 원칙들은 잘하는 소수를 위해서가 아니라 가장 잘 못하는 소수들을 끌어 올려서 전체적으로 성과를 내게 하는 효과가 있습니다. 아울러 세금이 들어간 산출물을 오픈소스로 공개해서 우리나라뿐 아니라 전 세계 인류의 자산으로 공개할 수 있었으면 합니다.

4-1 들어가며
4-2 피드백 루프를 그려보자
4-3 피드백 루프 복원과 회복을 위한 원칙들
4-4 피드백 루프는 어떻게 살려낼 수 있을까?
4-5 위임형 전술(Auftragstaktik) - 피드백 루프가 살아나면 어떻게 되는가?
4-6 피드백 루프를 멈추면 무슨 일이 벌어지는가
4-7 요약

제4장

피드백 루프를 타고 기민하게

Chapter 4 > 피드백 루프를 타고 기민하게

4-1 » 들어가며

앞의 장까지는 소프트웨어 업체에 주로 해당하는 이야기를 많이 했습니다. 이제는 일반적으로 적용할 수 있는 원리들에 대해서 설명드리고자 합니다. 이 장에서는 특별히 피드백 루프를 보면서 조직을 점검하는 법과, 이 피드백 루프가 제대로 돌아가게 만드는 데 사용할 수 있는 원리들에 대해서 설명하고자 합니다. 이 지식들로 여러분의 조직과 상황에 맞는 위임형 전술을 세우고 더 나은 소프트웨어나 서비스를 만들어 내기를 바랍니다.

4-2 » 피드백 루프를 그려보자

1) 피드백 루프

'지금 잘 돌아가고 있는가?'를 점검할 때, 저는 아래와 같은 피드백 루프 그림을 칠판에 그려 놓곤 합니다. 피드백 루프(feedback loop)란 그림에서 보듯, 1. 입력이 들어오면 2. 시스템을 통과하고 출력이 나오고 3. 이 출력 결과에 다시 입력을 곱해서 시스템을 통과하게 만드는 것을 말합니다.

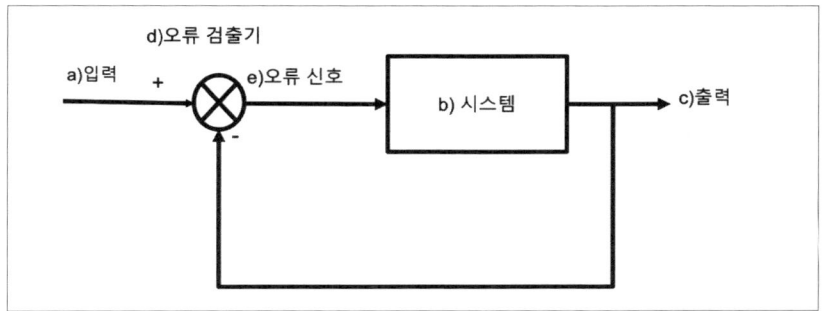

[그림 4-1] 피드백 루프 시스템 a)의 입력이 들어오면 b) 시스템을 통과해서 c)가 나오고 이것이 다시 입력으로 d) 오류 검출기로 들어갑니다. 입력과 출력의 차이가 섞인 것을 e) 오류 신호로 다시 b) 시스템으로 들어갑니다.

원래 이 그림은 로봇이나 제어장치를 조정하는 제어공학(control system)에서 시작한 개념입니다. 왜 그럼 이 피드백 루프를 우리는 생각해야 하는 건가요? 앞에서 반복적으로 이야기하였듯, 소프트웨어 개발이란 커네핀 모형의 복잡(complex)한 것입니다. 여기에서 그림 우리가 사용해야 할 접근모델은 '찔러보기-느껴보기-반응하기(probe-sense-respond)'입니다. 찔러보기, 느껴보기, 이에 대해 반응하기. 바로 피드백 루프를 이용해서 원하는 목표에 시스템이 다다를 수 있도록 제어하는 것과 같은 이야기입니다. 그래서 이 피드백 루프상에 현재 우리의 상황을 비춰보면 많은 것을 생각해 볼 수 있습니다.

이 피드백 루프의 입력-시스템-피드백에 아래처럼 소프트웨어나 서비스회사의 업무와 성과물들을 각각 붙여보면 이렇게 됩니다.

a) 입력

고객의 목소리
실제 개발을 진행하면서 발견한 것
사업을 진행하면서 발견되는 것

b) 시스템

의사결정 과정
실제 개발 상황
고객에게 전달하는 조직구조, 예를 들어 영업과 마케팅

c) 출력
    고객에게 전달된 제품이나 서비스

d) 오류 검출기
    회고나 고객 피드백에 대한 리뷰를 통해서 기대했던 입력과 실제 나온 출력의 차이를 확인하는 절차

e) 오류 신호
    제품을 접한 고객의 목소리
    실제 개발을 진행하면서 발견한 것
    사업을 진행하면서 발견되는 것
    고객에게 전달하면서 발견한 문제들

결국 우리는 불확실한 세상에서 계속 학습하고 지혜를 모아서 선택해야 합니다. 이것이 바로 피드백 루프라고 생각해 볼 수 있습니다. 만약 무언가 산출물이 안 나오고 고객에게 불만의 목소리가 나온다면 조직 전체의 피드백 루프를 확인해 봐야 합니다. 제약이론에 따르면 이 피드백 루프 안에 있는 시스템 중 하나라도 제대로 성과를 내지 않으면 전체적인 시스템이 좋은 성능을 내기 어렵습니다. 일을 작게 시작하더라도 전체 조직 시스템에 미치는 영향을 잘 관찰하고, 문제가 발생하면 즉시 해결해 나가야 합니다.

2) 피드백 루프를 보면서 질문해 보기

이제 아래의 질문을 피드백 루프를 보면서 한번 물어보십시오.

- ▶ 고객의 목소리는 우리 조직에서 어떻게 흘러 들어가서 어떻게 반영되어 나가는가?
- ▶ 고객이 뭔가 우리에게 이야기를 하고 싶게 만드는가?
- ▶ 이 고객의 목소리는 정직하게 우리에게 반영되는가?
- ▶ 반영되지 않은 것 중에서 얼마나 버려지는가?
- ▶ 고객의 목소리에 대해서 '혁신적인' 해결책을 만드는가, '대응적인' 해결책을 만드는가?
- ▶ 실제 제품을 제작할 때, 고객의 목소리나 고객을 대리할 만한 사람의 참여가 초

기부터 이루어지는가?

어떤 답이 나오시나요?

사람들은 그렇게 생각합니다. '아, 입력이 그럼 중요하겠구나, 입력을 잘 알기 위해서 뭔가 고객이나 시장을 더 많이 연구하고 조사해야 하겠구나'. **그러나 사실은 '출력'으로 나온 것이 중요합니다.** '입력'이란 우리가 생각한 산출물에 대한 '가정'으로 만든 '초기치'일 뿐입니다. 이 '초기치'의 값은 언제나 실제 기대한 결과를 가져오지 못하는 게 '정상'입니다. 그렇지 않다면 이미 '완성된 무언가를 단순 반복' 하는 것일 수 있습니다. 그리고 혁신적이지 않은 일을 한 것이라 오히려 문제가 있습니다. 그래서 '출력'이 어떻게 나왔느냐에서 시작해야 합니다.

그다음에는 이 '출력'과 기대했던 '입력'의 차이인 '오류 신호'를 가지고 시스템에 이를 다시 반영해 봐야 합니다. 이것이 중요합니다. 고객에게 처음 내놓은 제품이나 기능이 우리가 기대했던 결과를 가져오기란 매우 힘듭니다. 그러므로 이를 개선한 새로운 버전을 내놓아야 합니다. 그럼 어떻게 내놓아야 할까요? 이때, 가능하면 시스템에서 '가능한 것'을 골라야 합니다. 자본이 없는데 유료 마케팅을 하면 안 될 것이고, 머신러닝 엔지니어가 없는데 머신러닝 기능을 추가하겠다고 하면 안 됩니다.

'가능한 것'을 고르되 '작은 변화라도' 만들어 낼 수 있으면 됩니다. 가격이 지나치게 높게 책정되었다면 재무적인 상황이 허락하는 한 할인할 수 있는 방법을 만들어 내야 합니다. 핵심 기능에 버그가 많다면 이를 제일 우선 과제로 해결해야 합니다. 우리의 생각과 달리 고객이 생각하지 않던 기능에 열광한다면 이 기능을 더 강화해서 강점으로 만들어야 합니다. 이렇게 '저 입력과 출력의 차이를 줄이기 위해서 어떤 것이 가능하지?'라는 것을 천천히 그리고 철저하게 분석해서 '출력을 변화'시켜야 합니다.

다행히 예전에 비해 최근 소프트웨어의 배포 가격은 많이 낮아졌고, 배포되는 시간도 많이 줄었습니다. CD나 DVD를 줄 필요 없이, 웹사이트라면 바로 재배포를 한다든가 앱이라면 바로 앱스토어나 구글플레이로 재배포를 해야 합니다. (심사 시간은 어쩔 수 없습니다.) 그리고 다시 고객의 반응을 살펴야 합니다. 그리고 이것을 빠르게 반복해 가면서 '오류 신호'를 줄여가야 합니다. 그리고 이를 대응하기 어렵게 만드는 문제들을 모두 해결해 나가야 합니다.

위에 적어 놓은 6가지 질문들을 여러분만의 질문으로 바꿔보시길 권합니다. 각 회사마다 제품마다 각 시스템이 제대로 돌아가고 있는지 아닌지를 파악하는 질문이 다를 것입니다. 반드시 여러분만의 질문들을 만들고 적용해 보시기 바랍니다.

[그림 4-2] 모든 구성원들이 모여서 조직의 '입력'과 '출력'을 돌아보면서 점검하는 과정은 정말 중요합니다. 이것이 회고일 수도 있고, 분석일 수도 있습니다. 하지만 멈춰서는 안 됩니다.

3) 사람들은 전지전능한 지도자의 지도를 원하지만 이것은 잘못된 길이다

사람들은 이런 피드백 루프와 같은 구조와 시스템을 만들기를 어려워합니다. 힘든 일이긴 합니다. 그래서 사회와 조직 내에서 사람들은 종종 지도자의 명령을 따르면 모든 문제가 해결될 것으로 기대합니다. 그리고 '영도자'를 찾습니다. 예컨대 어디 대기업의 주요 임원을 했던 사람을 찾아서 전권을 주면 "짜잔~" 하고 모든 것을 알아서 "너는 저리하고, 너는 이리해라" 하면 구름이 걷히고 안 돌아가던 일들이 딱 돌아가는 그런 것을 꿈꿉니다. 그러나 이러한 생각은 때로는 현실과는 상반되는 결과를 초래할 수 있습니다. 자칫 잘못하면 독재자를 세우고 피라미드 계급구조 조직을 만들 수 있기 때문입니다.

일상 업무에서 조직이 지도자의 명령만 따라간다고 모든 문제가 해결될 수 있는 것은 아닙니다. 이런 일사불란한 독재체제는 커네핀 모델에서 혼란(chaotic)한 경우에 적합합니다. 혼란 상태란 예기치 않은 사건이 발생하고, 대응 방법이 불분명한 경우에 해당합니다. 이러한 상황은 주로 화재나 홍수와 같은 긴급 사태에 대응하는 방법이며, 사전에 준비된 계획이 없는 경우가 대부분입니다. 이는 마치 "불난 호떡집"처럼, 조직 내에서 업무가 비효율적으로 진행되어 의사결정의 중심이 명확하지 않은 경우를 말합니다. 이는 조직의 직무체계가 미흡하거나 프로세스가 없어서 발생할 수 있는 문제입니다.

만약 리더만 교체하고 구조와 시스템을 바꾸지 않은 채 문제를 해결하려 한다면 이것은 '우리 조직은 호떡집'이라 고백하는 것입니다. 즉, 구조와 시스템이 없다는 것입니다. 오래갈 수 없습니다.

여기에 잘못된 피라미드 계급구조가 붙어버리면? 결국 기민함을 잃어버리고 고깃덩어리[115] 같은 조직이 됩니다. 이러면 결국 잘못된 제품을 만들어서 시장에서 깨져버릴 것입니다. 물론 리더는 중요합니다. 왜냐하면 그 리더가 결국 SSPP(structure-system-process-people)를 어떻게 할지 결정하기 때문입니다. 그러나 카리스마적 리더가 없어도 조직의 SSPP가 제대로 되어 있다면 돌아가게 되어 있습니다. SSPP가 제대로 갖춰진 조직이라면 어쩌다 잘못된 사람이 리더로 들어가도 그 구조, 시스템, 프로세스에 따라 잘못된 사람이 잘못을 저지를 수 없게 만들 수 있기 때문입니다. 그리고 이 SSPP는 피드백 루프가 제대로 돌아갈 수 있게 만들어져야 합니다. SSPP를 정비할 임무를 받은 사람이 이를 하지 않고 미룬다면 빠르게 내쫓아야 합니다. 다른 꿍꿍이를 가지고 있을 수 있기 때문입니다.

리더 한 사람이 모든 것을 결정하게 만들면 리더도 불행해집니다. 그 사람이 넘어지면 조직 전체가 무너지기 때문입니다. 구조와 시스템을 개선해서

---

115. 태극권에서 수련자들에게 해주는 말로 '나는 고깃덩어리 자세가 아니다(我不是肉架子)'란 말이 있습니다. 이 말은 살아있는 생명의 움직임과 죽은 고깃덩어리는 달라야 하니, 살아있는 생명처럼 유연하게 움직이라는 뜻입니다.

정말 중요한 것을 제외하고는 권한을 분산하고, 자율적으로 돌아가면서도 서로 돕는 조직이 되도록 해줘야 합니다.

[그림 4-3] 어디선가 전지전능한 사람이 와서 모든 것을 해결하리라 믿지 마세요. 피드백 루프가 제대로 돌수 있게 SSPP(structure-system-process-people)를 만드는 것이 중요합니다.

4) 고객의 반응 왜곡

피라미드 계급구조의 조직에서 중요한 문제는 고객의 반응이 왜곡될 수 있다는 점입니다. 이는 다양한 요인으로 인해 발생할 수 있습니다. 각 계층에서 거쳐 가는 정보는 필터링되거나 왜곡될 수 있으며, 이로 인해 실제 고객의 의견과 요구사항이 제대로 반영되지 않을 수 있습니다.

만약 영업직의 목소리가 지나치게 크다면, 조직은 주로 매출과 이익을 중시하는 경향이 생길 수 있습니다. 이는 단기적인 목표에 치우친 의사결정으로 인해 장기적인 지속 가능성을 희생할 수 있음을 의미합니다. 제품의 품질 저하나 고객 만족도 감소 등의 결과가 초래될 수 있습니다.

만약 관리직의 목소리가 지나치게 크다면, 조직 내에서 계층 간 갈등과 의사소통 장애가 발생할 수 있습니다. 이로 인해 하위 직원들의 아이디어나 피드백이 무시되고 중요한 결정은 상위 관리자들만이 내리는 상황이 될 수 있습니다. 개발자들의 목소리가 지나치게 크다면 기술적인 측면과 혁신에만 초점이 맞추어질 수 있습니다. 이로 인해 비즈니스 목표나 고객 요구와 어긋난 기술적인 결정이 이루어질 수 있습니다. 주주의 목소리가 지나치게 크다면 조직은 주로 이익 창출에 집중하게 될 수 있습니다.[116] 이는 사회적 책임과 윤리적 고려 사항을 간과하거나 무시하는 결과를 낳을 수 있습니다.

조직의 구조와 의사결정 방식은 조직의 성공과 지속 가능성을 크게 좌우합니다. 이 문제점들을 파악하고 해결책을 만들어 가는 데 이 피드백 루프를 보면서 접근해 보면 많은 해결책들을 생각해 내실 수 있을 것입니다. 사실 부합성이 정말 중요합니다.

[그림 4-4] 의사결정 시스템에 특정한 직군이 들고 온 고객의 피드백만 들어가지 않게 주의해야 합니다. 모든 피드백은 사실에 부합해야 합니다.

---

116. 2014년에 팀 쿡은 주주들이 애플 주주총회에서 친환경 정책을 비판하며 수익성이 보장되는 수준에서만 하라고 하자 "애플 주식을 팔고 떠나라"라고 했습니다. 회사의 지속 가능한 성장을 보장하지 못하면 미래가 없는데 주주들은 당장의 수익을 내놓으라 하니 싸운 거죠. 그런데 이런 일이 일반적인 주주총회의 모습은 아닙니다.
https://www.hankyung.com/economy/article/2014030386661

5) 작게라도 제품을 출시해 보면 많은 것들을 알게 된다

우리가 어떤 제품을 개발하고자 할 때, 한 번에 모든 것을 완벽하게 계획하고 제품을 출시하는 것은 거의 불가능합니다. 이는 시장의 예측 불가능한 변화와 고객의 실제 요구에 대한 완벽한 이해가 어렵기 때문입니다. 따라서 작게 하나씩 제품을 만들어 가는 접근 방식이 필요합니다.

우리는 제품에 대한 아이디어를 가지고 출발하겠지만, 이는 단지 가정일 뿐입니다. 실제 시장에서 제품이 어떻게 수용될지, 어떤 변화가 필요한지 등을 미리 알기는 어렵습니다. 이러한 불확실성을 감안하여 작은 범위에서 시작하여 제품을 개발하고, 이를 시장에 출시하며 진화시켜 나가는 것이 현명한 선택입니다.

그런데 작은 제품 하나라고 해도 고객의 요구사항이 제품으로 만들어져서 나가는 모든 과정에서 여러 조직과 사람들에게 영향을 미칩니다. 예를 들어, 제품의 아이디어가 실제로 구현되는 과정에서 기술 조직이 어떻게 일하는지를 볼 수 있습니다. 마케팅팀은 제품을 어떻게 홍보할지를 고민하는지 보게 됩니다. 이처럼 여러 조직이 목표를 위해 달려가면서 각 조직의 행동과 문제들이 다 드러나게 됩니다.

작은 규모의 제품을 개발하고 시장에 출시함으로써 우리는 조직 내에서 발생하는 여러 문제와 동향을 파악할 수 있습니다. 작은 것 하나라도 만들어서 시장에 내놓음으로써 우리는 실제 사용자의 피드백을 받을 수 있으며, 이를 통해 제품의 성능, 디자인, 기능 등을 개선할 수 있습니다.

그리고 작은 제품을 출시함으로써 우리는 시장의 반응을 통해 우리 조직의 강점과 약점을 파악하고 개선할 수 있습니다. 이는 마치 작은 식당, 카페를 열더라도 임시 오픈 기간을 두는 것과 같습니다. 뭐라도 내놔 봐야 전체 체계의 문제점들이 발견됩니다.

작은 제품을 출시함으로써 우리는 시장의 반응을 통해 우리의 조직에 대한 피드백을 받을 수 있고, 이를 통해 조직의 강점과 개선해야 할 점을 파악할 수 있습니다. 그중에는 좋은 이야기도 나쁜 이야기도 있을 것입니다. 나쁜 이야기가 와도 실망하지 말아야 합니다. 누군가 타인이 나에 대한 이야기(칭찬이든 비난이든)를 하는 것은 그 사람이 분석한 나에 대한 정보를 주는 것입니다. 이는 동시에 그 사람에 대한 정보도 됩니다.

이처럼 작은 제품을 출시하면 조직 내의 다양한 부서와 인원들이 협력하여 제품을 개발하고 출시하는 과정에 참여하게 됩니다. 이 과정에서 발생하는 문제, 의견 차이, 협업의 어려움 등을 통해 우리는 조직 내부의 정보를 수집할 수 있습니다. 제품 출시 후 비난이나 부정적인 피드백이 올 경우, 이 역시 중요한 정보입니다. 이를 통해 우리는 제품의 문제점을 발견하고 개선할 수 있습니다. 그래서 '작게라도 출시해 봐라'라는 이야기를 계속하는 것입니다.

그러면 이 모든 것이 "협력하여 선을 이루게" 하기 위해서는 어떻게 해야 할까요? 이제 이것을 설명해 드리겠습니다.

[그림 4-5] 작게 뭐라도 출시를 해보면 내부/외부의 모든 실체를 조금이라도 파악할 수 있습니다. 이것을 자주하고 되돌아볼수록 더 많은 것을 배우고 바른 방향으로 나아갈 수 있습니다.

스티브 잡스가 말하는 망해가는 조직의 특징

실제 사업을 하다 보면 훌륭한 성공을 거둘 수도 있습니다. 그런데 훌륭한 성공을 더 이어갈 것인가 아니면 이 정도만 유지할 것인가 온갖 생각을 하게 될 것입니다. 그런데 그 순간에 훌륭한 제품과 서비스를 만든 영민한 사람들이 갑자기 나가는 일이 벌어집니다. 회사가 변했다고 하면서 말이지요. 왜 그러는 걸까요?

애플의 창업자 스티브 잡스에 대한 『The Lost Interview』[117]라는 다큐멘터리가 있습니다. 이것은 2012년에 극장에서 개봉한 다큐멘터리입니다. 1995년 스티브 잡스가 PBS 다큐멘터리 '괴짜들의 승리'를 위해 로버트 X. 크링글리와 진행한 70분 분량의 인터뷰 원본으로 구성되어 있습니다.

다큐멘터리를 보면 대충 26분 정도에 망해가는 조직이 어떻게 망하는지 그 예로 IBM과 제록스(xerox)에 대한 이야기를 합니다.

> 존 스컬리의 제품 같은 경우 10년에 한 번씩 신제품이 나오는데,[118] 그들에게는 '새로운 제품'이 '새로운 사이즈의 병'과 같았죠? 따라서 제품 담당자라면 회사의 방향을 크게 바꿀 수 없었습니다. 그렇다면 펩시의 성공에는 누가 영향을 미쳤을까요? 영업 및 마케팅 담당자였습니다. 따라서 그들이 승진했고, 따라서 그들이 회사를 운영했습니다.
>
> 펩시에서는 괜찮았을지 모르지만, IBM이나 제록스처럼 독과점을 하는 기술 기업에서도 똑같은 일이 일어날 수 있습니다. IBM이나 제록스의 제품 담당자가 더 좋은 복사기나 더 좋은 컴퓨터를 만든다고 해서 무슨 상관이 있을까요? 시장 점유율을 독점하게 되면 그 회사는 더 이상 성공하지 못합니다. 따라서 회사를 더 성공시킬 수 있는 사람은 영업 및 마케팅 담당자가 되고, 이들이 회사를 운영하게 되며, 제품 담당자는 의사결정의 장에서 밀려나고, 회사는 훌륭한 제품을 만드는 것이 무엇을 의미하는지 잊게 됩니다. 좋은 제품과 나쁜 제품에 대한 개념이 없는 사람들이 회사를 운영하면서 독점적인 위치에 오를 수 있었던 제품 감각과 천재적인 제품 기획력이

---

117. YouTube를 통해서 예고편을 보실 수 있습니다. https://youtu.be/nkCil4pPVfw 이에 대해서는 아래 Wikipedia에 자세한 설명이 있습니다. https://en.wikipedia.org/wiki/Steve_Jobs:_The_Lost_Interview
118. 이는 펩시에서 콜라를 만들어서 팔 때, 음료를 바꿀 수 없으니 병 모양만 바꿔서 새로운 모양을 낸다는 의미로, 혁신 없이 제품의 겉면만 바꿔서 내는 것을 말합니다.

썩어가고 있는 것입니다. 그들은 좋은 아이디어를 좋은 제품으로 만드는 데 필요한 장인 정신에 대한 개념이 없습니다. 그리고 고객을 진정으로 돕고 싶다는 마음가짐이 전혀 없습니다.

바로 제록스에서도 그런 일이 일어났습니다. 제록스 PARC의 사람들은 제록스를 운영하는 사람들을 "토너 헤드"라고 부르곤 했습니다. "토너 헤드"가 제록스 PARC에 출근하면 이 '토너 헤드' 같은 사람들이 무엇을 보고 있는지 전혀 몰랐기 때문입니다. (토너? 토너가 뭐죠? 시청자들에게 설명해주시겠어요?) 아, 토너요. 토너는 복사기에 넣는 거죠. 네, 산업용 복사기에 넣는 토너, 검은색 물질이죠. 네, 그 검은 거요. 기본적으로 컴퓨터나 컴퓨터가 무엇을 할 수 있는지 전혀 모르는 토너 헤드가 있었습니다. 그래서 그들은 컴퓨터 산업에서 가장 위대한 승리를 거두었다가 패배를 맛보았습니다.

위대한 제품을 한 번 만들어 성공했다고, 영업 및 마케팅 담당자들을 앞세워 매출을 올리는 게 다는 아니지요. 원래 위대한 제품을 만들 때 함께했던 제품에 대한 감각을 가진 자들과 제품을 만들어 내는 창조력이 있던 사람들이 계속해서 위대한 능력을 끝없이 발휘해야 하는데 그렇지 못했다는 것입니다. 이것은 참 아까운 일입니다.

왜 그렇게 될까요? 대부분의 영업 및 마케팅 담당자들의 생각은 '제품은 그대로이고 우리는 잘 팔기만 하면 돼'라고 생각하기 때문이라고 봅니다. 즉 제품이나 서비스 자체가 혁신을 일으킬 수 있고 변할 수 있다는 생각을 안 하는 거죠. 오히려 제품이 변하면 그에 따라서 영업 및 마케팅 쪽 사람들은 귀찮아집니다. 카탈로그 하나부터, 데모할 자료까지 다 다시 만들어야 하니까요.

하지만 지속적인 혁신이 일어날 수 있는 변화가 없는 기술 기업은 언젠가는 성장을 멈출 수밖에 없습니다. 아무리 쿠폰을 찍고 할인을 해도 한계가 있습니다. 그 순간 '진정한 혁신' 외에는 회사를 지킬 방법은 없습니다. 그리고 지금 있는 조직을 지킬 방법도 없습니다.

사실 이것은 혁신관리[119]라는 경영학의 분과가 있을 만큼 방대한 내용입니다. 문제는 이런 이론들을 안다고 실제 혁신을 할 수 있는 건 아니라는 것입니다.

---

119. Wikipedia에 있는 내용만 봐도 어마어마합니다. https://en.wikipedia.org/wiki/Innovation_management

> 오히려 고객들의 문제들을 관찰하면서 기존의 여러 기술들에 상상력을 덧붙이는 것이 혁신적인 제품이나 서비스를 만들어 내는 길이라고 할 수 있습니다.
>
> 근본적으로 소프트웨어나 서비스 기업은 혁신성 위에 움직이는 기업이어야 합니다. 그래야 가치를 인정받는 것이지요. 여러분의 회사는 어떠하신지요?

6) 조직의 피드백 루프가 약하거나 왜곡되어 있거나 있기는 한 건지 점검하라

효율적으로 조직을 운영하기 위해서는 조직 내부의 피드백 루프가 강화되어 있어야 하고 왜곡되지 않은 진실한 것에 의존해야만 합니다. 그런데 이것이 약하거나 혹은 있다고는 하지만 제대로 동작하지 않는다면 어떻게 될까요?

[그림 4-6] 조직에 피드백 루프와 같은 정보의 흐름이 없다면 큰 문제입니다. 현재 조직의 시스템이 피드백 루프를 구성하고 있는지 꼭 확인해 봐야 합니다.

6-1 | 조직의 피드백 루프와 생산성의 관계

조직의 피드백 루프는 조직 내부의 의사결정 과정에서 일어나는 정보의 순환을 의미합니다. 이 피드백 루프는 조직원들의 행동과 조직의 목표 간의 연결고리를 형성하며, 생산성을 높이는 핵심적인 역할을 수행합니다. 조직 내에서 피드백 루프가 강화되면 다음과 같은 이점을 기대할 수 있습니다.

1. **정보의 투명성**: 피드백 루프가 원활하게 작동하면 조직원들은 조직의 목표와 성과에 대한 명확한 정보를 얻을 수 있습니다. 이로써 업무의 중요성과 목표에 대한 이해도가 높아집니다.
2. **학습과 개선**: 피드백은 조직의 성과를 분석하고 문제점을 식별하는 데 도움을 줍니다. 문제점을 파악한 뒤 개선 방안을 모색하고 실행함으로써 지속적인 성장과 개선이 가능해집니다.
3. **참여와 자기조절**: 피드백 루프를 통해 조직원들은 자신의 업무와 성과에 대한 정보를 받아들이고 조절할 수 있는 기회를 얻습니다. 이는 조직원들의 참여와 자율성을 증진시키는 데 도움을 줍니다.

6-2 | 생산적인 조직이 제대로 된 산출물을 예측 가능한 시기에 만들 수 있다

생산적인 조직은 제대로 된 산출물을 예측 가능한 시기에 만들 확률이 높습니다. 이는 조직의 구성원들이 서로의 업무에 대한 정보를 공유하고 협력함으로써, 업무의 효율성을 높일 수 있기 때문입니다. 피드백 루프가 제대로 작동하면, 조직의 구성원들은 서로의 업무에 대한 이해도를 높일 수 있으며, 이를 통해 업무를 조율하고 협업할 수 있습니다.

6-3 | 게르만 모형 - 검증된 '생산적인 조직모형'

최근에 보고 있는 인사조직 책은 최동석 박사님의 『성취예측모형』[120]입니다. 이 책에서는 크게 두 가지 인사조직 모형이 있다고 합니다. 앵글로색슨 모형과 게르만 모형입니다. 설명을 해보면 이렇습니다.

- ▶ 앵글로색슨 모형은 피라미드 계급구조를 기반으로 하는 조직구조이다. 앵글로색슨 모형에서는 **권한이 먼저이고, 책임은 권한에 뒤따른다.** 앵글로색슨 모형은 지배와 통제, 지시와 명령, 억압과 착취를 특징으로 한다.
- ▶ 게르만 모형은 네트워크형 수평적 조직구조를 기반으로 한다. 게르만 모형에서는 **책임이 먼저이고, 권한은 책임이 주어지기 위해 받는다.** 게르만 모형은 연대

---

120. 최동석 저, 『성취예측모형』 | 클라우드나인

와 보충, 대화와 토론, 합의와 상생을 특징으로 한다.

한국은 어떠한가요? 최동석 박사님의 의견으로는 앵글로색슨 모형을 기반으로 운영되고 있다고 합니다. 그것도 악성으로 왜곡된 일본식 앵글로색슨 모형이라고 합니다. 이는 한국의 역사적인 배경과 관련이 있습니다. 바로 일제 강점기가 있기 때문입니다. 이때는 한국의 학교, 회사, 공공조직이 모두 일제의 제국주의 조직모델을 따라 운영되었습니다. 이 조직모델은 억압과 착취를 기반으로 하는 앵글로색슨 모형이었습니다. 그런데 해방 이후에도 한국인들의 머릿속에는 이 일제식 앵글로색슨 모델 외에는 없다 보니 그냥 아무 생각 없이 '조직은 이래 야지' 하게 됩니다. 그리고 그 시작은 일제 강점기 때 들어온 억압과 착취에 기반한 것들입니다. 이런 조직문화에서는 실질적인 문제해결을 하는 사람보다는 그저 윗분들에게 잘 보이는 전시행정을 잘하는 사람이 더 인정받는 경향을 보입니다.

예를 들어 SW 마에스트로 프로그램[121]을 만들던 초기에 반드시 야간산행과 특공훈련을 해야 한다는 사람도 있었다고 합니다. (다행히 이런 일은 일어나지는 않았다고 합니다.) 삼성산에 올라가서 사과를 베어 무는 이벤트를 하며 스마트폰 세계 제패를 임원들이 다짐했다는 어느 전자 회사의 이야기는 어떻습니까? 왜 이럴까요? 그것은 지배와 계급구조상에서 '윗분들에게' 잘 보이는 게 중요하지 실제 무언가 문제를 해결하는 게 중요하지 않기 때문입니다. 이른바 의전에 집착하는 이유가 바로 이것입니다.

이런 행태를 벗어나야 제대로 된 피드백 루프를 돌릴 수 있습니다. 제발 여러분의 소뇌가 익숙한 억압과 착취를 벗어나서 이성적 대뇌가 하는 말을 들었으면 합니다.

그럼 게르만 모형은 어떤 것인가요? 게르만 모형은 분권화(decentralization), 자율화(autonomous), 협력(network)을 특징으로 합니다. 이는 조직의 구성원들이 서로의 업무에 대한 책임을 공유하고, 이를 통해 업무를 개선하고 생산성을 높이는 구조로 되어 있습니다. 피라미드 조직이 없이 각 조직들이 수평적으로

---

121. 한국 정부에서 하는 창의도전형 SW인재 육성 산업입니다. https://www.swmaestro.org/sw/main/main.do

자신에게 부여된 책임을 각자 수행합니다. 그러면서 서로 도움이 필요한 부분에 대해서 스스로 프로세스를 만들고 협력합니다. 특히 아래와 같은 특징이 있는 조직모형입니다.

- ▶ **연대와 보충**: 각 조직 구성원들은 협력하고 모자란 부분은 서로 도와줍니다. 내부 경쟁 따위는 없습니다.
- ▶ **대화와 토론**: 지시와 명령으로 일을 하는 게 아닙니다. 주어진 문제를 자신들의 권한을 가지고 대화와 토론을 통해 문제를 해결합니다. 이때 리더는 지시와 명령을 하지 않고 조직 구성원들의 대화와 토론을 이끌고 합리적인 최종 결정을 내립니다.
- ▶ **합의와 상생**: 혼자 독단적으로 이끄는 것이 아닙니다. 개인과 개인이, 조직과 조직이 서로 합의하고 전체 조직의 생존을 위해 협력합니다.

"너무 이상적이고 비효율적이다"라고 할 수 있습니다. 그러나 이 게르만 모형을 쓰는 독일과 스칸디나비아 3국의 생산성은 누가 뭐라도 한국, 영국, 미국을 앞서가는 것을 부정할 수 없습니다. 한국 사람들의 이른바 '빠릿빠릿'함은 언제 빛을 발휘할까요? 커네핀 모델에서 보면 바로 '혼란(chaotic) 상태'일 때입니다. 조선 500년 동안 대부분의 사람들은 신분제에 의한 조직적인 착취를 당했고, 일제 강점기, 한국전쟁을 거치면서 화재나 전쟁 같은 수준의 혼란(chaotic) 상태에서 살아남아야 했습니다. 그래서 한국에서는 오랫동안 이른바 '빠릿빠릿'하고 '일사불란'하게 움직이는 사람들이 성과를 내는 세상이었습니다. 그러나 지금 한국은 어떤가요? 눈 떠보니 선진국 수준의 기본 질서를 가진 국가가 되었습니다. 이제는 달라져야 합니다.

꼭 잊지 말아야 할 것이 있습니다. 각 조직마다 이른바 '피드백 루프'가 제대로 동작하는지 점검하되 그 실천 방법은 다를 수밖에 없다는 점입니다. 이는 각 조직의 문화, 환경, 특성이 다르기 때문입니다. 자기 조직에 그리고 상황에 맞는 방법론을 찾아 적용해 보고 개선해야 합니다.

피드백 루프의 실천 방법이 다르다는 것은 1. 내부/외부 고객의 목소리를 모으는 법 2. 산출물을 전달하는 방법과 조직 3. 의사결정을 해야 하는 조직의 문화와 사람들이 다르다는 것입니다. 그래서 '이렇게 하라'라고 몇 가지 핵심을 요약하듯 이야기하는 게 불가능합니다. 그래서 구체적인 방법들보다는 꼭 가지고 있어야 하는 원칙들에 대해서 이야기하고자 합니다.

4-3 » 피드백 루프 복원과 회복을 위한 원칙들

1) 원칙 1: 인간의 존엄을 지켜라[122]

조직의 피드백 루프를 살리기 위해서는 인간의 존엄을 지켜야 합니다. 조직의 구성원들은 모두 동등한 존재이며, 서로의 의견을 존중해야 합니다. 첫 원칙은 되게 당연하게 보입니다. 그런데 정말 여러분의 조직에서 인간의 존엄이 지켜집니까? 피드백 루프는 조직의 구성원들이 서로의 업무에 대해 피드백을 주고받는 일련의 과정입니다. 피드백 루프가 제대로 작동하면, 조직의 구성원들은 자신의 업무에 대한 정보를 빠르고 정확하게 얻을 수 있으며, 이를 통해 업무를 개선하고 생산성을 높일 수 있습니다.

그러나 조직에서 피드백 루프가 제대로 작동하지 못하는 경우가 많습니다. 그 이유는 우리가 가진 조직의 구조와 문화 때문입니다. 특히 한국의 많은 조직은 앵글로색슨 모형 중에서 가장 최악인 일본 제국주의 모형을 기반으로 하고 있는 곳이 많습니다. 그래서 매우 가파른 피라미드 계급구조로 운영되는 경우가 많습니다. 나이가 많으니까 더 존중해야 한다, 입사 순번이 높으니까 높임 받아야 한다, 상사는 신이다…. 이런 게 너무 심하지요. 이러한 구조에서는 권한이 위로 집중되고, 하위 구성원들은 상위 구성원의 지시와 명령만 따라야 합니다. 이러한 구조에서 모든 목소리가 투명하게 돌아가는 피드백 루프가 제대로 작동할까요?

피드백 루프가 제대로 작동하기 위해서는 수평 네트워크 구조가 필요합니다. 수평 네트워크 구조에서는 모든 구성원이 동등한 존재이며, 서로의 의견을 존중합니다. 이러한 구조에서는 구성원들이 서로의 업무에 대해 자유롭게

---

122. 여기 나온 '원칙'들은 다음 책을 보면서 많은 아이디어를 얻었습니다. 최동석 저, 『성취예측모형』 | 클라우드나인

피드백을 주고받을 수 있습니다. 영어 이름을 쓰고 직급을 없애는 것은 수평적 네트워크가 아닙니다. 이것은 근본적인 인간관을 바꾸지 않고 그저 '뭔가 있는 척'만 할 뿐입니다.

먼저 인간의 존엄이 지켜져야 합니다. 인간의 존엄을 지키는 것은 피드백 루프를 살리는 데 필수적입니다. 구성원들이 서로의 의견을 존중하지 못하면 피드백 루프는 왜곡되거나 막힐 수밖에 없습니다. 그러면 그 시작은 무엇이어야 할까요? 바로 **'구성원들 간에 신분을 지우라'**는 것입니다. 조직에서 인간의 존엄을 지키기 위해서는 구성원들 간에 신분을 지우는 것이 중요합니다. 구성원들 간에 신분이 생기면, 서로의 의견을 존중하기 어렵습니다. 예를 들어 요구사항을 들고 오는 고객, 이를 실제 만들어야 하는 엔지니어링, 이를 팔아야 하는 영업이나 마케팅 사이에 '신분'이 생기면 문제가 발생합니다. 신분이란 말로 표현한 이유는 특정 직급이나 고객 등 특정 집단이 하라면 '무조건' 해야 한다고 생각하는 개념을 사람들이 부지불식간에 가지고 있기 때문입니다. 이래서는 안 됩니다. 구성원들이 서로의 의견을 존중하기 위해서는 모든 목소리를 존중해야 합니다. 신분이 낮은 사람의 목소리라고 버려지거나, 신분이 높은 사람의 목소리만 피드백 루프에 가득하면 망합니다.

"한국 사회가 평등하지 않은 사회냐? 헌법에 평등권을 보장하는 나라 아니냐?"라고 하실 수도 있습니다. 그런데 정말 그런가요? 제가 보기에는 현대 한국 사회에는 여전히 신분 의식이 강합니다. 원청 대 하청, 정규직 대 비정규직, 고용인 대 피고용인의 구분이 존재합니다. 사원들 간에 출신 학교별 차별, 지역별 차별이 아직도 존재하는 회사들이나 공공조직 이야기도 심심치 않게 들립니다. 심지어 작은 기업일수록 이런 일로 말도 안 되는 착취가 벌어지는 것을 봅니다.[123] 이래도 한국 사회에 억압과 착취가 없나요?

이러한 신분 의식과 특권 의식이 조직의 피드백 루프를 막는 장벽이 되고 있습니다. 특히 외주를 줄 때는 역할이 다른 것일 뿐이지만, 지금 우리 사회에

---

123. 2030 시선으로 본 중소기업… "OOO해서 다니기 힘들어요" (2018.02.22) https://www.hankyung.com/society/article/2018022147551

서는 원청-하청 관계를 신분으로 만들어서 초과이윤을 무조건 얼마 이상 받지 못하게 한다든가, 말도 안 되는 일정이나 기능을 합의 없이 떠넘기는 일이 허다합니다. 이러는 순간 프로젝트의 불확실성은 더 커집니다. 영업이나 기획이 일정을 합의 없이 멋대로 정해서 개발이나 디자인 혹은 외주회사에 넘기는 짓은 절대 하면 안 됩니다. 어차피 그대로 되지 않을 것이기 때문입니다. 이것을 그들 머릿속에 '신분' 말고 무엇으로 설명할 수 있겠습니까? 이른바 '갑질'이란 '나는 너와 피가 달라'며 상대방을 근거 없이 낮춰보는 잘못된 신분 의식 때문에 나타나는 것입니다. 이것이야말로 억압과 착취이며 조직의 피드백 구조를 막는 혈전 같은 행위입니다.

만약 누군가 '능동적'이고 '적극적'으로 갑질하는 사람이 있다면 인사조직 담당자는 적극적으로 그 사람을 직무에서 배제해야 합니다. 예측 불가능성이 점점 커지게 될 것이고 이를 무마하기 위해서 더욱 큰 무리함을 저지르게 될 것이며 결국 성과를 내지 못하고 더 큰 사고를 칠 확률이 높기 때문입니다. 조직의 피드백 루프를 살리기 위해서는 인간의 존엄을 지켜야 합니다. 구성원들 간에 신분을 지우고, 모든 목소리를 존중하는 것이 중요합니다. 이것이 제일 중요합니다.

> **과거에 사람을 함부로 대했던 관리자는 분명히 언젠가 문제를 일으키게 되어 있습니다.**
>
> 어느 날, 모 회사의 직원 한 사람이 직장 내 괴롭힘과 갑질 문화로 자살하는 사건이 발생했습니다. 이에 블라인드와 같은 익명 기반의 커뮤니티에서는 해당 사건의 발생 장소를 추적하기 위한 여론이 들끓었습니다.
>
> 원래 해당 회사의 창업자 중 한 명이었던 그 직원의 상사는 이른바 "결과"를 만들어 내기 위해서 사람들을 "갈아"내기로 유명했다 합니다. 문제는 이 과정에서 자주 동료들에게 인격 모독적인 말을 서슴없이 하였다는 것입니다. 결국 다른 창업자가 "저 친구를 잘라라. 그리고 다시는 이 회사에 오지 못하게 해라."라고 하였습니다. 이에 대표는 해당 문제를 일으킨 창업 멤버를 내보내게 되었습니다.
>
> 해당 창업 멤버는 옮긴 회사에서는 의외로 "조용히" 지내고 있었습니다. 게다

가 제법 좋은 성과를 내고 승승장구하고 있었습니다. 어느 날 이 문제 있는 사람을 축출하라 하신 분이 회사를 떠났습니다. 이때 대표는 한 번 더 기회를 주겠다고 해당 문제를 일으킨 창업 멤버를 데려왔습니다. 그리고 얼마 되지 않아 이 사람 아래 있던 직원이 자살하는 사태가 발생했습니다. 이 직원분 아니라 사내에는 온갖 문제가 많아졌습니다.

보통 이러한 사례들을 까서 보면 정말 엉망진창입니다. 52시간의 근로 시간 제한이 있어도 초과 근무를 강요하기도 하고, 임신한 여성 직원에게 퇴사를 종용하기도 합니다. 성희롱 사건이 일어나도 쉬쉬하기도 하고, 위계질서를 이용하여 잘못된 지시에 반대할 수 없게 하기도 합니다. 초과 근무 수당을 받지 못하게 하기 위해 초과 근무 기록을 입력하지 못하게 하기도 합니다.

"에이, 안 그런 회사가 어디 있나요?"라고 할 수도 있겠지만, 그렇다면 이러한 것이 정상적인 것인가요? 이러한 회사가 과연 세상을 혁신하는 일을 할 수 있을까요? 구성원 모두가 행복한 회사가 될 수 있을까요? 회사의 존재가 세상에 독이 되는 것이 아닐까요?

물론 이상론을 펼친다고 할 수도 있습니다. 그러나 이러한 갑질과 학연/지연에 의한 신분제가 작동하는 이상, 우리 조직이 정상적인 피드백 루프를 유지할 수 없는 것은 분명합니다. 이를 개선하지 않고서는 다음 단계는 없습니다.

당장 여러분이 귀하게 키운 자식이 직장에 갔는데 이러한 억압과 착취, 갑질에 시달리고 돌아오는 것을 보면 여러분은 행복하겠습니까? 그 직장이 '당연한 곳'으로 느껴지나요?

2) 원칙 2: 성과책임(accountability)을 가져야 한다

어떤 직무가 있으면, 그 직무에 기대되는 성과(expected performance)가 있을 것입니다. 예컨대 개발자라면 결국 주어진 제품을 개발하는 것이고, 회계담당자라면 회사의 돈이 부정한 데로 흘러가지 않게 감시하고 비용을 관리하는 것입니다. 이렇게 직무의 성과를 규정해서 해당 성과를 달성하는 책임을 성과책임(accountability)이라고 합니다.

이 이야기는, 어떤 일을 누군가 했으면 그 이유를 합리적으로 설명할 수 있어야 한다는 의미입니다. 어떤 제품을 개발했다면 그 제품을 왜 개발했는지 본인의 성과책임에 비추어서 설명할 수 있어야 한다는 것이죠. 그리고 그 제품이 기대하는 성과를 달성할 수 있어야 유능한 것입니다.

제가 이 부분을 이야기하는 이유는 이렇습니다. 우리 사회에서는 이상하게 직위가 올라갈수록 책임 없이 누리려고만 하는 사람들이 늘어나는 특징이 있기 때문입니다. 그 이유는 성과책임을 제대로 관리하는 회사나 조직이 매우 적기 때문입니다. 단순 지휘 감독 말고 해당 조직의 성과책임으로 무엇을 해야 하는지 정의한 직무계약(Job contract)이나 직무기술(Job description)이 없죠. 직무기술서 이야기를 하면 채용 시에나 쓰는 줄 아는 사람들이 많습니다.

조직의 구조와 시스템의 설계란 이러한 성과책임(accountability)의 구조입니다. 그리고 이것을 합리적으로 달성해서 기대한 성과를 내는 것이 유능한 것입니다. 내 말 잘 들어주고, 아부하고, 폭탄주 잘 마는 게 유능한 게 아닙니다. 이러한 성과책임을 명확하게 하지 않으면 겨우 수집한 내부/외부 고객의 목소리가 그냥 버려지거나 갈려 나가고 성과 있는 산출물로 나오기 힘듭니다.

3) 원칙 3: 행동이 아니라 목표를 조정해야 한다

조직의 성과를 높이기 위해서는 구성원들의 행동을 조정하는 것이 중요하다고 생각하는 사람들이 많습니다. 그러나 행동을 조정하는 방식은 성과를 내지 못합니다. 행동을 조정하는 방식은 행동주의 심리학에서 나온 방식입니다. A를 하면 채찍, B를 하면 당근을 주는 방식으로 사람의 행동을 조절해서 성과를 올릴 수 있다고 하는 생각입니다. 기계처럼 무엇을 아무 생각 없이 반복적으로 하라고만 하는 것이지요.

행동을 조정하는 관리(혹은 행동주의적 직무 인식이라고도 합니다)는 다음과 같은 문제점을 가지고 있습니다.

- ▶ **맥락을 고려하지 않는다**: 행동을 조정하는 관리는 행동만을 중시합니다. 맥락을 고려하지 않고 행동을 조절하면, 의도하지 않은 결과를 초래할 수 있습니다. 예를 들어 '아침에 모두 모여 회의를 합시다'라고 한 뒤 나왔느냐 안 나왔느냐를 가

지고 인사고과에 반영한다고 하면 어떨까요? 하지만 그 회의에서 무슨 생산성 있는 의사결정이 나왔느냐 안 나왔느냐를 따지는 게 먼저 아니겠습니까?

- ▶ **구성원의 동기를 떨어뜨린다**: 행동을 조정하는 관리는 구성원들을 수동적인 존재로 만듭니다. 구성원들은 자신의 행동이 어떤 결과를 가져올지 알 수 없기 때문에, 스스로 생각하고 행동하는 것을 포기하게 됩니다. 위의 회의 이야기로 생각해 보면 우리가 이른바 '회의가 회의적이야'라는 말을 왜 하는지 느낌이 올 것입니다.
- ▶ **조직의 유연성을 떨어뜨린다**: 행동을 조정하는 관리는 조직을 경직된 구조로 만듭니다. 구성원들은 행동을 조절당하기 때문에, 새로운 상황에 적응하기 어렵습니다.

그래서 성과를 높이기 위해서는 행동이 아니라 목표를 조정해야 합니다. 목표를 조정하는 관리(혹은 성과주의적 직무 인식)는 다음과 같은 장점을 가지고 있습니다.

- ▶ **맥락을 고려한다**: 목표를 조절하는 방식은 맥락을 고려하게 합니다. 구성원들이 목표를 이해하고 공유하면, 맥락에 맞는 행동을 할 수 있습니다.
- ▶ **구성원의 동기를 높인다**: 목표를 조절하는 방식은 구성원의 동기를 높입니다. 구성원들은 자신이 달성해야 할 목표를 알고 있기 때문에, 스스로 생각하고 행동하기 때문입니다.
- ▶ **조직의 유연성을 높인다**: 목표를 조절하는 방식은 조직의 유연성을 높입니다. 구성원들은 목표를 달성하기 위해 다양한 방법을 선택할 수 있기 때문에, 새로운 상황에 적응하기 쉽습니다.

목표를 조정하는 방식으로 조직의 성과를 높이기 위해서는 다음과 같은 방법을 적용할 수 있습니다.

- ▶ **합의된 목표를 설정한다**: 구성원들이 자신의 목표를 이해하고 공유할 수 있도록, 합의된 목표를 설정해야 합니다. '이 일을 왜 하고 이 일을 함으로써 어떤 목표를 달성하고자 합니다'라는 것을 모든 구성원들이 알아야 한다는 말입니다.
- ▶ **책임을 명확히 한다**: 구성원들에게 목표를 달성하기 위한 책임을 명확히 해야 합니다. 앞서서 성과책임(accountability)을 이야기했던 게 바로 이것 때문입니다.

- ▶ **성취할 방법은 자유롭게**: 목표만 달성하면 됩니다. 그 달성 방법은 본인의 역량에 맞게 자유롭게 선택할 수 있게 해야 합니다. 이래야 영혼이 자유로워지고 더 나은 생산성을 보여줍니다
- ▶ **필요한 자원을 제공한다**: 구성원들이 목표를 달성하기 위해 필요한 자원을 제공해야 합니다. 이것이 이른바 보충의 원리입니다.
- ▶ **결과를 평가한다**: 구성원들이 목표를 달성했는지 여부를 평가해야 합니다. 결과가 있으면 좋은 것이고 그러지 못했으면 못한 것입니다.

행동이 아니라 목표를 조정해야 한다는 원칙을 적용하면, 조직의 성과를 높이고 구성원의 동기를 높일 수 있습니다. 이러한 방식을 '목표와 자기 조절에 의한 관리(management by objective and self-control)'라고 합니다. 그 유명한 피터 드러커가 말한 게 이것입니다. 한국에서는 자기 조절(self-control)을 빼고 MBO(management by objective)라고 알고 있는 사람들이 많은데 이것은 완전히 잘못된 것입니다.

인간은 자기 조절과 자율권을 가져야 자기 통제하에 제대로 최선을 다해 목표를 달성하는 존재입니다. 이것이 실존주의 철학에서 본 인간관입니다. 자율권과 자원을 주고 결과를 만드는지 아닌지만 확인하면, 스스로 이를 관리해서 자기 역량껏 결과를 내는 것이 인간이라는 것이지요. 그러니 '목표와 자기 조절에 의한 관리(management by objective and self-control)'를 할 수 있게 해주면 됩니다. 관리자는 이러한 시스템으로 조직이 운영될 수 있도록 관리할 책임이 있습니다. 그럼에도 많은 사람은 행동을 조절하는 관리를 하려고 합니다. 왜 그럴까요? 그것은 '목표를 정확하게 정의하지 못하기' 때문입니다. 즉, 방향이 없기 때문에 뭔가 일하는 것처럼 보이려고 '행동을 조절'하려고 하는 것입니다. 이것이 이른바 '가짜 관리'입니다.

최근에 어떤 대기업 개발 조직에 인턴으로 입사한 젊은 친구의 이야기를 들었습니다. 이 사람은 백엔드 개발자로 근무했는데, 모르는 제품과 기술을 익히느라 많은 시간을 보냈습니다. 그래도 열심히 노력한 결과, 코딩 실력을 인정받게 되었습니다. 그리고 이 사람은 법정 근무 시간인 8시간을 정확히 지키

면서 일했습니다. 그래서 어느 날, 한 선배가 이 사람을 불러다가 조용히 이렇게 말했습니다. "근무 시간 8시간을 칼같이 지키지 말고 할 일이 없어도 더 자리에 남아 있다 늦게 퇴근해. 지난번에 인턴 두 명이 있었는데, 한 명은 코딩을 정말 못했고, 다른 한 명은 코딩을 잘했어. 그런데 코딩을 잘한 친구가 8시간 일하고 칼퇴근을 했는데, 코딩을 못했던 친구가 정직원이 되었어. 계속 남아서 일하는 사람을 팀장은 성실하다고 생각한다고." 그 이야기를 들은 이 젊은이는 곧바로 이직을 했습니다. 이 사람이 이기적일 거고 성과는 내지 못할 거라고 생각하실 수도 있습니다. 그러나 이후 다른 회사에서도 실력을 인정받았고 지금은 잘 나가는 어느 스타트업에서 꽤 많은 지분을 받고 일하고 있습니다. 저는 아직도 늦게까지 일하는 사람이 성과를 내는 사람이라고 생각하는 조직이 있다는 사실에 경악했습니다.

이 회사에는 한마디로 목표를 관리하는 시스템이 없는 것으로 보입니다. 이른바 대기업이었는데 말이지요. 이걸 하지 못하니 그저 '늦게까지 내 눈에 띄는 사람이 일 잘하는 거다'라고 생각하는 관리를 당연하게 받아들이고 있었던 것입니다. 할 일이 없는데 눈치 보며 야근하는 문화가 오히려 개인과 조직의 생산성을 날려버린다는 이야기는 너무 많이 읽으셨을 거라 따로 더 하지 않겠습니다.

'목표와 자기 조절에 의한 관리(management by objective and self-control)'를 하면 이런 일들은 없앨 수 있습니다. 그리고 지금 '목표와 자기조절에 의한 관리'를 제대로 하는지 스스로 물어보셔야 합니다.

우리가 하는 차등 보상은 얼마나 의미가 있을까?

대기업이든 중소기업이든 '차등 보상을 해야 사람들이 일에 의미를 가지고 한다'는 믿음을 가진 경영자들이 많습니다. 그러나 이른바 내적동기가 아니라 외적동기에 보상하는 것은 절대 생산성의 향상을 가져오지는 못한다는 연구 결과가 넘쳐납니다. 그런데 정작 차등 보상을 해야 할 때, 얼마나 하고 계신가요?

블라인드[124]가 2022년 1월부터 2023년 8월까지 수집한 자료에 따르면, 소위 'Big 5' 기업에서 일하는 '엔트리급 직원'들의 '총보상 평균'은 다음과 같습니다.

- 구글: 184,000달러
- 메타(구 페이스북): 179,000달러
- 아마존: 159,000달러
- 애플: 142,000달러
- 마이크로소프트: 141,000달러

이 금액은 급여에 주식과 보너스를 합친 것입니다. 그러나 세금과 실리콘밸리의 주거비용 등으로 큰 비용이 들어가기 때문에 큰돈이 아니라고 합니다. 실제로 회사 주차장에서 생활하는 직원도 있다고 합니다. 그러면 이제 최고 수준의 엔지니어에게 지급되는 총보상 평균은 얼마일까요?

- 구글: 655,000달러
- 메타(구 페이스북): 780,000달러
- 아마존: 691,000달러
- 애플: 500,000달러
- 마이크로소프트: 500,000달러

이 금액은 우리 돈으로 7억 원에서 10억 원 정도에 해당합니다. 이 정도 금액이라면 세금과 주거비용을 제외하더라도 상당히 풍족한 보상을 받을 수 있을 것입니다. 여기서 알 수 있는 한 가지 시사점은 'Big 5' 기업들의 보상 구조가 '최고 직원에게 확실하게 큰 보상을 제공한다'는 점입니다. 최고 엔지니어에게 엔트리 레벨 직원의 4~5배에 해당하는 보상을 제공하는 것은 우리나라 기업의 보상 체계와는 명확히 다릅니다.

여러분 회사에서 연말 보너스는 직원 연봉의 몇 % 정도를 주고 있나요? 위의 경우와 비교해 보시면 정말 동기가 유발될 만큼 크게 보상하고 있으신가요? 사람을 돈만으로 움직일 수는 없습니다. 하지만 정말 보상을 하겠다면 다른 사람들보다 '의미 있게' 큰 보상을 해야 하지 않을까요?

---

124. Michael Grothaus(2023-08-29), Which Big Tech company pays software engineers the most? Survey reveals salaries at Apple, Google, and Meta, Fastcompany https://www.fastcompany.com/90946181/big-tech-software-engineer-pay-salary-apple-google-meta-amazon-microsoft

4) 원칙 4: 직무는 계층/계열이 있어야 한다

이 조직이 어떻게 돌아가는지 분석하는 가장 좋은 방법은 조직의 SSPP(structure-system-process-people)를 분석하는 것입니다.

1. **구조(Structure)**: 조직의 각 기능과 역할이 명확히 정의되어야 합니다. 이는 조직의 체계적인 운영을 가능케 합니다.
2. **체계(System)**: 조직 내의 구조가 유기적으로 연결되어 네트워크를 형성해야 합니다. 이러한 체계는 각 부서 및 구성원들이 협력하여 목표를 달성하는 데 도움을 줍니다.
3. **과정/순서(Process)**: 정의된 구조와 체계를 기반으로 일의 흐름과 순서가 잘 구성되어야 합니다. 이로써 업무의 효율성과 일관성을 유지할 수 있습니다.
4. **사람(People)**: 조직을 이루는 구성원들의 역량과 특성을 고려해야 합니다. 올바른 사람을 올바른 위치에 배치하고 적절한 책임을 부여하는 것이 중요합니다.

이러한 요소들은 구조-체계-과정/순서 간의 명확한 조화를 갖추어야 합니다. 앞에서 이야기했듯이 인간의 존엄은 지켜져야 합니다. 그래서 수평적이어야 합니다. 그러나 직무의 책임은 계층과 계열이 있어야 합니다. 어떤 책임이 조직 내에 존재하는지를 구조적으로 결정하고, 이를 감당하기 위한 체계와 순서를 마련하며, 이를 수행할 적합한 사람들을 판단하는 것이 중요합니다.

따라서 지시와 명령보다는 구성원들에게 '책임'을 부여하고 협력을 장려해야 합니다. 이는 '임무를 주지 말라'는 의미가 아니라, 이미 책임을 부여함으로써 처리할 책임 전달이 이루어졌음을 나타냅니다. 구성원들의 책임을 고려하여 구조를 설계하고, 각자의 책임을 달성하기 위한 협력과 질서를 유지하는 것이 중요합니다. 조직의 성공은 결과에 반영됩니다. 원칙 2에 따라 결과를 내면 유능하고, 그렇지 않다면 무능하다고 평가할 수 있습니다. 이는 SSPP를 통한 지원이 제대로 이루어졌다는 가정하에서 그러하다는 뜻입니다.

구조와 체계를 잡는 방법 중 하나는 이니셔티브(initiative) 분배/배치입니다. 이니셔티브는 특정 문제를 처리하거나 특정 목적을 달성하기 위한 다양한 방법들을 말합니다. 이를 상위 레이어에서 중요도에 따라 분배하고, 필요한 경우 하위 레이어로 이를 전달합니다.

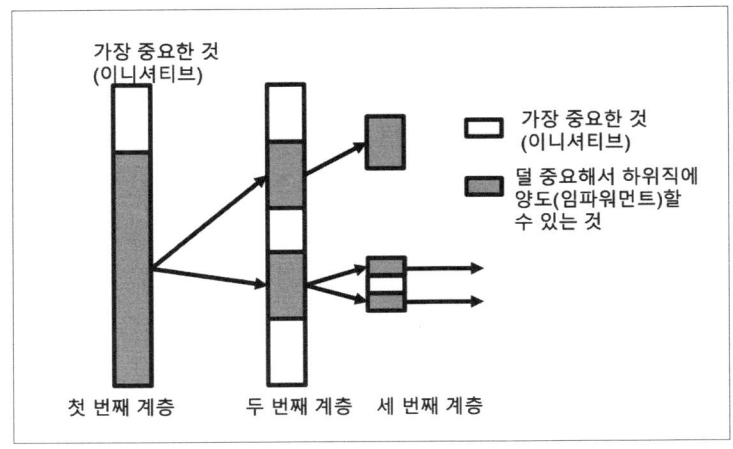

[그림 4-7] 직무권한의 권한 위임(delegation)과 권한 양도(empowerment) 개념도 (출처: 『성취예측모형』[125])

이를 위해 권한 위임(delegation)과 권한 양도(empowerment)라는 개념을 활용합니다. 권한 위임은 큰 책임을 상위 레이어의 결재를 받아 나누어 수행하고, 권한 양도는 상대적으로 덜 중요한 업무를 받은 사람이 스스로 판단하여 수행하는 것을 의미합니다.

이러한 구조와 체계를 통해 조직은 효과적으로 운영되며, 연대와 보충의 원리, 대화와 토론의 원리, 합의와 동행의 원리와 같은 필요한 원칙들을 준수하여 조직의 성과를 극대화할 수 있습니다. 이렇게 **이니셔티브를 책임계약을 기반으로 조직화해서 짜 놓은 것을 '책임으로 지은 집'이란 이름으로 저는 부릅니다.** 마치 집 구조처럼, 모든 조직의 이니셔티브를 빈틈없이 책임으로 맞춰 놓으면, 어떤 문제라도 탄탄하게 조직 구성원들의 모든 역량을 발휘해서 해결해 내는 것을 보실 수 있을 것입니다.

---

125. 최동석 저, 『성취예측모형』 | 클라우드나인

5) 원칙 5: 정반합의 의사결정

한국에서 토론이라고 하면 100분 토론에서 서로 말꼬리 잡고 싸우는 것만 사람들이 생각합니다. 사안에 대해 따지고 분석하는 것을 귀찮아하고 못 견디 하는 거죠. 그러나 결국 사람이 만나서 일을 하는 상황에서는 어쩔 수 없이 토론하고 합의할 수밖에 없습니다.

그런데 A라는 사안이 있고 이에 대해 반대하는 사안으로 B가 있다고 합시다. 그러면 합의하려면 어떻게 해야 하는 건가요? 보통 사람들이 생각하는 것은 A와 B의 중간을 이야기할 것입니다. 그런데 이것은 합의가 아닙니다. 합의는 A와 B를 아울러서 '창조적 합의'를 하는 것을 말합니다.

이를 위해서 반드시 거쳐야 할 것이 있습니다. 바로 A나 B나 모두 사실에 근거를 두어야 한다는 것입니다. 억지 주장을 가지고 의사결정을 하자고 하는 것은 잘못된 것입니다. 앞서서 성과책임(accountability)을 설명했는데 이 성과책임에 대해서 사실에 근거해서 이야기를 할 수 없는 것은 꺼내서도 안 됩니다. 이른바 '윗분의 결정이다, 무조건 따라라'라는 식으로 이야기하면 안 된다는 것입니다. 그래서 앞서서 계속 피라미드 계급구조가 안 되고 인간의 존엄이 중요하다고 하는 것입니다. 왜냐하면 '사실 기반 합의가 안 되기' 때문입니다. 사실을 사실대로 보지 못하면 그 자체로 재앙입니다.

그럼 어떻게 A와 B를 아울러서 '창조적 합의'를 할 것인가요? 예를 들어봅시다.

> A: 여기 있는 100가지 기능이 한 달 내에 모두 필요합니다. 모두 구현해 주세요.
> B: 현재 저희가 가용할 수 있는 시간과 인력으로는 한 달 내에 불가능합니다

보통 이러면 이렇게 합의하려고 합니다. "시간 내 할 수 있는 70개까지만 하자." 그런데 뒤 돌아서면 어떤가요? 결국 이해관계 자체가 완전히 정리가 된 게 아니니까 나중에 다시 합의가 깨지지는 않나요? 다시 돌아가 봅시다.

> A: 고객의 문제 AAA를 분석해 보니 여기 있는 100가지 기능들이 한 달 내에 모두 필요합니다. 이 작업이 가능할까요?

> B: 현재 저희가 가용할 수 있는 시간과 인력으로는 한 달 내에 불가능합니다. 고객이 AAA라는 문제를 해결하는 데 40가지 기능들이면 충분해 보입니다. 어떠하신가요?

이다음에는 1번 아니면 아마 2번처럼 될 것입니다.

1번

> A: 좋습니다. 그럼 40가지 핵심 기능들을 먼저 출시하고, 고객들의 피드백을 바탕으로 나머지 기능을 할지 말지 결정합시다.
> B: 감사합니다. 조금 더 고민을 해보니 저희가 가진 다른 프레임워크로 생산성 있게 작업을 할 수 있으면 더 나은 해결책을 만들어 볼 수 있을 것 같습니다. 일정을 다시 추산해서 같이 논의할 수 있을까요?

2번

> A: 아, 불가능합니다. 반드시 저 기능들이 있어야만 합니다.
> B: 현재 저희가 가진 자원으로는 어떻게 해도 안 됩니다…
> A: 무조건 하세요! 아니면 우리 다 끝나요!

1번 대화처럼 되면 참 좋죠. 사실에 근거해서 이야기하고, 상대방의 이야기를 들으려고 하고, 이를 넘어서 새로운 창조적 대안을 만들어 내려고 하고요. 문제는 2번처럼 대화하려고 하는 것입니다. 그런데 2번처럼 주장하면 그 일은 되는 걸까요? '안 되면 되게 하라'는 말이 있지요? 안 되는 일을 되게 하니까 무슨 일이 일어났습니까? 콘크리트 아파트에 철근이 없고, 비 오는 날 콘크리트를 쳐서 건물이 무너지지 않았습니까? **안 될 일은 안 돼야 합니다.** 되는 일만 해도 될까 말까 한데 안 되는 일을 어떻게 되게 하겠습니까?

19세기에 헤겔은 이런 대화와 토론의 방식을 정(these)-반(antithese)-합(synthese)의 변증법으로 정의해서 고대 그리스 때부터 내려온 토론 방법들을 일반원리로 만들었습니다. 이것을 실제 대화 연습에 적용해 창조적 합의를 이끌어내는 훈련이 필요합니다.

이런 합의를 이끌어내는 사람이 바로 리더입니다. 카리스마를 가지고 지시하는 게 리더가 아닙니다. '문제해결 과정에 모두를 참여시키는 사람'이 바로 리더입니다. 그렇게 합의에 의한 의사결정을 이끄는 게 리더입니다. 소수의 반대자가 계속 남아 있을 수도 있습니다. 그럼 이 사람들도 설득하는 게 리더입니다.

'그럼 설득이 안 통하는 사람은 어떻게 해야 합니까'라고 하실 수도 있습니다. 제가 토론과 설득의 방법의 전문가가 아니어서 시원한 답을 드리기는 어려울 거 같습니다. 제가 마지막에 쓰는 전략은 2장에서 '제럴드 와인버그가 이야기한 방법'입니다. (피하라는 것입니다.) 대화를 하지 않으려고 하고 남의 말을 듣지 않으려고 하는 사람들이 합리적인 경영에 참여할 수 있는 사람이라고는 생각 안 합니다. 이것을 하지 못하면 피드백 루프는 무너지게 됩니다. 억지 주장과 폭압적인 명령이면 되는 조직구조에서 피드백 루프는 필요하지 않습니다. 그리고 대부분 그 끝은 좋게 갈 수가 없습니다.

6) 원칙 6: 사회적 자본을 구축하라

모든 변화는 혼자 할 수 없습니다. 지금 이 책을 읽는 경영자분들 중에 '그래 당장 지시해서 제대로 일하게 해야 해!'라고 하시는 분들이 있을 수도 있습니다. 혹은 중간 관리자분들 중에는 '시키면 되지!'라고 생각하실 수도 있습니다. 문제는 변화는 그렇게 일어나지 않는다는 것입니다. 여러분과 같이 피드백 루프를 회복/복원하려면 가장 중요한 것은 무엇일까요? 바로 같이 이 일을 할 수 있는 동료들을 설득해야 한다는 겁니다.

생각해 보면 이게 당연한 겁니다. 작은 시스템을 바꾸려고 해도 상사를 설득하거나 동료를 설득해야 합니다. '우리는 앞으로 제품을 출시하는 방법을 이렇게 바꿔야 합니다'라고 했는데 '저 사람이 왜 저러나?'라는 시큰둥한 반응이 나타나 버리면 쉽지 않을 겁니다. 이른바 사회적 자본이 없으면 '변화'를 만들어 내기가 어렵습니다. 혼자서도 다 잘할 수 있다면 이것은 매우 '순진'한 생각입니다. 그럼 사람들과 좋은 관계를 유지하기 위해서 이해당사자들과 술 먹고 밥 먹으면 될까요? 전혀 아닙니다. 이렇게 하시길 제안해 드립니다.

첫째, 문제의식을 같이 공유해야 합니다. 주위에 '우리 이런 게 문제 아닐까? 너는 어떻게 생각해?'라고 이야기를 했을 때, 반응이 없는 사람도 있을 것이고, 반응이 있는 사람들도 있을 것입니다. 그럼 반응 있는 사람들부터 같이 모아봐야 합니다. 둘째, 그 사람들과 무언가 같이해야 합니다. 예를 들어 사이드 프로젝트를 같이해도 좋고, 관련 문제를 해결하기 위한 연구를 같이해도 좋을 것입니다. 무엇이든 같이하는 게 중요합니다. 모여서 같이해야 신뢰가 쌓이기 때문입니다.

이렇게 신뢰를 쌓고 변화를 시도하는 것이 그렇지 않은 때와 많은 차이가 날 것입니다. 신뢰가 쌓인 관계에서 무언가 새로운 시도를 할 때, 에너지가 상대적으로 덜 들어가기 때문입니다. 그리고 이것은 이른바 '자기효능감'의 차이로 이어집니다. 즉 '해보니 되네?'라는 효능감을 처음에 크게 높일 수 있다면 이 변화는 손쉽게 습관으로 자리 잡을 수 있습니다. 그러나 이 효능감이 너무 떨어지면 좌절하기 쉽습니다.

그래서 '사회적 자본'에 대한 이야기를 드리는 것입니다. 기왕이면 효능감을 높여서 작은 변화의 불씨를 '살리고 살려서' 더 큰 변화로 이어가게 할 수 있도록 많은 신뢰감 있는 동료들을 만드시길 권해드립니다.

4-4 » 피드백 루프는 어떻게 살려낼 수 있을까?

1) 소프트웨어 개발의 피드백 루프 어디에서 문제가 발생할까?

결국 소프트웨어 개발은 다음 4가지를 꾸준히 반복하는 것이라 할 수 있습니다.[126]

1. 정해진 명세
2. 지시된 설계
3. 구현
4. 그 결과 테스트

---

126. 신현묵 저, 『백세코딩』 | 프리렉

그렇다면 이 네 가지만 '무의식'적으로 반복하면 무조건 되는 것입니까? 특히 위의 4가지 단계에서 '그 결과 테스트'가 결국 피드백 루프의 종류 중 하나겠지만 이것으로 충분하지 않습니다. 단순히 '있는 그대로' 결과물에 대한 의견만 전달하면 피드백이 아닙니다. 이 전체 과정이 의미가 무엇인지를 돌아봐야 합니다. '의미'를 묻는 물음이 없거나, 사라지거나, 무시당해서는 안 됩니다. 각 구성원들이 이 피드백의 의미를 '생각하게' 만들어야 합니다. 더 나아가서 잘못된 결정에 '저항'할 수 있게 해야 합니다. 그렇지 않으면 이는 '피드백 루프'를 무너뜨리는 일입니다.

2) 제대로 참여해서 의사결정을 내고 있는지 어떻게 확인할 수 있을까?

지금 우리가 만드는 제품에 어떻게든 고객들까지 참여하게 해서 우리 모두의 자부심을 높이는 경험을 하도록 해야 합니다. '이케아 효과'[127]라는 것이 있습니다. 자신이 직접 조립한 가구에 더 비싼 가격을 낼 용의가 있다는 행동경제학 이론입니다. 자신에게 의미 있는 물건이 되면 그것은 '다른' 물건이 되는 것입니다. 마이클 노턴(Michael Norton) 하버드 대학교 경영대학원 교수는 "물건을 만드는 일에 직접 참여하면 사람의 자부심이 높아진다. 그리고 그 자부심은 자신이 만든 물건의 가치를 높게 평가하도록 만든다."라고도 했습니다.

단순하게 의견을 제시하는 것 정도를 넘어서 고객, 개발자, 마케팅, 영업 등 모든 구성원들이 참여를 잘하고 있다는 것을 어떻게 알 수 있을까요? 『민주적 결정방법론』[128]이란 책에는 '참여적 의사결정의 4가지 핵심 가치'에 대해서 소개하고 있습니다.

> ▶ **온전한 참여(full participation)**: 모든 구성원들이 제 목소리를 내고 속마음을 꺼내 놓을 수 있도록 권장합니다.
> ▶ **상호 이해(mutual understanding)**: 각 구성원들이 서로의 욕구와 목적에 대한 '정당성'을 이해하고 받아들여야 합니다.

---
127. 이완배 저, 『경제의 속살 1 경제학 편』 | 민중의소리
128. 샘 케이너 저 / 구기욱 역, 『민주적 결정방법론』 | 쿠퍼북스

- ▶ **포괄적 해법(inclusive solution)**: 그룹의 지혜는 모든 구성원들의 관점과 욕구를 통합할 때 생성됩니다. "누구라도 조금의 옳은 것은 있다"라는 간디의 발언을 기억하며 모든 구성원들의 관점과 욕구를 둘러봐야 합니다.
- ▶ **공유 책임 (shared responsibility)**: 구성원들이 자신들이 지지하는 제안을 말하고 싶고 또 말할 수 있어야 합니다. 그 결정이 좋은 방향으로 귀결되도록 절차를 설계하고 운영하는 일에 모두 책임 의식을 가져야 합니다. 이것은 '소수 핵심 인물들이 만든 결론에 모든 사람이 책임져야 한다'는 가치관과 정면으로 배치됩니다.

이 4가지 가치들이 조직에서 제대로 이뤄지는지 꼭 둘러보기를 권합니다.

그렇다면 소프트웨어 개발에서 이러한 고객의 참여는 어디에서 이루어질까요? 사실 거의 대부분의 상황이지만 제일 많을 때는 명세를 정하게 될 때, 그리고 결과를 테스트하거나 데모를 할 때라고 생각합니다. 이 순간에 위에서 이야기한 4가지 참여적 의사결정의 가치가 제대로 살아있는 시간을 가지는지 아닌지를 꼭 판단해 봐야 합니다. 특히 고객의 목소리와 제품을 만드는 사람의 목소리가 균형 있게 정-반-합의 의사결정으로 합쳐져서 최선의 결정이 나오는지를 꼭 살펴봐야 합니다.

3) 집단 의사결정의 현실적 모델

『민주적 결정방법론』[129]이란 책의 이론을 가져오면 [그림 4-8]과 같은 그림이 나옵니다.

---

129. 샘 케이너 저 / 구기욱 역, 『민주적 결정방법론』 | 쿠퍼북스

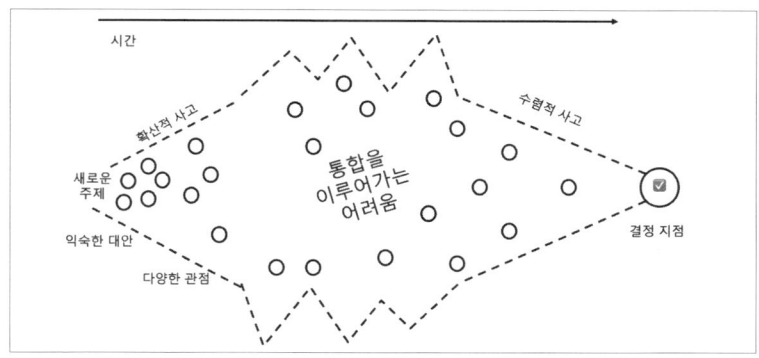

[그림 4-8] 집단 의사결정의 현실적인 모델[130]

이 그림을 해석하면 이렇습니다. 1. 처음에 새로운 주제로 시작해서 결정 지점까지 가게 됩니다. 이 과정에서 2. 확산적 사고로 시작해서 여러 가지 이야기들이 나옵니다. 이러면서 '다양한 관점'이 모이게 됩니다. 3. 이를 모아서 통합을 이루어가야 합니다. 이른바 '으르렁 지대(grown zone)[131]'를 지나야 합니다. 4. 이후 모든 생각들을 수렴해서 5. 결정을 하게 됩니다.

이때, 이른바 '수렴적 사고'의 지대로 넘어올 수 있게 하고, 결정 지점으로 갈 수 있게 도와주는 게 리더입니다. 이를 위해 퍼실리테이터와 같은 사람의 도움을 받을 수도 있습니다. 이 과정을 이끌어내는 단계를 잘 밟아가야만 이른바 '피드백' 단계를 지혜롭게 지날 수 있습니다. 이 중에서 가장 중요한 것은 무엇일까요? 이른바 '으르렁 지대(grown zone)'의 존재를 인정하는 것입니다. 갈등이 생길 수도 있고 의견 대립이 있을 수도 있습니다. 이 순간을 '받아들여야 합니다'. 이 뜻은 이런 과정이 있을 수 있으니까 실망하거나 절망하지 말고, 남을 공격도 하지 말고 발전적인 의사 개진을 통해서 설득할 것은 설득하고 받아들일 것은 받아들여야 한다는 것입니다.

고객이 '참여'를 하기 위해서 회의를 하든 토론을 하든 이런 과정 속에서 누구 한 사람만의 의견으로 가는 게 아니라 '가장 좋은' 결정을 하기 위해서 모든 좋은 생각들을 쏟아 넣어야 합니다. 당연히 그냥 고객뿐 아니라 실제 제품

---

130. 샘 케이너 저 / 구기욱 역, 『민주적 결정방법론』, 쿠퍼북스
131. 샘 케이너 저 / 구기욱 역, 『민주적 결정방법론』, 쿠퍼북스

을 만드는 제작자들의 의견까지 모여야 합니다. 그리고 이를 모아서 가장 좋은 것들을 선택해 가는 과정이 민주적 의사결정이며 이른바 '고객 참여'의 과정입니다. 이러한 민주적 과정을 거친 의사결정이 이러한 과정을 거치지 않은 것보다 훨씬 나은 결과를 가져옵니다.

언제나 집단으로 의사결정을 정말 내려야 할 때, [그림 4-8]의 그림을 늘 마음속에 새겨 두시기를 바랍니다. '지금은 확산적 사고를 하고 있구나', '통합을 이루어 가는 중이구나', '수렴해야 하는데 수렴을 안 하네? 수렴할 수 있게 나서야겠네'라는 생각들을 하면서 회의나 집단 의사결정 과정에 참여하면 도움이 될 것입니다.

4) 삼중 방어선을 소프트웨어 개발 조직에 만드는 방법

'삼중 방어선'이라는 경영학 개념이 있습니다. 어떤 일이 일어났을 때, 세 번 확인할 수 있는 시스템을 만들어 놓으면, 설사 실수나 실패가 일어나도 조직 전체에 큰 피해를 주지 않게 할 수 있다는 뜻입니다. 소프트웨어 개발 조직에는 다음과 같이 이 삼중 방어선을 구현할 수 있습니다.

첫째, '코드 리뷰와 선임자를 통한 기본 규칙에 대한 방어'입니다. 누구든 코드를 그냥 바로 작성하고 배포하는 게 아니라, 동료들의 리뷰를 통해서 조직 구성원들이 합의한 수준의 코드 품질을 지킬 수 있게 하는 것입니다.

둘째, '빌드/테스트 자동화를 통해서 실제 돌아갈 수 있는지에 대한 방어'입니다. 실제 코드를 빌드하고, 단위테스트, 통합테스트를 자동화해서 변화가 있을 때마다 정상적인지 아닌지를 확인해 주는 것입니다. 언제나 문제는 '내 컴퓨터에서는 잘 되는데'이기 때문에 독립된 작업환경에서 이른바 지속적인 통합(continuous integration, CI)을 통해 문제를 찾아낼 수 있게 하는 겁니다.

셋째, '점진적인 배포를 통해서, 실제 적용되었을 때에 문제가 있는지 없는지에 대한 방어'입니다. 서비스들이 앞의 두 단계를 다 지나서 고객에게 정식 배포될 때 무조건 전체에게 다 배포하는 게 아니라, 내부나 몇몇 지역별로 배포를 해보고 문제가 있으면 거둬들이고 다시 고쳐서 배포를 해야 합니다. 이것을 카나리 배포(canary release)라고도 합니다.

이와 같은 시스템들을 이용하면 각 개인이 실수하더라도 그것이 전체 시스템을 망가뜨리지 않고 올바른 피드백을 얻을 수 있습니다. 이러한 시스템으로 소프트웨어 개발 조직은 심리적 안정감을 얻을 수 있습니다. 내가 실수를 하더라도 나의 동료들과 시스템이 문제를 잡아줄 것이라는 믿음이 있기 때문입니다. 그리고 자주 실수하는 부분들에 대한 피드백을 통해 전보다 더 나아지는 모습을 발견할 수 있을 것입니다. 시스템으로 만들어 내는 조직의 심리적 안정감이야말로 '성과 내는 조직'의 비법입니다.

그래서 애자일 원칙에서 '동작하는 소프트웨어'가 중요하다는 것입니다. 소프트웨어가 상시 동작 가능한 상태를 유지하려면 이러한 피드백 시스템을 통해서, 지속적으로 새롭게 기능을 추가하더라도 그 오류가 자연스럽게 해결될 수 있어야 하기 때문입니다. 이러한 관리 체계가 없다면 아무리 뛰어난 개발자들과 사업가들이 모여서 뭘 하려고 해도 엉망이 될 뿐입니다.

그러나 이런 것만으로 조직의 심리적 안정감이 이뤄지지 않습니다. 그리고 심리적 안정감이 없이는 피드백 루프가 돌아가기 힘들고, 피드백 루프가 돌지 않으면 제대로 된 제품을 만들기 어렵습니다. 이러한 시스템은 모든 구성원들이 서로 존중하고 존엄을 지켜주는 문화가 없다면 이뤄지지 않습니다. 코드 리뷰를 하랬더니 상대 개발자를 비난만 하는 사람들도 있고, 빌드를 깼다고 인간적인 모욕을 주는 조직도 있습니다. '인간의 존엄'을 강조하는 이유가 이것입니다. 인간을 모욕하면 반성하는 게 아니라 성질을 내고 결국 신뢰만 무너질 뿐입니다.

그러면 어떻게 피드백을 줘야 할까요? 힌트를 드리자면 '지금 어떤 위치에 있는지' 알려 주는 게 피드백입니다. 현재 당신의 코드가 어떤 상황인지, 고객은 우리 제품에 대해 어떻게 생각하는지만 알려주면 됩니다. 이렇게 하면 '지적하거나 혼내지 않고 어떻게 문제점을 알려주고 개선하게 할 수 있나요?'라는 질문을 하시는 분들이 있을 것입니다. 이럴 때 비폭력대화[132]라는 방법을 추천해 드립니다.

---

132. 마셜 로젠버그 저 / 캐서린 한 역, 『비폭력대화』 | 한국NVC센터

4-5 » 위임형 전술(Auftragstaktik) - 피드백 루프가 살아나면 어떻게 되는가?

위임형 전술[133]은 독일어로 아우프트랙스탁틱(Auftragstaktik)이라고 합니다. 영어로 쓰자면 미션 타입 택틱스(Mission-type tactics)라고 합니다. 이 방식은 "특정 방법보다는 임무의 결과에 중점을 두는 군사 전술"입니다. 마치 앞서 이야기한 목표를 조정하는 관리(혹은 성과주의적 직무 인식)와 비슷합니다.

이 방식이 나온 배경은 19세기 나폴레옹 전쟁 이후입니다.[134] 나폴레옹이 프랑스 혁명 이후 전 유럽과 전쟁을 벌인 시기였습니다. 이때 지금의 독일의 전신인 프로이센군은 여지없이 박살 납니다. 전후 프로이센군과 독일 제국군의 참모총장인 헬무트 폰 몰트케[135]는 독일군 개혁 임무를 받습니다.

몰트케가 진단해 보니 나폴레옹 전쟁에서 프로이센군이 박살 난 이유는 이러했습니다.

1. **오합지졸인 사병 선발**: 아무나 뽑았습니다. 노숙자, 범죄자까지 데리고 갔습니다. 게다가 국민교육이 제대로 안 되던 시절이었기 때문에 글도 제대로 읽지 못하는 사람들이 많았습니다.
2. **형식적인 장교 교육**: 당시 장교들은 대부분이 귀족의 자제였습니다. 이른바 금수저들이 타고난 신분 하나 믿고 왔고 국가도 이들이 뭘 해야 하는지 제대로 가르친 적이 없었습니다. 가르쳐도 듣지 않았겠지요?
3. **자율성 없는 작전 지시**: 위에서 아무리 완벽한 전략/전술을 내려줘도, 현장에서는 보지도 듣지도 못한 상황이 일어나는 곳이 전장입니다. 그러나 이를 반드시 따르라고 강요했습니다.
4. **억압적인 군기**: 이런 말도 안 되는 상황을 무슨 말인지도 모르는 사병들한테 따르라고 해야 했으니, 자연스럽게 군기는 억압적이 되었습니다. 그래서 군사들은 영혼이 없이 몸만 움직였고, 군사들은 자기 상관을 적군보다 무서워했습니다.

---

133. https://de.wiktionary.org/wiki/Auftragstaktik
134. 이 전체 내용은 유튜브 "해병대를 시궁창에 처박은 윤석열 정부. 어떻게 건져낼 것인가? 군대를 임무형 전술(Auftragstaktik)로 개혁해야 한다. 행정조직도 같은 정신으로 개혁해야 한다"에서 참고한 것들입니다. https://www.youtube.com/watch?v=Bl8RdzlIFE4
135. https://ko.wikipedia.org/wiki/헬무트_카를_베른하르트_폰_몰트케_백작

왠지 멀지 않은 곳에서 비슷한 거 본 거 같은 느낌은 무엇일까요? 몰트케는 이 문제를 자신의 상관인 비스마르크 총리와 함께 해결합니다.

그 전에 프로이센은 이러한 사회 개혁을 실천합니다.

1. **사회 개혁**: 농노해방, 일종의 토지개혁을 통해 생산성을 향상시킵니다. 자기 땅이 생기니 생산성이 자연스레 올라갑니다. 이후 산재보험, 의료보험, 연금보험으로 복지제도를 정비합니다.
2. **교육 개혁**: 베를린에 훔볼트대학을 설립합니다. 국민들의 지적 수준을 올리기 위한 대학 교육을 하기 위해서입니다.
3. **군대 개혁**: 몰트케 장군의 임무형 전술을 각 부대에 훈련시킵니다. 그래서 온갖 상황에 대해서 토론하고 대비하게 하고, 실제 전투에서는 지휘관이 현장에 맞게 목표를 달성할 자율권을 부여합니다.

몰트케가 말한 위임형 조직은 아래 두 가지의 몰트케 본인의 말로 정리할 수 있습니다.

1. 명령에 복종하려고 할 때, 그것이 자신의 명예를 훼손한다고 판단되면 불복종할 수 있어야 한다.
2. 복종은 원칙이지만 인간은 원칙 위에 있다.

왜 이렇게 했을까요? 그것은 앞서 말한 프로이센군의 4가지 병폐가 모두 인간의 존엄과 독립성을 제대로 살려주지 못한 것에서 시작이 되었다고 봤기 때문입니다. 몰트케의 전략사상 핵심은 아래 4가지로 정리할 수 있습니다.

1. **계획은 적군을 만나면 살아남지 못한다**: 아무리 훈련을 많이 하고 온갖 시나리오를 다 세워도 전장에서 적군을 만나면 결국 무용지물이 됩니다. 생각하고 있는 시나리오 안에 있는 일이 일어나면 좋지만 없는 일이 일어날 확률이 높기 때문입니다. 그래서 '깨어 있는 인간'으로서 자신이 알고 있는 방법론들을 조합하거나 새롭게 만들어서 전장에서 유연하게 대응할 수 있게 하는 것이 더 낫다는 결론을 내린 것입니다. 그래서 군인들이 현장에서 이를 자유롭게 선택하려면 복종보다 자율성이 먼저 보장되어야 한다는 것을 강조합니다.
2. **기술적인 모든 가능성을 부하들과 끊임없이 토론한다**: 19세기에 이미 군대 내에

서 토론하게 했습니다. 즉 군대 내에서 피라미드 계급구조대로 까라면 까라는 게 아니라, 소대원이나 중대원들이 함께 전장에서 문제를 해결하는 사람들로 뭉쳐 있어야 한다는 것입니다. 그리고 이 토론하는 와중에 지휘관이 몰랐던 혹은 일반 병사들이 몰랐던 많은 정보들이 오갑니다. 자연스럽게 많은 정보들을 두고 제일 좋은 안을 선택할 수 있게 됩니다.

3. **전쟁의 목적을 공유한다**: 인간은 목적을 알아야 움직이는 존재라고 했습니다. 군대도 똑같고 학교도 똑같고 회사도 똑같습니다.

4. **전투 시 지휘관에게 포괄적인 자율성을 보장한다**: 이것이 위임형 전술입니다. 앞서 있는 세 가지를 다 실행하게 하는 방법이 바로 이것입니다. 현장 지휘관과 군인들이 모두 각성해서 자신이 알고 있는 가장 좋은 방법을 현장에서 취사선택해서 싸울 수 있게 자율성을 보장해 주라는 것입니다.

그럼 무엇으로 평가하느냐? 결국 저렇게 해서 전쟁에서 승리의 성과를 내는 사람은 유능한 것이고, 그러지 못한 사람은 무능한 것입니다. 그렇다고 몰트케가 준비를 대충했느냐? 아닙니다. 그의 모토가 "철저히 준비하고 과감히 실행한다(Erst wägen, dann wagen)"였습니다.

이것이 대표적인 피드백 루프의 개선 사례입니다. 각 부대 단위로 자율성을 살려주고, 스스로 현장에서 들어온 문제들에 대해 위계 의식 없이 열린 토론을 통해 현장에 맞는 해결책을 만들고, 틀린 게 있으면 다시 이를 수정해서 스스로 강해지는 조직을 만들었습니다.

이후 이렇게 준비한 군대를 가지고 먼저 덴마크와 전쟁을 벌여봅니다. 결과는 성공이었습니다. 이후 오스트리아와 전투를 해서 보완을 했고, 마지막으로 지난 전쟁에서 큰 패배를 안긴 프랑스와 전쟁을 해서 이깁니다. 그리고 베르사이유 궁전의 거울 방에서 비스마르크는 독일제국의 성립을 선포합니다. 이건 마치 일제 강점기 이후 한국이 성장해서 일본과 싸워서 황거(皇居, 일왕의 거처가 있는 궁을 말합니다)에서 대한민국의 성립을 선언하는 느낌이었을 것입니다.

그러나 몰트케나 비스마르크나 독일제국 성립 이후에는 철저하게 평화주의로 갑니다. 전쟁은 먼저 일으키는 게 아니라는 것이지요. 그러나 아시다시피 전쟁광들은 1차 세계대전을 일으키고, 2차 세계대전까지 간 다음, 독일제국은 조각나고 결국 동서로 갈려 나가게 됩니다. 이후 다시는 히틀러 같은 자들이 나오지 않게 해야 한다는 일념하에, 히틀러에서부터 살아남은 독일 학자들은 이 위임형 전술 조직에서 시작해서 독일 정부의 헌법을 새로 씁니다. 이것이 독일연방공화국 기본법(Grundgesetz für die Bundesrepublik Deutschland)입니다. 이 첫 문장은 바로 이것입니다.

> "인간의 존엄성은 불가침하다. 이를 존중하고 보호하는 것은 모든 국가권력의 의무이다." (Die Würde des Menschen ist unantastbar. Sie zu achten und zu schützen ist Verpflichtung aller staatlichen Gewalt.)

인간의 존엄이 지켜져야 합니다. 그래야 자율성이 살아납니다. 그 자율성 덕에 현장에서 알게 된 정보와 준비된 지식에서 나온 해결책으로 대단한 성과를 보여줄 수 있습니다. 인간의 존엄이 존중되어야 조직의 피드백 루프가 돌아가기 시작하기 때문입니다. 그리고 분권화, 자율화, 조직화된 조직이 만들어질 수 있기 때문입니다.

여러분이 여태까지 이야기한 모든 것들을 다 듣고 잊어버린 후 여러분의 방법론을 고민하시기를 원합니다. 하라는 대로 하는 것이 중요한 게 아니라 '지금 이 순간 나에게 좋은 게 무엇인가'를 찾아서 만들어 가면서 적용해 나가서야 합니다. 그리고 그 시작이 '인간의 존엄을 되살리자'였으면 좋겠습니다.

새로운 것을 구축할 때, 흔히 저지르는 실수(common mistakes in building new things)

2장에서 소개한 제럴드 와인버그(Gerald Weinberg)의 블로그에 올라온 글 중 '왜 애자일 프로젝트는 실패하느냐(why agile projects sometimes Fail)'[136]라는 글이 있습니다. 이 내용은 와인버그 말에 따르면 애자일이든 워터폴이든 새로 시작할 때 하는 실수를 적은 것입니다. 저도 자주 보면서 경각심을 갖는 내용입니다.

---

136. https://secretsofconsulting.blogspot.com/2016/05/why-agile-projects-sometimes-fail.html

1. 유사하지만 규모가 작은 프로젝트의 경험을 활용하여 더 큰 프로젝트의 견적을 의뢰(Using the experience on a similar but smaller project to commit to an estimate on a larger project.)

2. 알 수 없는 경쟁자를 이기기 위해 요구사항을 '최적화'하거나 확장하는 경우(Extending requirements to "optimize" or beat unknown competition.)

3. 임박한 실패의 징후를 인식하지 못하거나 일정을 연장하고 비용이 많이 드는 요구사항을 줄이기 위해 이에 대한 조치를 취하지 않는 경우(실패한 테스트를 더 자주 만들어 속도를 떨어뜨리는 경우 등) [Failing to recognize signs of impending failure and/or act on them to extend schedules, reduce costly requirements.(like those that diminish velocity by creating more frequent failed tests)]

4. 환경 또는 프로세스의 한계를 인식하지 못하거나 인식하고 있지만 변경하지 않으려는 경우(Failing to recognize limits of the environment or process or recognizing them but being unwilling to change them.)

5. 너무 많은 작업을 동시에 수행하여 그중 어떤 작업도 완료하지 못하는 경우(Simply undertaking too many simultaneous tasks and perhaps failing to complete any of them.)

6. 새로운 기술이 가져올 변화와 기회를 모두 인식하지 못하는 경우(Not recognizing both changes and opportunities presented by a new technology.)

7. 두려움 때문에 고객에게 묻지 않거나 고객 대리[137] 와 연락이 뜸한 경우(Not asking the customer, out of fear, or lack of customer surrogate contact.)

8. 누구에게도 도움을 요청하지 않는 경우(두려움?)[Not asking anyone for help (fear?)]

9. 독자들이 이 목록에 더 많은 실패의 위험을 추가해 주시기 바랍니다.(I invite my readers to contribute more failure dangers to this list.)

---

137. 누군가 고객의 의견을 '대리'로라도 전달하거나 질문을 고객에게 전해주는 것을 말합니다.

이 문구를 여러분 책상 위에 붙여 놓고, 의사결정 전에 꼭 보시기를 권장해 드립니다.

4-6 » 피드백 루프를 멈추면 무슨 일이 벌어지는가

1) 트위터가 인력을 80% 해고하고도 버텼던 이유: 숨은 폭탄

[그림 4-9] 트위터가 갑자기 인력의 80%를 해고했지만 시스템은 신기하게 장애 없이 돌아갔습니다. 어떤 일이 일어난 것일까요?

최근에 모 교육 서비스에서 '무중단 서비스를 위한 아키텍처 설계하기'[138]라는 주제로 강의를 하는 와중에 아주 재미있는 글을 읽었습니다. 테슬라의 대표인 일론 머스크는 트위터를 인수했습니다. 그런데 하자마자 갑자기 해고로 직원들을 날리기 시작했습니다. 무려 80%나 인력을 결국 해고했습니다.

---

138. 제가 공식적으로 한 첫 온라인 강의입니다. 클라우드상에서 고가용성 시스템을 만드는 원리들을 강의했습니다. https://www.hanbitn.com/product/high_availability/

참고로 2022년 11월부터 총 3,400명이 해고된 것으로 추정[139] 됩니다. 그래서 현재 트위터의 직원 수는 2022년 11월 7,500명에서 현재 2,100명으로 크게 줄었습니다. 그럼 그동안에 트위터가 안 돌아갔나? 잘 돌아갔습니다. 엔지니어란 "일이 돼도", "일이 안 돼도" 걱정하는 인간들입니다. 실제 몇몇 사람들과 이 문제로 '언제까지 트위터가 무장애로 버틸 것인가'로 한참 논쟁을 했지요.

그런데 그 비밀이 밝혀졌습니다. 메튜 테호(Mettew Tejo)라는 전직 트위터 엔지니어의 블로그 '왜 트위터는 다운되지 않았지?: 실제 트위터 SRE가 전함(Why Twitter Didn't Go Down: From a Real Twitter SRE)'[140]이라는 글에 비결이 있었습니다. 바로 자동화에 비결이 있었던 것입니다.

메튜는 사이트 신뢰성 엔지니어(site reliability engineering, SRE)로 캐시서버를 담당했습니다. 처음에 받은 것들은 그냥 서버 목록이 있는 엑셀 파일 하나였습니다. (미국 기업이라고 다 관리를 잘하지는 못합니다. 초창기 기업은 어쩔 수 없이 엉망일 수밖에 없습니다.) 이것을 당시 SRE들은 아래 설명처럼 시스템을 개선합니다. 내용이 길어서 요약해서 정리해 봤습니다. 참고로 트위터는 당시 클라우드를 쓰지 않고 데이터 센터를 직접 만들어서 서비스를 운영하고 있었습니다.

- ▶ 캐시가 메소스(mesos)[141]에서 오로라(aurora) 작업[142]으로 실행
- ▶ 오로라는 애플리케이션이 실행될 서버를 찾음
- ▶ 메소스는 모든 서버들을 관리하는데 오로라가 돌 서버가 어떤 것인지 알려줌
- ▶ 또한 오로라는 애플리케이션이 시작된 후에도 계속 실행됨
- ▶ 캐시 클러스터에 100대의 서버가 필요하다고 가정하면 100대를 계속 실행할

---

139. 2022년 11월 4일, 일론 머스크는 트위터의 전체 직원 7,500명 중 절반인 3,700명을 해고한다고 발표했습니다. (출처: CNBC)
    2022년 12월 20일, 트위터는 200명의 직원을 추가로 해고한다고 발표했습니다.(출처: The Wall Street Journal)
    2023년 2월 22일, 트위터는 200명의 직원을 추가로 해고한다고 발표했습니다.(출처: Bloomberg)
140. https://matthewtejo.substack.com/p/why-twitter-didnt-go-down-from-a
141. 유명한 쿠버네티스가 나오기 전에, 여러 컴퓨터에서 도커 이미지를 올려서 거대한 자원을 가진 한 대의 컴퓨터처럼 운영할 수 있게 해줬던 미들웨어입니다. https://mesos.apache.org/
142. 오래 돌려야 하는 일과 계획된 일들을 Mesos상에서 처리하게 해주는 middle ware입니다. 이제는 더 개발이 안 되는 (retired) 프로젝트입니다. https://aurora.apache.org/

수 있게 운영
- ▶ 서버가 어떤 이유로 완전히 중단되면 메소스가 이를 감지하여 집계 풀에서 서버를 제거
- ▶ 실행 중인 캐시가 99개뿐이라는 알림을 오로라에 전달
- ▶ 오로라에서 실행할 새 서버를 찾아야 한다는 것을 알게 됨
- ▶ 자동으로 서버를 찾아서 총 100개를 다시 가져오며 사람이 관여할 필요가 없음
- ▶ 오로라와 메소스의 또 다른 장점은 하나의 랙에 너무 많은 애플리케이션이 설치되지 않도록 보장한다는 것
  - 랙 한 대가 다운되어도 해당 서비스가 전부 죽지 않게 함
  - 랙 한 대를 다운시키고 다시 올려도 서비스는 살 수 있음
- ▶ 메소스가 모든 서버 장애를 감지하지는 못함
  - 하드웨어 문제에 대한 추가 모니터링이 필요
- ▶ 고장 난 서버를 스캔하는 경고 대시보드를 만듦
  - 서버가 고장 난 것으로 감지되면 자동으로 수리 작업을 생성하여 데이터 센터의 담당자가 서버를 확인

그런데 글을 읽다 보면 이런 이야기가 나옵니다. "그 사람 아직도 있을까?" 실제로 자신도 마지막에는 거의 불려 간 적이 없었다고 합니다. 다시 말해, '완벽한 자동화'라는 개념이 드러난 것입니다. 이렇게 탄탄하게 구축한 것에 대한 자부심은 글에서 묻어났지만, 불안하게 느껴지는 부분이 있었습니다.

캐시 서비스의 안정성은 웹 어플리케이션 및 데이터베이스의 원활한 작동에 매우 중요한 영향을 미칩니다. 이 서비스의 중단은 시스템에 무거운 부하를 가하며 전체 시스템의 안정성을 위협합니다. 더구나, 기술적으로 오래된 메소스와 오로라 시스템의 유지보수가 미래에 어려워질 가능성도 있습니다. 그러므로 이 기술을 계속 사용할 수 있는 인력과 자원의 가용성에 대해서는 의문입니다. 또한, 기술적 업데이트나 시스템 교체를 위한 인력 부족 문제는 피할 수 없는 고민입니다. 이러한 작업을 위해 어떤 대체 인력이 필요하며, 이를 확보하는 방안은 어떤 것일까요?

이러한 개발 쪽의 고민과 결정을 기업의 최고 경영자인 일론 머스크는 어떻게 생각하고 있는지에 대한 의문이 남습니다. 그의 비전과 계획은 이러한 기술적 문제에 어떻게 대응하고 있는 것일까요? 주주자본주의 시스템 내에서 이러한 문제를 해결하기 위해서는 이사회의 적극적인 개입 외에는 해결하기 어렵다는 점도 고려해야 합니다. 이런 과제를 성공적으로 수행할 수 있을까요?

기술의 노화와 유지보수의 어려움에도 불구하고, 현재 시스템이 어떤 방향으로 나아갈지에 대한 불확실성은 여전히 남아 있습니다. 머스크와 회사의 미래 계획은 어떤 모습일까요? 이 세계적인 여론 청취 시스템인 트위터가 안정적으로 유지보수되기를 저는 기대합니다.

2) 서버 개발자들을 모두 해고한 일본의 어느 회사

어느 날 아침, 아무 생각도 않고 트위터를 열었다가 속칭 '뿜었던' 글이 있습니다. 일본에서 있던 일이라고 합니다.

> 모 케이블TV 회사에서 근무할 때의 이야기. 어느 날 센터장에게 불려 가 "지난 몇 년간의 기록을 봤는데, 서버에 문제가 생긴 적이 없지 않느냐"는 말을 듣고 서버 관리팀이 모두 해고당했던 일화. 몇 주 후, 전 직장에서 전화가 걸려 왔지만 모두 무시했다.[143]
>
> (某ケーブルTV会社で勤務した時の話。ある日センター長に呼ばれて「ここ数年の記録を見たけれど、サーバートラブルなんて起きたことないよね」と言われて、サバ管チームが全員解雇されたこと。数週間後、元職場からエライ勢いで電話かかってきたけど全無視した。)

피라미드 계급구조와 품의 기반 의사결정 구조를 결합한 나라인 일본에서 발생한 충격적인 결정 이야기가 트위터를 뒤흔들었습니다. 이 결정은 심지어 일본 내에서도 황당하게 여겨졌기 때문에 사회적 논란의 중심으로 떠올랐습니다. 이 상황에서 어떻게 반응해야 할지 막막한 순간이었습니다.

---

143. https://twitter.com/izayoi_at29Q/status/1030802693764407297

이 회사는 데브옵스(DevOps) 문화 아래 개발팀과 운영팀이 협력해서 서비스를 운영하는 것으로 보입니다. 그러나 센터장은 이러한 상황을 전혀 모르고 있었던 것 같습니다. 그래서 '아무 문제가 안 일어나는데 이 인력들이 뭘 하는 거지?'라고 의문을 가졌을 수 있습니다. '아무 문제를 안 일으키기 위해' 개발자들과 운영자들이 지속해서 유지보수 작업을 해왔을 것을 모르고 있는 것처럼 보입니다. 그리고 실무를 담당하고 있는 개발자들과 운영자들의 목소리가 사라지고 회계 조직의 논리만이 남아있는 상황이었을 것으로 보입니다.

임원이 회사가 달성해야 하는 목표를 이해하지 못한다면, 비용 절감만을 고려하는 결정을 내릴 수 있습니다. 그 결과 대부분 어리석은 결정이 되곤 합니다. 예를 들어 자동차 회사의 미션은 승객의 안전한 이동을 보장하는 것이지, 비용 절감을 위해서 안전벨트와 충격 흡수 범퍼를 없애는 것이 아닙니다. 결국 기업의 진정한 목표를 잃어버린 경영이 기업을 어렵게 만들게 됩니다.

노자 도덕경 2장에 이런 말이 있습니다.[144] "그러므로 성인은 함이 없음의 일에 처하고, 말이 없음의 가르침을 행한다. 만물이 스스로 잘 자라나게 하면서도 참견하지 아니하고 낳으면서도 소유하지 아니하고 되게 하면서도 기대하지 않는다.(是以聖人, 處無爲之事, 行不言之敎. 萬物作焉而不辭, 生而不有, 爲而不恃, 功成而不居, 夫唯不居, 是以不去.)" 조직 내에서 "함이 없음의 일에 처하고, 말이 없음의 가르침을 행하는" 사람들이 있습니다. 그들을 찾아내고 그들을 지원해 줘야 합니다. 중국 고전 문헌에서 聖은 총명, 지혜를 뜻합니다.

조직 내에서 제일 총명하고 지혜로운 사람들은 겉에서 보면 아무 일도 하지 않는 것 같습니다. 그러나 이것은 '높은 경지'에 있기 때문에 가능한 일입니다. 겉에서만 쓱 보고 이런 사람들을 없애 버리면 조직에서 제일 총명하고 지혜로운 사람들을 제거하는 어리석은 짓을 하는 것입니다.

---

144. 이 번역은 다음 책에서 가져왔습니다. 김용옥 저, 『노자가 옳았다』 | 통나무
　　한문 그대로 직역한 것이라 약간 어렵습니다. 조금 더 쉽게 풀어보면 이러합니다. "그러므로 성인은 쓸데없는 일을 안하는 것으로 사실상 일을 하며, 말하지 않고도 그 가르침을 행동으로 보여준다. 만물이 스스로 잘 자라나게 하면서도 참견하지 아니하고 낳으면서도 소유하지 아니하고 (어떤 일이) 되게 하지만 (이 일의 소득이나 되갚음을) 기대하지 않는다."

[그림 4-10] 진짜 능력자는 문제 자체가 일어나지 않게 합니다. 그래서 무능력한 사람으로 오히려 오해를 삽니다. 경영진이 이 사실을 모르면 어리석은 결정을 하게 됩니다.

3) 무능함에도 법칙이 있다 – 더닝 크루거 효과

인간의 어리석음(?)을 가지고 이야기하는 심리학 용어 중에 더닝-크루거 효과라는 말이 있습니다. 데이비드 더닝과 저스틴 크루거라는 두 사람이 만든 이론입니다. 놀랍게도 이 이론은 이른바 '이그 노벨상'[145]을 받은 연구 결과입니다.

이 연구의 핵심은 "많은 상황에서 무언가를 할 수 없는 사람은 자기가 그 무언가를 할 수 없다는 사실을 모른다"라는 것입니다. 그리고 이는 사람이 가장 큰 자신감으로 충만해 있을 때는 해당 분야에 대한 숙련도(기량, 솜씨)가 부족할 때라는 것을 의미합니다. 펜실베이니아 대학교 와튼 스쿨의 교수인 애덤 그랜트는 이에 대해서『싱크 어게인』[146]에서 이렇게 쓰고 있습니다.

---

145. https://ko.wikipedia.org/wiki/이그노벨상 이그 노벨상(Ig Nobel Prize)은 노벨상을 패러디하여 만들어진 상입니다. 1991년 미국의 유머과학잡지인 《기발한 연구 연감》(Annals of Improbable Research)에 의해 제정되어 현재에 이르고 있습니다. "반복할 수 없거나 반복해선 안 되는(that cannot, or should not, be reproduced)" 업적에 수여되며, 매년 가을 진짜 노벨상 수상자가 발표되기 1~2주 전에 하버드 대학의 샌더스 극장에서 시상식을 가집니다.
146. 애덤 그랜트 저 / 이경식 역,『싱크 어게인』| 한국경제신문사

> 한 무리의 미식축구 팬들 가운데에서 미식축구에 대해서 아는 게 가장 적은 사람이 안락의자 쿼터백이 될 가능성이 가장 높다. 바로 이런 사람이 감독이 경기 운영을 잘못해서 경기를 망쳐놓는다고 감독을 욕하면서 이기려면 이렇게 저렇게 해야 한다고 설교를 늘어놓는다. 안락의자에 앉아서.

좀 뒤에 가면 이런 문장도 나옵니다.

> 내가 가장 싫어하는 것이 모르면서 아는 체하는 것이다. 얼마나 거슬리고 짜증 나는지 이것을 주제로 책 한 권도 금방 써 버릴 수 있다. 일련의 연구에서 연구자들은 사람들이 위에 열거한 것들과 비슷한 다양한 주제를 놓고 자기가 대부분의 사람보다 많이 (혹은 적게) 알고 있다고 생각하는지 스스로 평가하게 하고, 이어서 실제로 그런지 어떤지 문제를 내서 시험을 봤다. 그런데 결과는 지식이 많다고 응답한 사람일수록 자기를 과대평가했고, 따라서 학습과 보완에 그만큼 관심을 덜 가지는 것으로 나타났다.
>
> ....
>
> 아무래도 당신은 더닝이 했던 다음 말에 귀를 기울일 필요가 있다.
>
> '더닝-크루거 클럽의 첫 번째 규칙은 자기가 더닝-크루거 클럽의 회원이라는 사실을 전혀 모르는 것이다'

이 더닝 크루거 효과를 언급하는 이유는, 이른바 직위가 올라가면 올라갈수록 조직의 피드백 루프가 무엇인지 모르는 사람들만 남는 황당한 일이 벌어질 수 있다는 것입니다. 더욱이 그러한 비판을 쉽게 받아들이기 어려운 사람들로 바뀌어 간다는 것이지요. 게다가 더닝-크루거 효과로 스스로 어리석다는 그 사실조차 모르고 있을 확률이 매우 높습니다. 끔찍한 일인 것입니다! 이렇게 자기 인식이 없는 상황을 '환영적 우월감'이라고 합니다. 이 환영적 우월감에 사로잡혀서 내 맘대로 내키는 대로만 의사결정을 하려고 한다면? 피드백 루프가 망가져서 결국 제대로 된 산출물을 내지 못할 것입니다.

너무나 무능해서 처벌을 면한 장군- 무타구치 렌야(牟田口 廉也)

'무능함이 육신이 되어' 나타나면, 무엇이 될까요? 그자가 바로 무타구치 렌야(牟田口 廉也)입니다. 무능함이 어느 정도냐면 일본제국 멸망에 이 한 사람보다 더 큰 영향을 미친 사람이 있을까 할 정도입니다.

이 거물(?)이 시작한 삽질의 시작은 중일전쟁의 시작 노구교 사건입니다. 1937년 청나라와 북양정부의 수도이자 북방 최대의 도시인 베이징 근처에는 의화단 운동 이후의 신축조약의 영향으로 1,800여 명의 일본군이 주둔하고 있었습니다. 당시 무타구치 렌야는 대좌로서 연대장 직책에 있었는데, 당시 의문의 총성 몇 발이 난 후 일본군 병사 하나가 갑자기 잠깐 동안 사라집니다. 렌야는 이를 국민혁명군의 소행이라고 아무런 증거도 없이 단정하고는 자신의 연대에 국민혁명군을 공격하라고 명령했습니다.

너무 뜬금없어서 휘하 대대장인 이치키 기요나오(一木淸直) 소좌가 "정말 공격해도 됩니까?"라고 묻습니다. 그러자 "정말 해버려도 좋단 말이야!"라고 말해버립니다. 그렇게 거대한 중일전쟁은 무타구치 렌야에 의해 시작됩니다. 불법 전투의 시작입니다. 보통이면 외교적으로 끝낼 일을 백만 명이 넘는 일본군을 중국에 묶어 놓는 돈 먹는 하마로 만들어 버린 것입니다.

중일전쟁의 마지막 하이라이트는 임팔전투입니다. 임팔전투는 1944년 3월부터 7월까지 북동인도 마니푸르주의 주도였던 임팔 일대에서 벌어진 전투입니다. 당시 중국 서부에서 일본군은 계속 전투를 하고 있었으며 중국은 인도에서 히말라야산맥을 넘어 연합군의 보급을 받았고 이를 막기 위해서 벌인 게 임팔전투였습니다.

무타구치는 1943년 3월에는 버마 방위를 담당하는 제15군의 사령관으로 승진하였습니다. 원래는 밀림에서 전쟁이 불가하다며 이 전투를 반대했습니다. 그런데 영국군이 인도로부터 월경하여 버마의 일본군을 공격하자, 무타구치는 생각을 바꿔서 이전에 반대했던 인도 진공을 강하게 주장합니다. 그는 보급이나 병참은 전혀 고려하지 않고 작전을 세워 휘하 부대장들이 모두 작전에 반대하였으나, 이를 무시하고 밀어붙입니다.

이 작전 입안과 강행 자체가 자기 체면을 지키기 위해서였습니다. 지형이고 적군 상태고 생각조차 하지 않고 개인이 휴대할 만한 최대량의 물자만 감안해서

15일짜리 작전이라고 휘하 부대에 지시했지만 실제 작전 기간은 3달이 넘어가게 됐습니다. 군대에서 보급이 달리면 망한다는 게 무려 춘추전국시대 손자병법에 나오는 이야기인데도 이를 무시했습니다.

보급이 없으니 영국군을 마주치면 제대로 싸울 수가 없었습니다. 문제는 그래도 보급을 제대로 안 했다는 것입니다. 굶어 죽는 사람이 나오니 살려고 풀뿌리를 씹어 먹고, 뱀도 잡아먹고 난리도 아니었습니다. MBC 드라마 '여명의 눈동자'에 나오는 최대치의 이야기가 바로 이때입니다. 휘하 부대장들은 지금 철수해야 한다고 아무리 연락해도 무타구치는 그냥 진격하라고 독촉했습니다. 왜? 결론적으로 자기가 시작한 전쟁인데 이렇게 가면 자기 체면이 어떻게 되겠느냐는 생각 때문이었습니다. 자기가 생각해도 실패한 작전이지만 자존심 때문에 위에서 철수하란 말이 나올 때까지 기다린 것입니다.

이러면서 여러 가지 무타구치의 일화가 전설처럼 전해집니다. 임팔 작전 도중 어느 작전 참모가 식량과 탄약 보급을 어떻게 하느냐 물었더니 답은 이러했습니다. "(걱정 없다는 듯이) 뭐가 걱정인가? 포탄은 자동차 대신 말과 소에 싣고 가다가 포탄을 다 쓰면 필요 없어진 말과 소를 먹으면 될 거 아닌가? 이름하여 칭기즈칸 전략! 말과 소를 이용해 음식으로 쓰면 되지! 이거 간단한 거 아닌가?" 이 내용을 자료에서 읽고 잠시 머리가 멍해지는 기분이었습니다.

임팔 전선의 전황이 악화하던 당시 자신은 전선 지휘부 옆에다 기생집을 차려 놓고 무조건 오후 5시에 퇴근했습니다. 그리고 기생집에 들어가서 술 마시며 노느라 나오지도 않았다고 합니다. 그러다가 전황이 한참 악화하자 전선 지휘도 제대로 안 하는 주제에 사령부 옆에다가 제단을 쌓아 두고 신령들에게 이기게 해달라고 비느라 그나마 주간에 하던 업무 처리조차 전부 뒤로 미뤄버렸습니다. 무속이 이렇게 무섭습니다.

결국 일본군은 후퇴할 수밖에 없었습니다. 후퇴하는 참상은 끔찍했습니다. 무기는 모두 버려졌으며 중상자와 병자들을 모두 버리고 철수했습니다. 남겨진 사람들은 굶주림과 말라리아, 이질성 장염 등 질병으로 죽었습니다. 그리고 밀림에 사는 호랑이와 표범에게 잡아먹히는 일도 있었습니다. 살아남은 병사들은 자신들의 무기로 자살하거나 심지어는 식인까지 암암리 일어났다는 기록이 있을 정도였습니다. 영국군들은 이렇게 버려진 시체들과 널브러진 일본군들로 인해 전염병이 걱정된다며 생사를 불문하고 석유를 끼얹어 살아있는 사람도 소각했습니다.

게다가 겨우 살아 돌아온 생존자들이 간신히 안전지대에 들어오자 장교 전원을 집결시켜 1시간 넘게 훈시를 하는 바람에, 영양실조 상태에 있던 장교들이 쓰러져 기절하거나 심지어 사망한 사례조차 있었습니다. 그리고 이때 한 연설에서 한 말은 이렇습니다. "사토 그놈은 무기가 없어서, 총알이 없어서, 쌀이 없어서 도망쳐왔다. 이게 말이 되는가? 총이 없으면 대검이 있다. 대검이 없다면 이빨이 있다. 야마토 정신을 잊었는가? 일본은 신이 지켜주는 나라다!"

임팔전투로 일본군 병사 9만 2천 명은 전투도 제대로 하지 않고 1만 3천 명으로 줄어들었습니다. 오죽하면 전후 연합군이 무타구치 렌야를 기소도 안 했습니다. 충분히 무능해서 '명백한 전쟁범죄를 저지르지 않았기 때문'이라고 하는데… 연합군 입장에서 제일 고마운 사람이어서 그러지 않았을까요?

이 무능한 인간은 결국 죽기 전 이런 말을 남깁니다. 잘 봐 두시기 바랍니다. 무능한 인간들은 언제나 이런 식으로 죄의식을 지우고 살아갑니다.

"나는 잘못 없어. 부하들이 잘못했어!(私は悪くない、部下が悪い!)"

우리가 역사를 배우는 이유는, '저렇게 해야 한다'보다는 '저렇게 하지 말아야 한다'를 배우는 것이라고 생각합니다. 안타깝게도 우리 뇌는 무엇을 하라는 것을 주로 집어넣지 무엇을 하지 말라는 것을 집어넣지 못한다고 하지요. 이 역사 앞에 깨닫는 사람은 몇이나 될까요?

4-7 | 요약

결국 제품이 안 나오거나 이상하게 나오는 가장 큰 문제는 '1. 내부/외부 고객의 목소리가 들어가서 2. 내부 의사결정 시스템을 통해서 나오는 산출물이 3. 다시 고객의 목소리로 들어오는' 이 피드백 루프 어딘가의 문제일 확률이 높습니다. 이 문제들을 해결하는 첫 번째 단계는 '인간의 존엄'을 지키는 데서부터 시작해야 합니다. 이것을 통해서 사실 그대로를 모든 구성원들이 볼 수 있게 해야 합니다. 그리고 위임형 전술과 같은 방법론 등을 통해서 적합한 해결책을 만들어 내야 합니다. 그렇게 반복해서 전체적인 피드백 루프가 제대로 돌아가도록 해야 합니다.

5-1 명품은 비싸다
5-2 인간의 존엄함을 지켜야 한다
5-3 EoA(Essence of Agility)를 생각하라
5-4 고객별로 소프트웨어나 서비스를 만들 때 기억해야 할 일
5-5 우리는 결국 끝까지 가야만 실체를 알 수 있다

제5장

소프트웨어가
제대로 된 제품이
되기까지

Chapter 5 소프트웨어가 제대로 된 제품이 되기까지

5-1 » 명품은 비싸다

"최고의 소프트웨어와 서비스"는 마침내 '최고의 고객'만이 즐길 수 있는 '혜택'입니다. 그럼, '최고의 고객'이란 정확히 어떤 분들을 의미할까요? 최고의 고객은 자신이 원하는 것을 명확히 인식하고 이를 얻기 위한 열망을 가진 분들입니다. 이를 위해 가설을 세우고 자신의 요구사항을 명확히 정의하며, 그 요구사항을 충족시키기 위해 지속적으로 노력해야 합니다. 이를 통해 시장의 동향과 대중의 피드백을 수용하고, 그 정보를 토대로 제품을 지속적으로 개선하는 것이 중요합니다.

한편, 가장 어려운 고객은 자신의 욕망이 뚜렷하지 않으면서도 이미 모든 것을 알고 있는 듯한 태도를 가진 고객입니다. 이러한 고객은 자신의 기대가 즉각적으로 충족되지 않을 경우 '격노'할 수도 있습니다. 이런 고객은 최고의 소프트웨어나 서비스를 얻는 것이 어려울 것입니다.

그러므로 '제품 개발 여정'을 관리하고 때로는 즐겨야 합니다. 소프트웨어와 서비스 분야는 예측하기 어려운 불확실성을 가지고 있으며, 이는 커네핀 프레임워크의 복잡한 상황에 속합니다. 따라서 창발적(emergent)인 "찔러보기-느껴보기-반응하기(probe-sense-respond)" 방식을 택해야 합니다. 이때 핵심은 모든 상황에 대해 '정직하게' 대응하는 것입니다. 자신의 입장을 덮어두거나 무시하는 것은 피해야 합니다. 최종 목표인 최고의 소프트웨어와 서비스를 만들어 내기 위해선 고객과의 상호작용을 소중히 여겨야 합니다. 내 맘에 안 든다고, 그럴 리가 없다고 덮어놓거나 무시해서는 안 됩니다.

그래서 명품은 비쌉니다. 인내의 값은 그만큼 비싸지만 그 가치는 그만큼 큰 법입니다.

5-2 » 인간의 존엄함을 지켜야 한다

정직한 반응을 표현하기 위해서는 가장 중요한 것 중 하나가 바로 겸허함입니다. 있는 그대로 사실 앞에 자신의 사견을 내려놓고 그대로 볼 수 있어야 합니다. 그리고 제품 개발 과정에 참여하는 모든 분들이 '존중받는다'라는 느낌을 품을 수 있어야 하며, 이래야 모든 사람이 두려움 없이 자신의 의견을 솔직하게 제시할 수 있습니다.

그런 이유로, 우리는 결코 인간의 존엄함을 경시해서는 안 됩니다. 역할의 차이는 있어도, 신분은 다르지 않습니다. 원청-하청이라도 이것은 역할의 차이여야지 신분이 다른 것처럼 차별해서는 안 됩니다. 관(官)과 민간의 관계도 신분 차이로 생각하면 안 됩니다. 여러 번 설명했듯이, 피라미드식 위계질서를 만들어 버리는 순간 피드백 루프가 제대로 돌지도 않고, 사실에 부합한 정보가 흐르지 않으며, 결국 잘못된 의사결정을 해도 이를 바로잡을 수 있는 시스템이 망가져 버립니다.

예를 들어 만약에 경영자가 '옆 회사에서는 이거 두 달 만에 개발했다고 한다. 우리는 왜 못 하나?'[147]라는 식으로 내부 고객에게 말하며 개발하라 요구하면 과연 누가 좋은 기분으로 일하겠습니까? 경영자가 자기 회사의 내부 고객들을 사람으로 본다면 그렇게 말할 수 없습니다. 의사결정의 구조에 따른 체계는 인정할 수 있지만 신분을 만들어서 사람을 하대하는 것은 인정해서는 안 됩니다.

더불어, 오랜 세월 동안 쌓아온 차별과 억압을 허용하는 문화가 최고의 제품 개발을 방해하고 있다는 점을 인식해야 합니다. 인간의 존엄성은 어떠한 상황에서도 침해되어서는 안 되며, 이 원칙이 무너지면 우리는 불확실성을 다루기 어려워질 것입니다. 존엄과 겸손을 기반으로 한 팀원들 간의 존중과 상호작용은 우리가 최고의 제품을 개발하는 데 있어 필수적인 요소임을 명심해야 합니다.

---

147. 의외로 주위 분들이 저에게 이야기해 주시는 걸로는, 회사대표들이 어디 조찬 모임이나 네트워크 파티에 다녀와서 갑자기 개발자들을 모으면 꼭 이런 이야기를 하는 경우가 많았다고 합니다. 다행히 제가 함께 일했던 대표이사분들 중에는 이런 분들은 없었습니다.

5-3 » EoA(Essence of Agility)를 생각하라

소프트웨어와 서비스 개발 및 운영의 불확실성이 넘치는 환경에서 우리가 고려해야 할 주요 원칙은 '유연함'입니다. 이전에 소개한 바 있는 EoA(Essence of Agility)를 상기해 보며, 큰 원칙 네 가지를 명심하시기 바랍니다.

첫 번째로, '큰 손실 피하기(avoid big loss)'입니다. 어떤 일이든 그 일을 수행하지 못한다고 할 때, 이에 대한 대책을 마련해야 합니다. 그래서 중복되는 부분이라도 위험성이 있는 모듈이라면 두 가지 이상의 방법으로 접근해 보고 가장 위험이 적은 방법을 선택할 수 있어야 합니다. 특정 기술의 문제점을 미리 파악하기 위해 프로토타입을 만들어 보거나, 각 모듈들에서 핵심만 해당하는 것들을 먼저 만들어 보는 '예광탄 터트리기'[148] 같은 방식을 사용할 수도 있습니다.

두 번째로, '계속 배우면서 나아가기(learn as you go)'입니다. 지속적으로 피드백을 받아들이고 학습하며, 새로운 정보를 얻어 나가야 합니다. "우리는 안정적으로 잘 되고 있어"라는 생각을 버리고 어딘가에 정보가 숨겨져 있을지도 모른다는 생각을 가져야 합니다. 지속적으로 새로운 것을 알아가지 않는다면 뭔가 위험신호일 수 있습니다.

세 번째로, '핵심적인 것을 일찍 적은 노력으로 성취하기(achieve critical early with less effort)'입니다. 어떤 일의 핵심을 결정하려면 타임박싱(time boxing)과 같이 시간을 제한하고, 그 안에서 해야 할 일과 하지 말아야 할 일에 대해 신중하게 고민해야 합니다. 이러한 의사결정에는 반드시 고객과 모든 이해관계자가 참여해야 합니다.

마지막으로, '유연하게 대처하기(be flexible)'입니다. 어떤 일이 어떻게 진행될지 예측할 수 없다는 인식을 가져야 합니다. 변화에 대응하기 쉽도록 대비하고, 여유 일정과 자원을 확보해야 합니다. 이러한 원칙을 명심하고 소프트웨어 및 서비스 개발과 운영에 임하면 더 나은 결과를 얻을 수 있을 것입니다.

스스로에게 다음과 같은 질문을 던져보십시오. "지금 갑자기 새로운 기능 3

---

148. 이 책에 더 자세한 내용이 있습니다. 데이비드 토머스, 앤드류 헌트 저 / 정지용 역, 『실용주의 프로그래머』 | 인사이트

개를 만들어야 한다면 우리는 대응할 수 있는 상황인가?" 어렵다면 문제가 어디에 있는지 점검해 보아야 합니다. 변화에 대응할 수 없는 상태가 제일 위험한 상황입니다.

5-4 » 고객별로 소프트웨어나 서비스를 만들 때 기억해야 할 일

1) 공통 — 가능하면 소프트웨어/서비스 사서 쓰세요

우리는 불확실성과의 싸움에 대처해야 합니다. 그럼 어떻게 접근하면 좋을까요? 이미 확실한 것을 쓰면 불확실성이 줄어들 것입니다. 바로 기존에 나와 있는 소프트웨어나 서비스를 사서 잘 이어 쓰면 됩니다. 현재는 대다수 기업들이 IT 서비스와 다양한 기능을 필요로 하는 작업에 대해 자체적인 개발이 필요하지 않을 정도로 다양한 도구와 기술이 존재합니다. 이와 같은 노코드 및 로우코드 도구, 그리고 통합 도구들을 활용하여 기존 도구들을 연결하고 효율적으로 활용해 보는 것은 중요한 과제입니다. 예를 들어, 자피어(zapier, https://zapier.com/) 같은 것을 쓰면, 구글 폼에 정보를 입력했을 때 해당 내용이 노션에 기록되고 동시에 슬랙으로 메시지가 전송되도록 코드 한 줄 짜지 않고 설정할 수 있습니다. 또한, 페이팔로 입금이 발생하면 자동으로 관련 메일을 발송하도록 구성할 수도 있습니다. 이와 같이 다양한 조합이 가능합니다. 그래서 이를 연구하고 실험해 보는 것을 권장합니다.

무엇보다 고객 참여를 항상 고려하고 제대로 도입하는 것이 중요합니다. 고객이 정말 원하는 것을 찾아내고 이를 제공하는 것이 핵심입니다. 때로는 고객의 문제를 해결할 수 있는 깔끔하고 통합된 소프트웨어나 서비스 없이도 해결이 가능한 방법에 대해 고민해 봐야 합니다. 의외로 고객이 원하는 건 '깔끔한 소프트웨어나 서비스'가 아니라 '문제 자체의 해결'인 경우가 많습니다. 뒤에서 무언가 수동으로 처리하더라도 문제가 해결되느냐 아니냐를 더 중요하게 여깁니다.

그래도 소프트웨어나 서비스 프로젝트 관리에 대한 감이 잡히지 않는다면,

다음 세 권의 책을 추천해 드립니다. 첫째로, 『제품의 탄생』[149]은 제품 기획, 준비, 운영에 관한 다양한 방법을 상세하게 정리한 백과사전급 자료입니다. 둘째로 『프로덕트 매니지먼트』[150]는 실제 프로젝트를 관리하는 데 사용할 수 있는 방법들의 원칙과 방법론, 고객 개발 전략까지 많은 이야기들을 담고 있습니다. 셋째로, 『함께 자라기』[151]는 불확실한 소프트웨어 및 서비스 개발에 대한 접근 방법을 새롭게 제시하며 우리가 가진 많은 편견을 깨는 내용을 담고 있습니다.

그러나 항상 모든 상황에 적용할 수 있는 최고의 방법론은 없다는 것을 기억하시기 바랍니다. "위임형 전술(Auftragstaktik)"의 정신을 갖고, 여러 방법을 탐구하고 우리에게 가장 적합한 방법을 찾아내는 과정을 지속적으로 진행해야 합니다. 이 여정을 절대 멈춰서는 안 됩니다.

2) 당신이 초기 기업의 창업자라면

만약, 이 글을 읽는 독자분이 초기 기업의 창업자라면 이런 것을 해보라고 권하고 싶습니다. 첫째로, '정말 랜딩 페이지 하나로도 얼마나 수요가 있는지 확인하고 또 확인하라'는 점입니다. 어떤 프로젝트를 시작하기 전에 반드시 시장에서의 수요를 정확하게 파악하고, 그 수요의 지속성을 확인해야 합니다. 저 역시 랜딩 페이지를 얕봤지만 실제 만들어 보고는 시장에 수요가 있는지 없는지 파악할 수 있는 좋은 도구라는 것을 여러 번 경험했습니다. 그러니 아이디어가 있다고 개발하기 위해 뛰어다니기 전에, 우선 랜딩 페이지 하나만이라도 만들어서 수요를 확인해 보십시오.

둘째로, '갑자기 비싼 개발자 채용이 어려울 때'에 대처하는 방법을 고민해야 합니다. 이런 경우, 최소한의 아웃소싱이나 초기 기술을 담당할 수 있는 '개발자'를 고용하는 방안을 고려해야 합니다. 혹은 노코드 툴 등을 동원해서 개념검증(proof of concept, PoC)이라도 해봐야 합니다. 그러나 이를 위해서 반드

---

149. 오이카와 다쿠야, 소네하라 하루키, 고시로 구미코 저 / 강경민 역, 『제품의 탄생』 | 책만
150. 김영욱 저, 『프로덕트 매니지먼트』 | 한빛미디어
151. 김창준 저, 『함께 자라기』 | 인사이트

시 CTO 수준의 임원을 고용할 필요는 없습니다. 개발팀을 이끌어 나갈 수 있는 능력을 가진 이른바 '개발 팀장' 수준의 인재라면 충분합니다. 중요한 것은 무언가를 창조하는 과정에 즐거움을 느끼는 사람을 고용하는 것입니다. 특히 초기 기업의 특징상 여러 가지 변화가 불규칙하게 많이 일어나는데, 이때 스트레스받지 않고 스스로 동기 부여할 수 있는 사람과 같이 일해야 창업자도 덜 힘들게 이른바 '죽음의 계곡'을 지날 수 있습니다.

3) 당신이 기업의 임원이라면

일반적인 기업의 경우, 이미 적절한 사업 모델을 보유하고 있기 때문에 완전히 새로운 사업 모델을 고려하는 경우는 드물 것입니다. 대부분은 검증된 사업 모델을 확장하거나 기존 사업 모델을 크게 혁신하고자 할 것입니다. 그러므로 도전적인 프로젝트의 규모가 크며, 이를 위해 많은 사람들이 기획 단계부터 신중하게 고려하려 할 것입니다. 그러나 프로젝트를 효과적으로 수행하기 위해 몇 가지 중요한 원칙을 고려해야 합니다. 이러한 원칙들은 프로젝트의 성공을 확신하고 불확실성을 최소화하는 데 도움이 될 것입니다.

첫째, 일정을 '분할하여' 달성한다고 생각해야 합니다. 한 번에 혹은 며칠 내에 프로젝트를 완료하겠다는 생각을 버리고, 최소한 4차례에 걸쳐 완료하겠다고 계획해야 합니다. 이 프로젝트의 본질을 완전히 이해하고 있지 않은 상황에서는 일정을 정확하게 예측하기 어렵습니다.

두 번째로, 프로젝트의 기한을 '개발 조직의 추산 없이' 위에서 '한 달 내', '석 달 내'라고 정해서 내리면, 이 프로젝트가 예상보다 어렵고 복잡할 것이라는 사실을 고려하지 않은 채로 진행될 가능성이 높아집니다. 이로 인해 어디인가 보이지 않는 곳에서 무리한 작업이 나타나고, 이것으로 프로젝트의 불확실성은 더 커질 수 있습니다. 그러므로 프로젝트의 일정이 실제로 치명적으로 중요하다면, 필요한 경우 요구사항 일부분을 과감하게 버리는 결단을 내릴 수 있어야 합니다. 이런 '타협'을 하지 않고 무조건 관철하겠다고 하는 순간, 커다란 숨은 문제를 안고 가게 됩니다.

세 번째로, '이왕이면 다홍치마'를 피해야 합니다. 핵심 기능과 핵심 가치를 우선적으로 개발하고 전달하는 데 집중해야 합니다. 무엇보다도, 보기 좋은 결과를 얻기 위해 노력하는 대신 핵심에 집중해야 합니다. 앱의 글씨 크기나 테마가 이쁘냐 아니냐가 문제가 아니라 이 사이트에서 고객이 자신의 문제를 해결할 수 있느냐 없느냐가 문제입니다. 자칫 남들 하는 것만큼 하는 것에 집착하다 보면 특징 없이 '물고기에 날개를 달고 립스틱 바르는' 일을 해버릴 수 있습니다.

마지막으로, 제품 또는 서비스를 출시하기 전에 반드시 모든 이해 당사자가 직접 사용하고 경험해 보게 해야 합니다. 만약 자신이나 내부 고객들이 만족하지 못한다면, 고객도 만족하지 못할 가능성이 높습니다. 제품 또는 서비스의 품질과 기능을 개선하고 문제를 해결하기 위해 노력하십시오.

이러한 원칙들을 고려하여 프로젝트를 계획하고 진행하면, 효율성을 높이고 성공을 보다 확신할 수 있을 것입니다.

4) 당신이 공공기관의 기관장이라면

공공기관이라면 공공기관이 할 수 있는 일을 해야 합니다. 첫째로, 공공기관은 민간 기업과의 경쟁을 지양해야 합니다. 한국형 유튜브나 한국형 구글과 같은 프로젝트에 집착하는 것은 결국 해당 공무원이 퇴임 후에 갈 곳을 만들려 하는 것으로 오해될 수 있습니다. 따라서 공공기관은 주요 데이터 수집 및 API 제공과 같은 공공적 역할에 더 집중해야 합니다.

둘째로 특별히 데이터를 제공할 때, 기계가 읽을 수 있게(machine-readable) 제공해야 합니다. 문서라면 HWP 말고, 국제 표준 문서 포맷인 오픈오피스 문서 파일(openoffice document file, ODT)이나 마크다운(markdown)으로 제공해야 합니다. 지금도 몇몇 정부 부처는 국회나 국민들이 데이터 공개를 요청하면 검색할 수 없게 일부러 수백 장 인쇄해서 주는데, 그렇게 하지 말고 기계가 읽을 수 있는 형식의 디지털 문서로 제공해야 합니다. 명시화(明示化)하지 않고 숨기려는 곳에 늘 부정과 부패가 있습니다.

셋째로, 영국 정부의 '정부의 디자인 원칙'[152]을 여러 번 반복해서 읽어 보시기를 권장합니다. 이러한 원칙은 혁신과 효율성을 촉진하는 데 도움이 될 것입니다. 특히 공공개발의 산물로 나온 것은 최대한 오픈소스로 공개해서 민간에서도 이를 이용해서 혁신하는 데 도움이 될 수 있게 해야 합니다.

넷째로, 조달 입찰 구조의 혁신이 필요합니다. 현재의 조달 입찰 구조는 반복적인 개발을 허용하지 않으며, 이로 인해 한국 정부의 IT 경쟁력 개선에 대한 우려가 있습니다. 이 문제를 해결하기 위해 조달 입찰 구조에 대한 개선이 필요합니다.

마지막으로, 우수한 개발자들을 계속 육성하기 위해, 교육 개혁 및 IT 교육기관이나 교육 스타트업에 예산을 배정해야 합니다. 대다수의 교육기관과 민간 교육기관은 예산 지원 없이는 지속적으로 운영하기 어렵습니다. 정부는 이러한 예산 지원을 통해 우수한 인재들이 나올 수 있도록 해야 하며, 이들이 혁신을 이룰 수 있도록 지원해야 합니다. 그리고 영수증 붙이기가 아니라 신뢰 기반의 예산관리를 해야 합니다. 매년 임의로 선택해서 감사한 후, 한 번이라도 잘못이 발각되면, 그 교육기관은 다시는 정부의 지원을 받을 수 없게 해야 합니다.

5-5 » 우리는 결국 끝까지 가야만 실체를 알 수 있다

1) 정보가 가장 없는 때, 일찍 결정하지 말고 탐험하라

우리는 항상 가장 정보가 부족한 초기에, 계획을 세우고 그 계획을 실행하려는 노력을 기울입니다. 이러한 노력은 프로젝트 초기에 특히 뚜렷하게 나타납니다. 과연 이 계획이 맞을까요? 심지어는 진행하다가 변화가 생기면 이에 대응을 해야 한다는 상상조차 하지 못하는 경우도 있습니다. 우리는 어떻게 해야 할까요?

우리는 탐험을 한다고 생각해야 합니다. 이것은 머나먼 미지의 오지를 탐

---

152. https://www.gov.uk/guidance/government-design-principles

험하는 것과 같습니다. 대다수의 경우, 우리 손에 있는 지도는 지역의 '영역'만을 나타내거나 불완전한 정보만을 담고 있습니다. 그러므로 우리는 지속적으로 모험하면서 지식을 확장해 나가야 합니다. 불완전한 지도를 완성한다고 생각해야 합니다. 이 과정에서 가장 중요한 것은 핵심 루트를 먼저 발견하고 그 주변을 조사하고자 하는 열정입니다.

이 탐험적 접근법은 소프트웨어와 서비스 개발 분야에도 적용됩니다. 따라서 "찔러보기-느끼기-반응하기(probe-sense-respond)" 방식을 채택하라고 강조합니다. 이것이 소프트웨어 개발에서의 불확실성을 다루는 효과적인 방법 중 하나입니다. 따라서 이러한 원칙을 이해하고, 각각의 프로젝트와 조직 그리고 개개인에게 맞게 자신들만의 방법을 만들어가길 권장합니다.

2) 소프트웨어가 '제대로 된 제품'이 된다는 것은

결국 쓸만한 소프트웨어나 서비스를 만든다는 것은, 원자력 발전소를 만드는 것만큼이나 어렵고 힘든 일입니다. 아무리 쉬운 도구를 써서 예전보다 편해졌다고 하나, 그만큼 더 복잡하고 많은 요구사항들이 더 들어오기에 복잡도는 더 심해졌습니다.

이런 상황에서 뭔가 제대로 된 소프트웨어나 서비스가 나오려면 어떻게 해야 할까요? 다시 강조합니다. '고객'이 똑똑해야 합니다. 바른 비전에 입각해서 제대로 된 요구사항을 정리하면서, 개발 과정에 참여해서 개발하는 전체 여정에 필요한 의사결정과 정보를 정리해 줘야 합니다. 그리고 반복 개발로 나오는 산출물들에 대해서 사실에 입각한 피드백을 주어야 합니다. 마지막으로 이 모든 것들은 '인간의 존엄함'이 지켜질 수 있는 책임으로 구조를 잡은 시스템과 프로세스, 그리고 훌륭한 사람들로 구성된 '조직'이 필요합니다.

특별히 소프트웨어나 서비스를 만들기 시작하면, 단순 문서 작업과 달리 '긴 단위의 시간'이 들어갑니다. 건물을 짓는 것처럼 무조건 오래 긴 시간이 가는 것은 아니지만 일반적인 문서 작업에 비하면 상대적으로 어느 정도 긴 시간이 필요합니다. 그런데 진행 중에 마구 새로운 일거리를 집어넣으면 어떻게 될까요? 혹은 처음 결정한 중요한 결정을 다 뒤집어 버리면 어떻게 될까요? 아무것도 만들지 못하게 될 겁니다. 그래서 '반복 개발'을 해야 하고, 각 반복 개발 단계마다 제대로 개발했는지 '회고'하고 방향을 새로 잡고 다음 반복 개발을 진행해야 합니다.

이것은 소프트웨어나 서비스뿐 아니라, 인간이 지적 활동으로 무언가 만들어 내는 모든 활동은 대부분 불확실성이 크기 때문에 이러한 관리 방법을 쓰는 게 지혜롭습니다. 그런데 이러한 개념이 없이 개발을 하려는 경영진이나 무지한 고객들은 잘못된 방법으로 개발하라고 개발 조직에 강요합니다. 그리고 결국 잘못된 결과물을 받게 됩니다. 그래서 그들의 사업을 실패로 이끌게 됩니다.

인간은 독특해서 정신 체계를 올바르게 만들어야만 올바른 것들을 만들어 내는 존재입니다. 피터 드러커가 이미 1954년에 The practice of management 에서 이야기했습니다. "자동화는 그 특성이 '기술적'인 것이 아니다. 다른 모든 기술과 마찬가지로 새로운 기술은 일차적으로 '개념 체계'이고, 새로운 기술은 결과이지 원인이 아니다. (Automation is not "technical" in character. Likely every technology it is primarily a system of concepts, and its technical aspects are result rather than causes.)" '개념 체계'라는 말을 꼭 기억하셔야 합니다. 즉, 소프트웨어나 서비스 개발에 맞는 '개념 체계'를 먼저 바로 가지기 전에는 제대로 된 소프트웨어나 서비스를 얻을 수 없다는 뜻입니다.

3) 마지막에는 무엇이 있을까?

한번 소프트웨어나 서비스를 개발을 시작했다면, 그 작업을 완전히 끝내고 사업을 끝내기 전까지 꾸준한 개발과 출시가 필수라고 말씀드립니다. 위대한 소프트웨어나 서비스를 만드는 것은 결코 쉽지 않습니다. 그리고 이것이 언제 끝날지 누구도 모릅니다. 구글은 1998년에 등장하였고, 윈도는 1985년에, 페이스북은 2004년에 탄생했습니다. 그들도 자신들의 제품이 현재 2024년까지 지속적으로 사용될 것임을 예측할 수 없었습니다. 그저 그 순간에 고객의 문제를 탁월하게 해결하기 위해서 꾸준히 노력하고 개발을 이어 나갔을 뿐입니다. 그래서 지금 이 순간에 있는 문제를 소프트웨어와 서비스를 통해 해결하려는 노력을 지속하는 게 가장 효과적인 방법이라고 생각합니다. 한 걸음씩 나아가며 단계적으로 발전시키고 로드맵을 지켜야 합니다.

이제 아래 중용의 글로 이 긴 글의 마무리를 하고자 합니다.

> 誠者，天之道也；誠之者，人之道也。誠者不勉而中，不思而得，從容中道:
> 성실함은 하늘의 길이요, 성실하게 되려 하는 것은 인간의 길이다. 성실함은 힘쓰지 않아도 (하는 일들이) 들어맞게 될 것이요, 생각하지 않아도 (깨달음을) 얻을 것이고 그 도를 따라 가게 된다 <중용(中庸): 22>

여기서 성(誠)이란 그냥 무언가 하나를 꾸준히 하라는 뜻이 아닙니다. 이 뜻은 사계절인 '봄, 여름, 가을, 겨울이 지속적으로 변하는 것이 한 번도 멈추거나 다르게 가지 않는 꾸준함'을 말합니다. 즉 변화를 꾸준히 하는 것을 성(誠)이라고 하는 것입니다. 그래서 이 중용의 문구는 '변화를 꾸준히 하는 것이 하늘의 길이고, 인간이 그와 같이 변화를 꾸준하게 하려 노력하면 결국 세상에 필요한 그 무언가를 만들어 내며 억지를 쓰지 않아도 모든 상황에 맞게 된다'라는 뜻입니다. 이 글을 읽으시는 독자분들이 꼭 성(誠)하셔서 더 나은 제품으로 세상을 조금이라도 더 나은 곳으로 만드시기를 기원합니다.

최고의 프로덕트는 무엇이 다른가
더 나은 소프트웨어를 만드는 방법

발행일	2024년 05월 31일
지은이	유진호
펴낸이	김범준
기획·책임편집	정은지, 조부건
교정교열	양은하
편집디자인	나은경
표지디자인	심서령
발행처	(주)비제이퍼블릭
출판신고	2009년 05월 01일 제300-2009-38호
주　소	서울시 중구 청계천로 100 시그니쳐타워 서관 9층 949호
주문/문의	02-739-0739　　**팩스**　02-6442-0739
홈페이지	http://bjpublic.co.kr　　**이메일**　bjpublic@bjpublic.co.kr

가 격 16,500원
ISBN 979-11-6592-274-0 (93000)
한국어판 © 2024 (주)비제이퍼블릭

이 책은 저작권법에 따라 보호받는 저작물이므로 무단 전재와 무단 복제를 금지하며,
내용의 전부 또는 일부를 이용하려면 반드시 저작권자와 (주)비제이퍼블릭의 서면 동의를 받아야 합니다.

 이 책을 저작권자의 허락 없이 **무단 복제 및 전재(복사, 스캔, PDF 파일 공유)하는 행위**는 모두 저작권법 위반입니다. 저작권법 제136조에 따라 **5년** 이하의 징역 또는 **5천만 원** 이하의 벌금을 부과할 수 있습니다. 무단 게재나 불법 스캔본 등을 발견하면 출판사나 한국저작권보호원에 신고해 주십시오(불법 복제 신고 https://copy112.kcopa.or.kr).

잘못된 책은 구입하신 서점에서 교환해드립니다.